POÉSIES FRANÇOISES

DES XVᵉ ET XVIᵉ SIÈCLES

Imprimerie Gouverneur, G. Daupeley à Nogent-le-Rotrou
Caractères elzeviriens de la Librairie Daffis.

RECUEIL

DE

POÉSIES FRANÇOISES

DES XVe ET XVIe SIÈCLES

Morales, Facétieuses, Historiques

RÉUNIES ET ANNOTÉES

par MM.

ANATOLE DE MONTAIGLON

et

JAMES DE ROTHSCHILD

TOME XIII

PARIS

PAUL DAFFIS, ÉDITEUR-PROPRIÉTAIRE

DE LA BIBLIOTHÈQUE ELZEVIRIENNE

7, rue Guénégaud

M DCCC LXXVIII

*Le Testament fin Ruby[1] de Turcquie,
Maigre marchant, contrefaisant[2] sotie,
Puis, à la fin du dernier coplet,
L'Epytaphe defunct sot Tribolet.*

Ruby de Turquie paraît avoir été un pauvre hère, qui exerçait à Paris le métier de colporteur et simulait la folie, afin d'attirer par ses excentricités les chalands autour de son éventaire. Il se tenait aux environs du Palais, peut-être même dans la grand'salle, et vivait le plus souvent aux dépens des clercs, qui lui donnaient à manger en écoutant ses sornettes.

Les pierreries, les joyaux et les objets précieux dont il fait la fastueuse énumération, n'étaient sans doute que des imitations sans valeur, et des bimbeloteries à la portée des petites bourses. Notre testateur n'était donc que le prototype d'un de ces marchands ambulants, auxquels la langue populaire de nos jours a donné le nom de « camelots ».

Il est fort probable que le *Testament* que nous imprimons aujourd'hui est l'œuvre de quelque bazochien, qui a voulu conserver le souvenir de son ami. Comme

---

1. Imp. : *Rubin*. — 2. Imp. : *contrefairant*.

le *Testament de Jenin de Lesche* et la *Vie et Trespassement de Caillette*, que nous avons imprimés dans le tome X de ce *Recueil* (pp. 369-386), le *Testament fin Ruby* est une imitation de Villon. Il paraît antérieur à la pièce sur Caillette, qui remonte à 1514 (voy. t. X, p. 385), et au *Testament de Jenin de Lesche*, qui doit avoir été composé peu de temps après. Il a été écrit après 1509, date citée dans l'*Epytaphe de Triboulet*, et avant 1514. Fin Ruby était certainement mort à cette époque, car son nom n'aurait pas manqué de figurer à côté de ceux de Gringolet, de Guy et de Colin Bavette, amis ou contemporains de Caillette.

L'*Epytaphe defunct sot Tribolet*, qui suit le *Testament*, a déjà été publiée par M. Joly, actuellement doyen de la Faculté des lettres de Caen, dans un élégant volume intitulé : *La vraye Histoire de Triboulet et autres Poësies inédites, récréatives, morales et historiques des XVe et XVIe siècles* (Lyon, Scheuring, 1867, in-8, pp. 27-30). M. Joly, dans une longue introduction, à laquelle il nous suffira de renvoyer, s'est efforcé de réunir tous les témoignages relatifs au célèbre fou, et de discerner les faits authentiques des anecdotes légendaires qui se sont groupées autour de son nom. « Triboulet était un pauvre insensé, qui courait les rues de Blois au temps de Louis XII »; le roi le recueillit, lui donna un gouverneur, et le prit avec lui dans ses expéditions d'Italie. Il mourut avant l'année 1514, et ne peut revendiquer l'honneur d'aucun des bons mots qui lui ont été prêtés par les conteurs du XVIe siècle, en particulier par Bonaventure des Périers.

Le texte publié par M. Joly est tiré d'un manuscrit de la Bibliothèque nationale (Fonds français, n° 1721, fol. 6*a*, 7*b*). Un autre texte de l'*Epytaphe de Triboulet* est joint à la *Prenostication Frère Jean Thibault*, que nous imprimons ci-après. Nous avons soigneusement relevé les variantes des imprimés et du manuscrit.

Le *Testament fin Ruby* n'était connu jusqu'à présent

que par l'indication de Brunet (t. V, col. 734), empruntée au Catalogue La Vallière. Cette plaquette avait échappé pendant longtemps à toutes nos recherches; nous avons été assez heureux pour retrouver l'exemplaire unique dans la Bibliothèque Méjanes.

Le sujet du *Testament*, la mention du Palais, des Quinze Vingtz, etc., indiquent clairement que cette pièce a été composée à Paris; c'est à Paris aussi qu'elle a dû être imprimée, bien que le nom de Clément Longis ne soit pas mentionné dans le *Catalogue* de Lottin.

Voici la description bibliographique de notre pièce :

Le testament fin rubin [sic] de turcquie // Maigre marchant contrefairant [sic] sotie // Puis a la fin du dernier coplet // Lepytaphe defunct sot tribolet. — [A la fin :] ¶ *Imprime po^r Clement longis. S. l. n. d.* [Paris, vers 1510], pet. in-8 goth. de 4 ff. de 23 lignes à la page, sans sign.

Au titre, un bois qui représente un homme couché dans un lit, auquel une femme donne à manger; une petite fille, placée derrière la femme, tient un verre et une cruche.

Le v° du titre contient 23 lignes de texte.

Le mot *Rubin* au titre est une simple faute d'impression, comme le prouvent les vers 16 et 124, ainsi que la souscription finale.

Biblioth. Méjanes à Aix, n° 15430 (exempl. de La Vallière, n° 3083, vendu 5 livres en 1783).

L'heure est venue qui pour partir me houze[1], 5
Que jà pieçà a des ans plus de douze
Que après moy Mort me livre durs assaulx,
Et si ne sçay maintenant où me fourre.

1. *Houzer, houser* signifie proprement « mettre des hou-

J'ay beau fuyr, me travailler et courre,
Riens ne vallent mes gambades et saulx.   10

J'ay veu le temps que crioys bas et hault :
« Qui veult avoir des chesnes et anneaulx,
« De mes saphyrs, ymages d'arquemie,
« Des dyamens, de beaux petis joyaulx,
« Des vilbrequins, belles brides à veaulx,   15
« Des bagues d'or et rubys de Turquie ? »

J'avoys aussi, puis qu'il fault que le die[1],
De belles croix, je ne me mocque mie,
Que j'apportay du pays de Cancalles[2],
De fins [e]scrins[3] taillez en Lombardie,   20
Bouettes de muscz, estrelins de Candie[4],
Beaux quarcans d'or, perles orientalles.

Encore avois deux bons chevaulx estables,
Voire, ou jumens, que tenois en estables[5],
Pour me porter [et] mes guillibondaines[6],   25
Bariquaires[7] de dyamant mestables[8],

seaux », mais il a par extension le sens de « préparer quelqu'un pour la route ». Cotgrave cite ce proverbe :

    A l'an soixante et douze,
  Temps est que l'on se house.
        Cf. t. XI, p. 64.

1. Imp. : *dit*. — 2. Sans doute des croix normandes. — 3. Un *escrin*, c'est un petit coffret destiné à renfermer les joyaux ou même simplement des cassolettes. Les « escrins de Lombardie » étaient soit en ivoire, soit en cristal de roche, ce qui justifie l'expression « taillez ». — 4. Probablement des sequins pour parures. — 5. Imp. : en *l'estable*. — 6. On trouve dans Cotgrave *guillebardeau*, « instrument ». — 7. Les *bariquaires* étaient sans doute de petits barils, faits de bois rares ou de matières précieuses, destinés à contenir des liqueurs fines ou des parfums. (Voy. Laborde, *Glossaire français du moyen-âge*, p. 158.) — 8. Cotgrave traduit le mot *mestable* par « qui est de

Pathelin et de *Esopet les Fables*,
Esgullettes[1], rubens, tricquedondaines[2].

 Je vendois potz et cousteaulx d'Alemaigne,
Fusis d'acier[3], formaiges de Champaigne,   30
Tant à Paris, au Lendit[4], que autres foires ;
Je me meslois de vendre des enseignes[5]
Aux estrangiers, pyrouettes[6] et peignes,
Tant de boys blanc, de bouys, come d'yvoire.

 J'estoys joyeux, prest à menger et boire,   35
Habandonné, voulans à tous complaire
Et d'un chacun en acquerant la grace,
Mais maintenant Fortune m'est contraire,
Quant el[7] me veut de ce monde distraire,
Qui me contraint à autruy faire place.   40

 Il convient donc que mon tresor desplace,
Soit en billon, en bagues ou en mace[8],
Et que à chacun de mes amys en donne.
Je laysse donc mon manteau et ma tasse,
Mon bonnet blanc et ma grant tocque grasse   45
Aux pellerins qui reviendront de Romme.

---

valeur courante ».

1. Les aiguillettes, qui ne servaient d'abord qu'à lacer les parties de vêtements et d'armures, devinrent par la suite un ornement. « Le mot s'appliquait à la ferrure des lacets, des lanières, etc. » (Laborde, *Glossaire*, p. 123.)
2. Voy. t. XII, p. 43.
3. Des briquets.
4. Voy. sur le Lendit, t. XII, p. 3.
5. Voy. Laborde, *Glossaire*, p. 261.
6. « Sorte de moulin, joyau en forme de jouet d'enfant ». (L. de Laborde.)
7. Imp. : *elle*.
8. En lingot.

Executeurs de mes biens je ordonne
Charles, mon sieur, Harpolet, notable home[1],
Qui recepvront tous mes rentes et sens
Du Petit Cerf, du Chasteau, de la Pomme[2],   50
Du Plat d'estain[3], sans oublier la somme
De deux mil[4] que ay dessus l'Ostel de Sens[5].

Je suis recordz maintenant en pensans
De mon haubert, de plumes reluysans,
Et mes barilz dont j'ay esté seigneur,   55
Mes tyrandes[6], mon gyppon[7] et passans[8],

---

1. Imp. : *notables homes*. — 2. Il s'agit sans doute ici du cabaret de la *Pomme de Pin*, cité dans l'*Advocat des Dames de Paris* (t. XII, p. 25). Ce même cabaret figure également dans les *Repues franches*. (Voy. Villon, éd. Jannet, p. 192.) — 3. Il est question du *Plat d'estain* dans une des *Repues franches* :

> Le cas advint au *Plat d'estain*
> [Em]près Sainct Pierre des Arsis.
>   (Villon, éd. Jannet, p. 215.)

Saint-Pierre-des-Arsis était situé dans la cité, près de Saint-Barthélemy. Le cabaret du *Plat d'estain* était donc dans le voisinage du Palais. — 4. Imp. : *deux mille*. — 5. L'*Hôtel de Sens*, bâti par les archevêques de Sens, était voisin de l'Hôtel Saint-Paul, auquel il fut réuni en 1365 (Voy. Piganiol, *Description historique de la ville de Paris*, éd. de 1765, t. IV, p. 173). Un des archevêques de Sens, Tristan Salazar, mort en 1518, le fit reconstruire au commencement du xvie siècle (*ibid.*, pp. 295, 296); il existe encore aujourd'hui. — 6. *Tyrande* est sans doute le même mot que *tiran*, et désigne le cordon ou le lacet qui sert à fermer un habit, une bourse, etc. — 7. Le *gyppon*, c'était l'habit de dessous. M. Quicherat (*Hist. du Costume*, p. 301) dit que, à partir du règne de Louis XI, cette dénomination fut remplacée dans les pays situés au nord de la Loire par celle de *pourpoint*. On voit par notre pièce que, sous le règne de Louis XII, les Parisiens eux-mêmes l'employaient encore. — 8. Le *passant* était un anneau

Bobelinez[1], bien cousus et puyssans,
Que je portoys au Pallays par honneur.

Je les laysse à Martin le sonneur,
Pour les bailler au regent et seigneur   60
Des belistres courans parmy la salle,
Quinemare, des coquins le veneur,
Mon argentier et premier gouverneur,
Qui après moy apportera ma malle.

A ces gorriers, portans visage palle,   65
Rongneux, rafleurs, farcis de grosse galle,
Pour cest yver, à chacun sa cornette
Prise aux faulx bourgs de Paris ou aux Halles,
Je leur laisse tous mes vieulx drapeaux salles
Et mes brayes, qui ne sont pas trop nettes.   70

Aux Quinze-Vingtz je laysse mes lunettes
A toutes aages, aussi mes allumettes
Pour allumer leur chandelle de nuyt,
Mes gros patins[2], ma jaquette brunette,
A ung chacun demy cent de sonnettes   75
Pour les garder qu'ilz ne facent grand bruyt.

Mon passe temps, mon plaisir et mon bruyt,
De ma science tout le bien et le fruict
A ma dame[3] d'Auvergne[4] je le laysse :

---

indépendant de la boucle, dans lequel on faisait passer le pendant de la ceinture (Laborde, *Glossaire*, p. 431).
 1. Rapetassés (Cotgrave). — 2. Le mot *patin* est d'ordinaire appliqué aux socques que les femmes portaient pour les grandir, mais il désignait aussi une chaussure d'hommes. Cf. t. IX, p. 144. — 3. Imp. : A ma *demoyselle*. — 4. Il s'agit sans doute de quelque auvergnate, que le pauvre colporteur avait pour maîtresse.

Chastaignes, noix, raves et autre fruict, 80
Croustes de pain, de pastez, tout luy duyt,
Et des oublyes, de peur que trop engresse.

A mon curé et chappellains je laysse
Ce qu'ilz me doyvent et, pour leur droit de messe,
Je ordonne et vueil que deux mil en monnoye 85
Leur soient livrez sans qu'on en face oppresse
A noz abbez, religieux, abbesse,
Avec tel droit que donner leur souloye.

Aux mendiens[1], qui ne prennent monnoye
Mais pain et vin, aussi leur en donnoye, 90
Car duyt estois de leur faire du bien ;
Qu'on leur baille la granche[2] de mon oye,
Que dès long temps fait engresser j'avoye ;
S'ilz ont grant fain, ilz la rongeront bien.

Je ne sçay point que autruy me doyve rien, 95
Mais bien je sçay, s'on emporte du mien,
Que ce n'est pas sans y laisser la croix.
Charles, mon sieur, Harpolet je prie bien
Qu'ilz ne layssent autruy piller leur bien
Sans avoir soing de plus gros amasser[3]. 100

Encores m'est en memoire venu
De dire adieu aux bons clercz du Palays,
Car grandement à eulx estois tenu ;

---

1. C'est-à-dire aux moines mendiants. — 2. La carcasse (Cotgrave). — 3. Les strophes qui précèdent riment *aa b aa b, bb c bb c*, etc., comme le *Dyalogue de Messieurs de Malepaye et de Baillevent*. Les suivantes, qui n'ont que cinq vers, sont de même enchaînées entre elles par la rime.

Je leur laysse ce qu'il m'est survenu
Depuis qu'ay fait mon testament et lays. 105

De mes repas ont souvent fait les frays,
Sans que boutasse en ma bource la main;
Ilz me devoient ma rente en beurre frays
Et autres biens que cy devant m'ont fais;
Ne me challoit du jour d'huy ne demain. 110

Ilz estoient près de me garnir la main;
Quant me tenoient assis en une assiette
De chair, de vin, de poysson et de pain,
Garde n'avoys que j'eusse soif ou fain;
Mon soing estoit tousjours dire sornettes. 115

Je veulx qu'ilz ayent chacun sa chopinette,
A desjeuner, du vin blanc au matin,
Pour les fourrer, mon bonnet de genette,
Mes gros regnars et ma grande cornette,
Qu'ilz n'ayent froit après la sainct Martin. 120

Je voys mourir; il fault le pas passer;
Nul n'en eschappe, vous ne l'ignorez mye;
Tous comme moy vous conviendra passer.
Souviegne vous de Rubys de Turcquie.

*Cy fine le Testament de Rubys de Turquie,
et commence
l'Epytaphe de Triboulet,
fol du Roy.*

Triboulet[1] suis, qu'on peut juger en face 125
N'avoir esté des plus saiges qu'on face;

---

1. Prenostication Frère Jehan Thibault : *Tribolet.*

Voir on le peult à ma teste escornée,
Vuyde de sens, de folie atournée[1].
Honneste fus, chacun contrefaisant,
Sans jamais estre aux dames mal faisant.   130
Du luctz jouay, tabourins[2] et vielles,
Herpes, rebecz, doulcines[3], chalemelles,
Fifres, flagolz[4], orgues, trompes et cors,
Sans y entendre mesure ne[5] accordz.
En chantz, dances, fis choses non pareilles,   135
Mais dessus tous[6] de prescher fis merveilles,
Car mon esprit[7], qui oncques n'eut[8] repos,
En vingt parolles faisoit trente[9] propos.
Armé à[10] blanc joustay[11] d'espée et lance,
Aussi cruel à plaisir qu'à oultrance,   140
Paiges je fis trembler[12] comme la fièvre,
Fier menasseur et hardy comme ung lièvre.
Le Roy adonc me fist mettre[13] à sa table,
Où luy donnay maint passe temps notable.
Oncques homme il n'eut[14] en son service   145
Qui fist[15] si bien comme moy son office.
Les Montz passay avec luy sans esmoy
Sur ung cheval trop plus saige que moy,
L'oyseau sur poing[16] volant par les montagnes,
Courant par tout comme en plaines champagnes,   150

---

1. Ce vers et le précédent m. dans le ms. et dans la Pren. — 2. Ms. : *tabourin*. — 3. Ms. : *doulsaines*; Pren. : *doulceines*. — 4. Ms. : *flajolz*; Pren. : *flageotz*. — 5. Ms. : *ny*. — 6. *Tous* m. dans la Pren. — 7. Test. et Pren. : *Esperit*. — 8. Ms. et Pren. : *Qui n'eut oncques*. — 9. Test. : *Trentes*. — 10. Ms. : *en*. — 11. Pren. : *fourny*. — 12. Ms. et Pren. : *Devant moy pages trembloient*. — 13. Ms. : *seoir*. — 14. Pren. : *qu'il eut*. — 15. Pren. : *Ne fist*. — 16. Test. : *le poing*; Pren. : *le poin*.

L'an mil cinq cens et neuf, lors que[1] vainquist
Veniciens et ses terres conquist[2].
Long temps après, le mien seigneur et maistre,
Loys douziesme, en ce lieu me fist mettre
Taillé au vif[3], affin que le nom dure
Du plus vray sot qu'oncques forga[4] Nature.
Sens ne richesse en ce monde[5] n'acquis,
Car aussi saige mourus que je nasquis.

Imprimé pour Clement Longis.

1. Ms. et Pren. : *lorsqu'il.*
2. A l'exemple de M. Joly, nous rapporterons ici le passage du *Voyage de Venise*, où Jehan Marot a tracé le portrait de Triboulet.

L'armée française entend le canon de Peschiera :

> Triboulet, fol du Roy, oyant le bruyt, l'horreur,
> Couroit par my la chambre en si grande fraieur
> Que soubz un lict de camp de peur s'est retiré,
> Et croy qu'encor y fust qui ne l'en eust tiré.
> N'est de merveille donc si saiges craignent coups,
> Qui font telle tremeur aux innocens et foulx.
> Triboulet fut un fol, de la teste escorné,
> Aussi sage à trente ans que le jour qu'i fut né :
> Petit front et gros yeulx, nez grant, taillé à voste,
> Estommac plat et long, hault dos à porter hote.
> Chascun contrefaisoit ; chanta, dança, prescha,
> Et de tout si plaisant qu'onc homme ne fascha.

Jean Marot de Caen, sur les deux heureux voyages de Gênes et Venise. (Paris, Pierre Roufet, dict le Faulcheur, 1532, in-8, fol 83 v°.)

3. Ainsi Louis XII éleva un tombeau à Triboulet, comme le sage roi Charles V en avait fait élever à la mémoire de son fou Thévenin de Saint-Léger dans l'église Saint-Maurice, à Senlis, et à un autre fou dans l'église Saint-Germain-l'Auxerrois, à Paris. L'*Epitaphe* ne nous apprend malheureusement pas où était situé le tombeau de Triboulet.
— 4. Ms. : *forgea;* Pren. : *forgeast.* — 5. Pren. : *mouray.*

La Prenostication Frère Tybaut.

On vient de voir que l'*Epitaphe de Triboulet*, donnée comme inédite par M. Joly, se trouvait jointe à l'édition du *Testament de fin Ruby de Turquie*. Comme nous l'avons indiqué, elle est imprimée une autre fois dans une plaquette gothique, dont voici la description :

La prenostication frere Tybault. *S. l. n. d.* [1514]. Pet. in-8 goth. de 4 ff. de 20 et 27 lignes à la page, impr. en lettres de forme.

Le titre est orné d'un grand bois, qui représente une sphère armillaire, autour de laquelle on lit : *Plusieurs me liront qui rien ny entendront Si ne me lisent tout du long.*

La *Prenostication* est imprimée en grosses lettres ; l'*Epitaphe* et la *Chanson* en petits caractères.

Biblioth. nat., Y² 1296. 2. A. 2. Rés.

Cette pronostication est en prose ; nous la reproduisons néanmoins parce qu'elle est suivie de deux pièces en vers : l'*Epitaphe de Triboulet* et une chanson, qui lui donnent le droit de figurer dans ce *Recueil*. Il n'y a pas lieu de revenir sur l'*Epitaphe* ; nous avons relevé ci-dessus les variantes de ce nouveau texte, évidemment postérieur à celui qui se trouve à la suite du *Testament*. L'incorrection du second imprimé indique bien qu'il n'a pas été fait sur un original. La chanson, qui termine la plaquette, nous donne, du reste, la date précise de l'édition. Cette chanson est relative au mariage de Louis XII avec Marie d'Angleterre.

Cette union, qui avait été décidée par le traité de Londres, le 7 août 1514, ne dura que trois mois. Louis XII mourut le 1er janvier 1515 ; c'est entre ces deux dates que se place nécessairement la composition de notre chanson et l'impression de la *Prenostication*. Après l'avénement de François Ier, la chanson n'aurait plus eu d'actualité.

Quant à Frère Tybaut, c'est Maître Jean Thibaut qui a été successivement médecin et astrologue de Louis XII et de François Ier. On peut voir sur lui les articles de La Croix du Maine et de Du Verdier (éd. Rigoley de Juvigny, t. I, p. 592 ; IV, 522), mais on le connaît mieux par les trois jolies épigrammes de Mélin de Saint-Gelais, auxquelles nous renvoyons nos lecteurs (éd. de Paris, 1719, pp. 135 et 227 ; éd. Blanchemain, t. II, pp. 94 et 260).

La Prenostication Frère Tybault.

Plusieurs me liront, qui rien n'y entendront
Si ne me lisent tout du long.

La Prenostication Frère Tibault.

Premièrement, je treuve que en ceste presente année y aura plusieurs princes, comme roys, roynes et leurs serviteurs, qui se alieront ensemble, et au commencement auront bonne amytié les ungs avec les autres ; mais à la fin auront si grant dissention ensemble qu'ilz trebucheront et afineront par feu, tellement qu'ilz seront tous consumez en cendre.

Item, ceste presente année grandes mervelles aviendront en la terre crestienne. C'est une créature qui naistra sur la terre, laquelle créature aura la barbe de chair et le bec de corne et les piedz comme ung griffon, et à la voix d'icelle créature se eslèveront plusieurs corps sans ame, faisant bruit à merveilles, et, du grant bruyt que les corps sans ame feront, plusieurs gens comme crestiens et crestiennes, au lieu, là où ilz orront le dit bruyt, courront sur le dos d'ung des quatre Evangelistes et passeront par ung lieu ou il y trouveront abondance de eaues, et se distillent les dites eaues par fil de soye, et en iceluy lieu trouveront gens mors sans pitié, lesquelz remueront peaux de bestes mortes, et ne cesseront les ditz gens mors de crier et de beller jusques à ce que le filz ayt mengé le père, et vous certifie estre vray.

S'ensuyt la Declaration de la Prenostication.

Pour ce que plusieurs gens s'esmerveilleroyent de ouyr les choses, qui sont contenues en la dicte Prenostication, j'ay bien voulu mettre leur[1] declaration affin que nul ne contredise qu'elle ne soit vraye.

J'ay dit au commencement qu'il y aura dissention entre les princes, comme roys, roynes et leurs serviteurs. J'entends qu'il y a plusieurs manières de gens maintenant, qui ont tout leur[2] passe-temps à jouer, principallement aux cartes, dont plusieurs juremens s'y font de jour en jour, pourquoy ilz ont noyses et dissensions, tellement qu'ilz jectent les cartes dedans le feu, car il y a roys, roynes, varletz; ce sont les princes de quoy j'ay parlé au commencement de la dicte Prenostication.

Item, secondement j'ay dit qu'il naistra une créature qui aura barbe de chair, le bec de corne, les

---

1. Imp. : *pour*. — 2. *leurs*.

piedz comme ung griffon, et aura une voyx qui fera
eslever corps sans ame. La créature n'est point mal
faisant, car elle est profitable à toutes gens ; la dicte
créature est un coq. Quant il chante à minuyt ou
à autre heure, les gens reglez, comme religieux,
chanoynes, sonnent les cloches. Je dis que les dites
cloches, ce sont corps sans ame; car, quant le peuple
entend sonner les cloches, il va à l'eglise, et marche
et court sur le dos d'un des quatre Evangelistes,
sainct Luc; car il a le beuf dont on fait les semelles
des souliers. L'eglise est le lieu où je dis que l'eaue
se distille par[1] fil de soye; c'est l'eaue benoiste, qui
se jecte par soye de porc, et en la dite eglise est le
lieu où on trouve gens mors sans pitié. Ce sont religieux, car ilz sont mors au monde et chantent quant
quelqu'un trespasse. Il remuent peaulx de bestes
mortes ; ce sont leurs livres qui sont de peaulx de
parchemins, et ne cesseront de chanter jusques à ce
que le filz aura mengé le père : c'est quant le prestre
a celebré la messe et qu'il a usé le *corpus domini.*
Adonc la Prenostication sera finie.

L'Epitaphe Tribolet.
(Voir plus haut, p. 9.)

Chanson nouvelle de la paix.

Chantons joyeusement
Et nous esjoyssons;
Faisons esbatement
Balade[s] et chansons;
 Chantons
Et menons[2] chère lye;

---

1. Imp. : *pour*. — 2. Imp. : *Et chantons Menons,* ce
qui fausse ces deux vers.

Maintenant nous avons
La noble paix jolye.

 Seigneurs, vous aussi, dames,
Et tous gentilz Françoys,   10
De cueur, et aussi d'ames,
Chantons à haulte voix :
  « Angloys
« Avec leur seigneurie
« Sont maintenant en paix   15
« Et la guerre bannye. »

 Marchans de toutes pars,
Vous aussi laboureurs,
Et gens de tous estaz,
D'autres mestiers plusieurs,   20
  Eureux
Seront par mer et[1] terre;
Angloys sont bien joyeux
De n'avoir point de guerre.

 Pour tant, petis et grans,   25
Je vous prie, chantons ;
Vous, Picars et Normans,
Lyonnoys et Bretons,
  Buvons
De ces vins, je vous prie ;   30
Plus guerre ne craignons;
Car de France est bannye.

 Vive le roy Louys
Et Monsieur le Dauphin[2]!

---

1. Imp. : et *par*. — 2. Le dauphin François, qui devait si vite succéder à Louis XII.

Par leurs sens et advis 35
  Guerre est mise à declin,
        Affin
Que en toute contrée
Ung chascun sait enclin,
D'avoir paix bien eurée. 40

Le Franc-Archier de Cherré.

Vous compaignons, qui frequentez les armes
Et qui de lance avez maint enferré,
Je vous supplye, oyez les grans faictz d'armes
Du très vaillant Franc-Archier de Cherré.

Imprimé nouvellement à Tours, par Jehan Rousset,
demourant en la rue de la Scellerie,
davant les Cordeliers.
1554.

Le Franc-Archier de Cherré[1] est resté inconnu à tous les bibliographes. M. Célestin Port (*Dictionnaire historique, géographique et biographique de Maine-et-Loire;* Angers, 1874-77, in-8, t. I, p. 686, art. *Cherré*) cite, il est vrai, un passage des manuscrits de Bruneau de Tartifume[2], où il est dit : « Le bourg de

---

1. *Cherré* est une petite commune du canton de Châteauneuf-sur-Sarthe, arrondissement de Segré (Maine-et-Loire).
2. Bruneau de Tartifume, né à Angers en 1574, mort en 1636, est l'auteur de plusieurs ouvrages historiques sur sa ville natale, qui n'ont jamais été imprimés. Ses manus-

Cherré est renommé, à cause de son franc-archer dont les rodomontades sont imprimées, comme celles du pionnier de Sœurdres. » L'auteur du *Dictionnaire* ajoute qu'il ne connaît aucun exemplaire de ces livrets populaires, dont M. Brunet ne cite pas même les titres. C'est d'après les indications du savant libraire M. Claudin que nous avons retrouvé *le Franc-Archier* à la Bibliothèque Méjanes à Aix. Ce petit poëme méritait de sortir de l'oubli séculaire dans lequel il est resté plongé. C'est une imitation du *Franc-Archier de Baignollet*, qui est lui-même attribué à Villon ou à l'un de ses disciples. On sait que ce dernier monologue fut écrit pour tourner en ridicule les milices levées sous Charles VII, en vertu des lettres-patentes du 28 avril 1448, et supprimées en 1480, à cause de leur poltronnerie et de leur indiscipline. Il ne paraît pas que les successeurs de Louis XI aient eu recours à leurs services jusqu'en 1520. Les guerres que François Ier eut à soutenir à la fois en Italie, en Picardie et en Flandre, l'obligèrent à faire appel à toutes les forces du pays.

Bourdigné, après avoir raconté la famine qui désola l'Anjou en 1521, ajoute : « Si l'Eglise d'Anjou eut ceste année à souffrir, si eut le povre peuple, car oultre les grans taux et impositions èsquelles il estoit taxé, tant pour les tailles que pour les creues, furent toutes les paroisses champestres d'Anjou contrainctes à mettre sus hommes en armes appellez vulgairement francs-archiers; qui leur fut grant grief, car chascune paroisse fournissoit d'ung homme, lequel il convenoit habiller de tocque, pleumes, pourpoint, collet de cuyr, chausses et soulliers, et de tel harnoys et baston que le cappitaine vouloit, et pour certain eust mieulx vallu au peuple payer une autre taille, telle

crits autographes ont été acquis, il y a quelques années, par la bibliothèque d'Angers.

comme ilz la payoient, que d'estre contrainctz à ceste contribution de francs archiers.

« D'icelle cohorte et rustique assemblée, eslevée au pays d'Anjou et du Meine, fut commis messire Charles de Coesmes, seigneur de Lucé, cappitaine, lequel, au temps de karesme, à Angiers, la monstre d'iceulx francs-archiers assigna estre faicte. Et au jour assigné, devant icelluy seigneur, ès lice[1], près et hors la ville d'Angiers, se trouvèrent les francs-archiers d'Anjou en armes et estat convenable, nombrez, en l'election d'Angiers, cinq cens ou plus. Et, la monstre faicte, leur permist ledit seigneur de Lucé eulx retirer jusques à nouveau mandement, et leur fut enjoinct eulx tenir tousjours prestz de partir quant l'on les manderoit.

« Telle innovation et erection de francs-archiers fut au peuple d'Anjou très ennuyeuse, odieuse et grevable ; car, combien que moult leur eust cousté à les mettre sus, nourrir, habiller et armer, toutes fois ne firent ilz chose proffitable ne au prince ne au peuple, ains commencèrent à eulx eslever sur le commun populaire, voulans vivre oyseux sans plus vacquer à leurs mestiers acoustumez, piller sur les champs, comme ilz eussent faict en pays des ennemys, par quoy plusieurs d'entre eulx prins et, mis ès mains des prevostz des mareschaulx, au gibet, qu'ils avoient bien desservy, finèrent leur vie[2]. »

Ainsi François Ier n'avait pas mieux réussi que Charles VII. Les francs-archers de 1521 étaient tout aussi lâches et aussi vantards que ceux de 1448[3].

---

1. « Le boulevard qui porte le nom de *boulevard des Lices*, à Angers, est planté sur l'esplanade qui servait aux réunions militaires de nos aïeux. » (Note de M. Godard-Faultrier.)

2. Bourdigné, *Chroniques d'Anjou et du Maine*, éd. Quatrebarbes et Godard-Faultrier (Angers, 1842, gr. in-8), t. II, pp. 329, 330.

3. Cf. ce passage du *Monde qui est crucifié* (t. XII, p. 222) :

Comme leurs prédécesseurs du XVe siècle, ils tombèrent sous le coup du ridicule et continuèrent le type du soldat fanfaron, si populaire dans le théâtre ancien et moderne.

Le *Franc-Archier de Cherré* a dû être écrit pour le théâtre d'Angers. Comme on le verra plus loin, cette pièce présente un intérêt tout local. Les villages énumérés sont situés, sans exception, à une courte distance de la capitale de l'Anjou. On relève dans le monologue un certain nombre d'allusions qui se rapportent à l'histoire particulière de cette ville et ne pouvaient être comprises hors de la province. Mais, à côté de ces petits faits purement locaux, la mention d'événements historiques plus généraux nous permet d'assigner à notre pièce une date certaine.

La prise de Milan et celle de Fontarabie, qui ont eu lieu, dit le franc-archer (v. 40),

> N'a pas une année et demie,

sont de 1521 et 1522. L'émeute provoquée par Jehan de Lancé à Angers (v. 341) est du mois d'avril 1523; la bataille de Montreuil-Bellay, ou « journée des femelles », eut lieu au mois de juillet de la même année. D'autre part, il est parlé (v. 305-328) de Bayard, comme d'un personnage encore vivant; or Bayard mourut le 30 avril 1524. C'est donc entre juillet 1523 et avril 1524 qu'il faut placer la composition du monologue. Il est probable qu'on laissa s'écouler quelque temps avant de songer à rire des combats qui avaient ensanglanté l'Anjou; aussi inclinons-nous à penser que le *Franc-Archier de Cherré* n'a été écrit que pour le carnaval de l'année 1524.

L'édition du monologue qui nous est parvenue est postérieure de trente ans à la composition de la

> On a faict faire une procession
> Aux francs-archiers, remplis de couardie.

Voy. également t. XII, p. 236.

pièce. Elle présente malheureusement un grand nombre de fautes, qui paraissent être le résultat de réimpressions successives. L'existence de cette édition, publiée à Tours en 1554, est une preuve que le *Franc-Archier de Cherré* eut un succès durable, qui dépassa les limites de l'Anjou et trouva de l'écho jusque dans les provinces voisines.

Voici la description de notre plaquette :

¶ Le franc Ar- // chier de Cherre. // Vo' cõpaignõs q̃ frequẽtez les armes // Et qui de lance auez maint enferre // Ie vous supply' voyez les grãs faictz // darmes // Du tresvaillãt frãc archier de Cherre. // *Imprime nouuellement a Tours par* // *Iehan Rousset demourant en la Rue* // *de la Seellerie dauãt les Cordeliers.* // 1554. — *Finis. Deo gratias.* Pet. in-8 de 12 ff. non chiff. de 25 lignes à la page, impr. en lettres de forme, sign. A-C.

Au titre, une petite marque de *Jehan Rousset*, qui représente le père éternel apparaissant dans les cieux, au-dessus d'une tour. Cette tour, qui indique en rébus le nom de la ville, est flanquée des initiales I. R. ; une banderole placée au-dessous porte en toutes lettres : *Jehan Rousset*.

Le cahier C ne compte que 24 lignes à la page.

Biblioth. Méjanes à Aix, n° 30047, dans un recueil qui contient : *le Plaisant Blason de la Teste de Boys* et deux autres pièces.

Sang bieu ! qu'esse que j'ay ouy ? 5
Est ce un tabourin de Suysse ?
Ouy, ou je suis estourdy.
A coup ! à cheval ! à la lisse !
Il fault que mon harnoys fourbisse
Pour aller à l'arrière-ban, 10

Aussi bien que je fuz entan,
Empoinct comme ung petit tourin[1].
Mais où, Diable, est ce tabourin ?
Escoutez : bededou, bededou, bededou.
Quelz gens sont ce ? Mais que sçait où ? 15
Ilz s'en vont ; les voyez vous pas ?
Par la chair bieu, c'est quelque sas[2]
Q'on brouille par la boulengerie[3].
Ung sas ? Non est, Saincte Marie.
Si est ! qu'au grand Dyable le herre ! 20

   Voylà que c'est [que] de la guerre.
La mort bieu, entre nous, gendarmes,
Ne songeons qu'en assaulx, alarmes[4],
Rencontres, tournées et batailles,
Grans horions d'estoc, de tailles[5]. 25
La mort bieu, c'est nostre desduict !
Bien souvent m'avient que la nuict,
Que je me reveille en soursault,
Je crie à l'arme ou à l'assault,
Car en telz esbas nourryz sommes, 30
Mesmes entre nous, gentilz hommes,
Cela c'est nostre droict mestier.
Ung villennastre ou ung chartier
Ne songe qu'en beufz ou charrettes ;
Ung gendarme clerons, trompettes, 35
Batailles, chevaulx, harnoys, bardes,

1. Ne faut-il pas voir dans *tourin* un diminutif de *tourd*, espèce de grive, lat. *turdus* ? Le *Vocabulaire du Haut-Maine* de M. C. R. de M. (Paris, Dumoulin, 1859, in-8) donne, dans le même sens, la forme *touret*. — 2. Imp. : *cas*. — 3. L'auteur prononce *boulang(e)rie*. Cf. *artill(e)rie*, au v. 449. — 4. Imp. : *et alarmes*. — 5. Imp. : *et de tailles*.

Pour se trouver aux avent-gardes,
Tousjours des premiers en fourraige.

Par la chair bieu, j'[en] ay faict raige,
N'a pas une année et demye, 40
A Millan[1], à Fontharabie[2];
Je m'y monstré homme de bien,
Je feis ung coup; je ne dis rien,
Pour néant le reciteroye.
On diroit que je mentiroye 45
Et que ne seroye qu'ung venteur,
Mais nenny, non; saulvé l'honneur
De ceulx qui estoient à l'armée.
J'eu la teste aussi bien chermée[3],
Non point la teste seullement, 50
Mais teste et corps et fondement,

1. Allusion à la quatrième prise de Milan en 1522. Voy. t. XII, p. 243. — 2. Les Français entrèrent dans Fontarabie au mois d'octobre 1521. L'auteur anonyme de la *Cronique du roy Françoys, premier de ce nom* (éd. G. Guiffrey, p. 32), dit que « le roy de France envoya grosse armée à Fontarrabie contre le roy d'Espaigne, de laquelle estoit conducteur et chef noble homme messire Jacques de Daillon, seneschal d'Anjou et seigneur baron du Lude, lequel, combien que icelle ville de Fontarabie fust reputée imprenable, ce néantmoins y entra et y mit garnison françoyse, en quoy faisant il acquist très grand bruit et honneur. » C'est de ce « bruit et honneur » que le franc-archer revendique sa part. Cf. t. XII, p. 241. — 3. On a vu déjà, t. XI, 167, un exemple du mot *chermé*, pour charmé, avec le sens d'« enchanter, tenir sous un charme magique » :

> Il sembloit que fut mouche
> De ces mutins pervers;
> Que fusses enyvrée
> Ou bien esté *chermée*,
> Tant tomboient à l'envers.

Que [le] pyonnier de la Loyre[1] ;
Aussi j'en eu pour mon sallaire
Trois fois plus qu'ung autre d'acquest ;
Je fuz payé saquin saquest[2] 55
Combien que n'en vouloys rien prendre.
Oultre tous ceulx que je feis rendre,
J'en tuay beaucoup ; je m'en tays.

 Je porty moy tout seul le fays
Plus d'ung heure [de] la bataille ; 60
J'en emorchoys bien, ne vous chaille,
Je croy, ung millier[3] pour le moins,
Et passèrent dessoubz mes mains,
Dont jamais n'ouys[4] mot sonner.
Or, Dieu leur vueille pardonner 65
Par sa grace, aussi à nous ;
Ce sont gens mors, qu'en voulez vous ?
Il fault ainsi faire, car quoy ?
Ilz eussent autant faict de moy,
Quant ilz eussent eu l'advantaige. 70
Brief, si j'eusse creu mon couraige,
J'eusse deffaict toute l'armée.
Je percy trois foys la bouée
Des ennemys par beau mylieu ;
Les plus aspres me faisoient lieu, 75
Quant ilz congneurent ma vaillance.
J'en embrochoys sept en ma lance
Comme endoilles en une gaulle
Et les vous portoys sur l'espaule

---

1. N'est-ce pas une allusion au *Pyonnier de Sœurdre*, la seconde pièce citée par Bruneau de Tartifume ?
2. Sans doute « rubis sur l'ongle ».
3. Imp. : Je croy *qu'ung meilleur*. — 4. Imp. : *ouyrent*.

Comme on va à l'anguillanleu¹. 80
Que diray je, par le corbieu ?
J'en faisoys ce que je vouloys.

Ainsi que je m'entrebatoys,
Voicy ung paisant de villaige
Qui me print à son advantaige, 85
Non pas paisant réallement,
Ung homme de bon hardement ;
Il venoit d'ung grand appetit,
Corbieu, il estoit plus petit
De trois piedz que moy, le ribault ; 90
Que dis je ? petit, mais plus hault ;
Non point si propre à la bataille
Comme moy ; j'estoys de sa taille.
Il estoit grand, et court et trappe ;
Et luy d'approcher et je frappe, 95
Et tic et toc et torche, lorgne² !
La morbieu, s'il n'eust esté borgne,

---

1. C'est-à-dire « comme on va à la procession ». Voy. sur la fête de *l'anguillanneuf*, ou plutôt de *l'au gui l'an neuf*, Le Roux de Lincy, *Livre des Proverbes français*, 2ᵉ éd., t. I, p. 3.

Le *Glossaire du Haut-Maine* donne le mot *guillannée*, avec le sens d' « étrennes ».

2. On lit de même dans *les Trois Gallans et Phlipot* (Le Roux de Lincy et Francisque Michel, *Recueil de Farces, Moralités et Sermons joyeux*, t. IV, n° 71, p. 42) :

PHLIPOT.
Gardés, [gardés] ; velà ma grongne.
LE PREMIER.
Et torche !
LE DEUXIÈME.
Et lorgne !
LE PREMIER.
Et donne, donne !

Je luy alloys crever ung œil,
Mais cuydez vous que j'euz grand dueil
Quant le ribault [si] s'acula   100
Contre ung mur, puis se recula,
Non point reculer proprement,
Il s'en fuyt et moy devant.
Que dis je devant? mais après;
Et, quant de luy je fuz bien près :   105
« Au meurtre! à l'assault! à l'arme! »
Par ma foy, le paouvre gendarme,
S'il ne se fust bien deffendu,
La mort bieu, je l'eusse fendu
En deux pièces de part en part,   110
Mais, par bieu, le traistre paillard
Me bailla si belle cobesche[1]
D'ung manche de palle ou de bèche,
Par bieu, que j'en tumbé à dens[2].
Corbieu, je m'y rompy troys dens.   115
Brief, je ne sçeu oncq tant debatre
Ne pour prier ne pour [com]batre,
Pour prescher, ne pour menacer
Que jamais me voulsist lascher,
Tant qu'eusse[3] rendu la poullaille. 120

Voicy, pour renfort de bataille
Des Espaignolz ung grand hara[4],
Tarabin taraba, patatin patata,
Et eulx sur moy et moy dessoubz.

1. On trouve dans Rabelais (l. IV, ch. XIII) *cobbir* qui est cité par Cotgrave avec le sens de « fracasser. » — 2. *Adent*, « sur le ventre ou sur les dents ». *Vocabulaire du Haut-Maine.* Cf. Cotgrave, *ad verb.* — 3. Imp. : Tant que j'eusse. — 4. Voy. Du Cange, v° *Haracium*.

Et par bieu j'éuz tant de coups 125
Et tant et tant, et en donné
De si lourdz que j'en estonné
L'acier qui estoit en mon voulge.
L'ung me crye : « Hau ! ne te bouge ! »;
L'autre frappe, puis se retire 130
Et en ce brouillis, jeu de rire,
Quatre grands coups de serpentines ;
Et ne fussent mes brigandines[1]
Qui estoient couvertes de futaine,
— Que Dieu comment le capitaine ! — 135
J'estois perdu à ce coup là.
Tredame, quant je vy cela,
Je commencé à me fumer
Si bien qu'on m'eust veu escumer
Comme ung verratz, et moy de batre ; 140
Je les vous hastoys quatre à quatre,
Dix à dix, douzaine à douzaine,
Si bien que, sans perdre alaine
Je les vous mys tretous en fuyte,
Et moy après à la poursuyte. 145
Je les assommois comme bestes ;
Les ungs fuyoient sans piedz, sans testes,
Tous joyeulx d'eschapper ainsi ;
Les autres me crioye[nt] mercy.
Jamays ne vy telles fredaines. 150

    Et quant les autres capitaines
Veirent l'abat que j'en faisoye,
— Comment ! faire ? Je me baignoye,
Par la mort bieu, en sang humain —

---

1. Cotte de maille.

Ung d'entre eulx me print par la main 155
Et me dist : « Hola! franc-archier,
« Vous les avez bien emorchez[1];
« Je croy qu'il vous debvroit suffire. »
Les autres me disoyent : « Beau sire,
« Retirez vous hors de la foulle. » 160
Je tenois tousjours pied à boulle[2],
Mais ilz me tirèrent à force.
Chascun accourt, chascun s'efforce
De me servir à sa puissance.
L'ung prend mon espée et ma lance, 165
Mon bec de corbin[3], ma hoguine[4],
Mon braquemart, ma coulevrine[5],
Mon halecret[6], mon poignart, ma[7] hache ;
L'ung me faict seoir, l'autre me lasche
Les couettes[8] de mon harnoys. 170
Ilz estoient plus de trente et trois
Capitaines à mon service.
Brief, si ne fuz je pas si nice,
Si lourd, ne hors de mon memoire
Que je ne demandasse à boire, 175
Et barilz de trotter par pays !
Vous eussiez esté esbahys
De veoir vins comme s'ilz sourdoient.

Les gens d'armes ne demandoient
Que me veoir pour ma vaillantise[9] ; 180

1. Cf. ci-dessus, v. 61. — 2. Voy. t. IV, p. 67; XII, p. 22. — 3. Petite hallebarde, munie d'un crochet. — 4. Partie de l'armure qui couvrait les bras, les cuisses et les jambes (Cotgrave). — 5. Petit canon à main. — 6. Corselet de fer. — 7. Imp. : *et ma*. — 8. Petites queues, lacets ou cordons. — 9. Imp. : *vaillance*. Notre correction rétablit la rime et la mesure.

L'ung en parle, l'autre en divise;
Le Roy estoit [là] en personne,
Ou ung qui avoit une couronne
Sur la teste, je le vey bien.
Je ne feis pas semblant de rien   185
Tant qu'on luy eust conté mon faict;
Il s'enquist qui avoit deffaict
Les ennemys et defferé :
« C'est le franc-archer de Cherré »,
Se luy dist on; il sault en place¹   190
Et vi[e]nt à moy et si m'embrasse
Et se deffuble² devant moy.
« Da », feis je, « mon seigneur le Roy,
« Ne me faictes poinct [tant] d'honneur. »
— « Ma foy », dist il, « gentil seigneur,   195
« Vous serez mon grand capitaine
« Et aurez plus d'une centaine
« De gens d'armes et de lanciers,
« Pionniers, voulgiers et francs-archiers
« Soubz vous, dont vous serez le maistre.   200
— « Ma foy », feis je, « il ne peult estre
« Que je laisse [là] mon villaige,
« Car j'ay hostel, femme et mesnaige
« Où je viz aussi à mon ayse,
« Que dist l'autre, ne vous desplaise,   205
« Comme faict le Pape de Romme. »
— « Si ferez, foy de gentil homme, »
Dist le Roy, « vous serez des miens
« Et vous feray beaucoup de biens,

---

1. C'est-à-dire probablement : « il tombe à la renverse »
d'étonnement. — 2. Se découvre. On trouve aussi *deffuler*.
Voy. t. IV, p. 145.

« Je vous prometz. » Et, sur ce pas, 210
Le Roy me print par soubz le bras ;
Alasmes véoir les gens d'armes.

Voicy venir mes frères d'armes,
Gentilz homs[1] d'entre Chartre et Maine[2],
Quatre, cinq, six, une douzaine, 215
Le franc-archier de Chemiré,
De Sainct-Laurens et de Myré,
De Chasteauneuf et de Séaulx,
Et de Bourg o ses grans houseaulx,
De Fenul[3] et de Chenillé, 220
De Sainct-Denys et de Cuillé,
De Seurdre, Couldray, Champigné[4],
De Brissarte et de Marigné ;
Ceulx de Cheffe[5] o les oyes[6] rouges

1. Imp. : *hommes*. — 2. Imp. : *et le* Maine. — 3. Imp. : *Fenetul*. — 4. Imp. : *et Champigné*.

5. Toutes les localités énumérées ici sont situées au nord d'Angers, dont elles ne sont éloignées que de quelques lieues. Chemiré-sur-Sarthe, Miré, Sceaulx, Chenillé-Changé, Sœurdres, Champigné, Brissarthe, Marigné-près-Daon, appartiennent au canton de Châteauneuf-sur-Sarthe, arrondissement de Segré (Maine-et-Loire). Châteauneuf est lui-même cité au v. 218. Saint-Laurent-des-Mortiers, Saint-Denis d'Anjou et Coudray font partie du canton de Bierné, arrondissement de Château-Gontier (Mayenne). Bourg, aujourd'hui réuni à Soulaire, Feneu et Cheffes dépendent du canton de Briollay, arrondissement d'Angers (Maine-et-Loire). Enfin Cuillé est situé dans le canton de Cossé-le-Vivien, arrondissement de Château-Gontier (Mayenne), à moins qu'il ne s'agisse d'Ecuillé, entre Sceaux et Feneu.

6. Imp. : *oyas*. — « Un dicton angevin, dit M. Célestin Port (*Dictionnaire de Maine-et-Loire*, t. I, p. 666), rappelait les *oies rouges* de Cheffes, non, croyons-nous, d'armoiries prétendues du bourg qui aurait porté, au dire de Bruneau de Tartifume, dans son écu inconnu des oies de gueule, mais de l'enseigne sans doute d'une hôtellerie

Y accouroient o leurs voulges 225
Et plusieurs aultres gens de guerre,
Qui mettoient les genoulx en terre
En disant : « Bon jour, capitaine! »

J'euz plus d'honneur ceste sepmaine
Que n'avois eu toute ma vie. 230
Aucuns en avoient grand envie,
Mais le Roy leur va dire : « Non,
« Voicy mon amy, mon mignon;
« Chascun luy face reverence,
« Car aujourd'huy par sa vaillance 235
« Noz ennemys a mis au bas. »
Corbieu, vous ne croyriez pas
Le cas que l'on faisoit de moy;
L'on n'en eust pas plus faict au Roy.
Voylà que c'est que de la guerre, 240
Il n'est que là pour bruit acquerre.
Il n'y avoit si grand seigneur
Qui ne me portast tant d'honneur,
Par bieu, que je m'en esbahys.
Mantenant je suis en mon pais 245
Sain et saulvé, la Dieu mercy.
Pensez vous qu'on me feist ainsi?
Ilz feroient leur sanglante raige;

mentionnée dès le XVIe siècle. » Notre pièce semble donner raison à l'hypothèse de Bruneau de Tartifume; on pourrait cependant reconnaître ici le mot *oye*, *petite-oye*, dont on trouve encore des exemples dans Corneille (*Galerie du Palais*, acte IV, scène XIV) et dans Molière (*Précieuses*, scène X), et qui signifie les bas, le chapeau et les autres ajustements pour rendre un habillement complet. (Voy. Littré, v° *oie*, et Quicherat, *Hist. du costume en France*, p. 497.)

Quelque touace[1] de villaige,
Dis je, villain de père et mère, 250
Me diroit : « Dieu te gard, compère
« Ou voisin », comme à ung nacquet[2] :
L'autre m'appelleroit Jacquet,
Sans faire autre conte de moy ;
Ilz n'ont ne honte ne effroy 255
De marcher o moy pas à pas
Et me prendre par soubz le bras,
Propre [là] où le Roy me print.

N'a pas six jours qu'il [en] advint
A quelque villain de m'y prendre ; 260
Si ne pensoit il pas mesprendre,
Par ma foy, le pauvre paisant,
Mais je luy donné en rusant
Si grand coup du poing de revers
Qu'il en tomba tout à l'envers, 265
Tout estonné, en ung foussé.
Corbieu, je l'eusse bien doussé[3],
Si je n'eusse crainct les destours !
Qu'en voulez vous ? Se sont les tours
De ses touaces[4] o leur[s] guestres, 270
Paovres peons[5], paovres campestres,
Qui ne sçavent honneur ne bien !
Aussi jamais ne veirent rien[6],

---

1. Cotgrave cite le mot *touasse,* avec le sens de manant ou de rustre. — 2. Voy. t. X, p. 120.
3. Je lui fusse tombé dessus. Cotgrave ne cite le mot *dousser* qu'avec le sens d'« endosser ». — 4. Voy. ci-dessus, v. 249. — 5. Le mot *peon* existe en provençal ; il correspond au français piéton, c'est-à-dire fantassin. Voy. Honnorat, *Dictionn. provençal-français.* — 6. Imp. : ne veirent *ilz* rien.

Par quoy il en fault endurer,
Mais, par bieu, je dis sans jurer, 275
Ou je sois véu à Sainct Pierre[1],
Que je iray encore en la guerre,
Si vis encor d'icy trois moys[2].

 Hay ! quoy ! qui suis je en mon harnoys ?
Qu'en dictez vous ? Suis je de taille 280
Pour achever une bataille ?
Que vous semble de mon corsaige ?
Mais que je n'avois tel couraige
De con battre et tel appetit,
Quant ceste vieille me battit, 285
A qui j'avois emblé une oye ;
Corbieu ! pourtant j'en enrageoye,
Mais, voylà, c'estoit une femme ;
J'en eu grand pitié sur mon ame ;
Il valut[3] mieulx me monstrer sage. 290
Mais, à propos de mon couraige,
Corbieu ! pensez vous qu'il me tarde
Que ne suis à quelque avant-garde
Ou à faire quelque combat ?
J'enraige que l'on ne me bat. 295
Qui dict ? Qui grosse[4] ? Qui en veult ?
Par la mort bieu, le cœur me deult.
Vienne cy monstrer sa vaillance
Qui veult jouster trois coups de lance
Pour sa dame ? Viendra il rien ? 300
Et, Messieurs, quelque homme de bien !
La vertu bieu, je meurs de deul ;

---

1. C'est-à-dire : ou que je sois vu à Rome. — 2. Imp. : Si je vis encore d'icy à trois moys. — 3. Imp. : vault. — 4. Grosser, « grogner. » (Cotgrave.)

Je me battrois plus tost tout seul,
Voyez vous, avant que[1] con batte !

 Prenez le cas que je me batte   305
Contre le capitaine Bayard,
Prenez qu'il ne soit de la part
Du Roy, ainsi je l'entendrois,
Car autrement point ne vouldrois
Point luy faire de desplaisir ;   310
Il fauldroit premier le choisir,
Venir à luy : « Corps bieu, mort bieu,
« A mort, Monsieur ; ce n'est pas jeu ! »
Que dis je, Monsieur ? nenny rien,
Mais ribault, car je pourrois bien   315
Par ce luy croistre sa vaillance.
Puis après, soubdain, à la lance,
Non pas à la lance[2] si tost,
Ce seroit pour envoyer l'ost,
Mais sur pied, la main à la dague,   320
Et viser, s'il y a rien vague,
Dessus son corps, et descouvert.
Voylà[3] ; Bayard[4] se tient couvert ;
Jusques au manche je luy fourre,
Et luy d'aller et moy de courre,   325
Mais, en courant, je tombe à dens[5] :
« Au meurtre », feis je, « bonnes gens ! »
Voila mon Bayard[6] abatu ;
Et, par bieu, il seroit batu,

---

1. Imp. : *que je.*
2. L'imp. répète ici par erreur les mots :
  Non pas à la lance.
3. Imp. : *Viola.* — 4. Imp. : *Boyard.* — 5. Voy. ci-dessus, V, 114. — 6. Imp. : *Boyard.*

S'il [le] vouloit et si j'ousoye. 330

 Mais est il vray qu'on dict, qu'au faye
Gist tout le couraige d'ung homme[1]?
S'il est vray, je m'esbahis comme
Je le puis avoir si très grand.
Comment grand? J'en tire à garand 335
Tous ceulx qui m'ont veu en besongne
En Picardie et en Bourgongne,
En Hesnault. Mais à Milan, quoy?
Je y ay bien faict parler de moy.
Mais que feis je à l'assault d'Angiers, 340
Quant Lancé[2] et nous, francs-archiers,
Prismes la ville, non pas prendre
Proprement, car debvez entendre
Que ceulx [de] dedans se rendirent,
Non point rendre, mais [ils] nous firent 345
Des presens, je ne sçay de quoy.
Et, par Saincte Marie, je croy

1. Le cœur est dans les idées populaires, le siége du courage et le foie le siége de la poltronnerie. Ainsi l'on dit d'un homme qui manque de courage qu'il a « le foie chaud », ou que « le cœur lui devient foie. » Voy. aussi un passage de D'Aubigné cité par Littré, v° *foie*.

2. Jehan de Lancé, commis prévôt des maréchaux du Maine, vint à Angers, au mois d'avril 1523, et fit arbitrairement arrêter trois écoliers qui portaient une épée sous leur robe. Le recteur de l'Université adressa ses réclamations à Jehan Bignon, qui présidait alors les Grands-Jours. Lancé, qui était présent à l'entrevue, interrompit le recteur d'une manière injurieuse. La colère gagna alors un écolier qui lui donna un coup d'épée. L'aventure produisit dans Angers une véritable émeute. Lancé fut assiégé dans sa maison, et ne dut son salut qu'à l'intervention de Bignon. Le monologue prouve que les francs-archers furent mêlés à cette affaire. (Voy. Bourdigné, éd. citée, t. II, pp. 336, 337.)

Qu'il ne nous vouloient[1] rien donner,
Si les fismes nous bien sonner
Le toc[que]sainct toute la nuict;   350
La mort bieu, c'estoit ung deduict
De nous veoir par my ce villaige
De Bresigné[2]; je faisois raige
D'amasser hardes et de prendre!
S'on ne m'eust menassé à pendre,   355
Corps bieu, j'eusse bien faict ma main,
Voyre, en despit d'ung villain,
Qui me trayna par les cheveulx
Ung bon mot, m'en allé chez eulx.

Larrons[3] sergens, que veu j'avoys   360
Chez moy, n'y avoit pas trois moys,
Me executer moy, non pas moy,
— Je ne doy au Roy que la foy, —
Mais ung villain de nostre pais;
Dieu sçait s'ilz furent esbahis   365
Mes sergens, quant ilz m'advisèrent.
Que firent ilz? Ilz se voistrèrent[4]
Tout plat à genoulx devant moy,
Disant : « Monsieur, pardonnez moy.
« Vous soyez bien venu céans. »   370
— « Comment, cher bieu, mort bieu, truans »,
Feis je, « qui vous a mys icy?
« Vous ne [me] distes pas ainsi
« Quant vous vintes par vostre oultraige

1. Imp. : *voulurent*.
2. Bressigny est le nom du faubourg d'Angers qui commence à la porte Saint-Aubin, et par lequel on gagne la Loire et les ponts de Cé. Voy. La Thuillerie, *Description d'Angers*, éd. Port, 1869, pet. in-12, pp. 200-205.
3. Imp. : *Rorrons*. — 4. Ils se vautrèrent.

« Vendre mes biens et mon mesnaige », 375
Dis je, « quant vous executastes
« Mes voisins et ne me laissastes
« Pas la valleur d'ung petit blanc. »
Corps bieu, pour vous en parler franc,
Je les mené d'une grand sorte. 380
L'ung va au vin, l'autre m'apporte
Pain, chair, poisson et autres biens. »
« Or ça », feis je, « villains, vous[1] tiens, »
Le corps bieu, je les pillé bien.
Quoy ? piller ? Je ne laissé rien ; 385
Je les traicté en franc-archier.

   Si me veis je en grand dangier,
Comme j'ay depuis entendu,
Que je debvois estre pendu
Pour ung bonnet qu'avois emblé, 390
Non pas emblé, mais assemblé
Avecques mes autres besongnes.
Et moy de faire mes eloignes
Ce pendant que ce bruyt s'appaise ;
Je craignois fort à prendre noise 395
De peur de faire ung mauvais coup.
Voicy arriver tout à coup
Mon garson, dis je, mon archer,
Car il m'avoit bien veu cacher,
Non pas me cacher proprement, 400
Mais me retirer seullement
En ung chaumier[2], qui me vint dire :
« Pour Dieu, fuyez vous en, beau sire,

---

1. Imp. : *je* vous.
2. Chaume, broussaille (Oudin).

« Voicy venir bourreaulx, sergens,
« Caygnardiers[1] et tout plain de gens
« Qui vous cherchent. » Et moy dehors.
Le cœur me crioyt dans[2] le corps :
« Où sont ilz allez ? — Voy les là.
— « Par ou viennent ilz ? — Par de la.
« Je cuyde qu'ilz ne sont pas loing. »
Et je sorty hors de mon coing.
« Bien fuyrai ge », feis ge[3] ; « non feré.
« La chair bieu, je les hacheré
« Plus menu que choux ou porrée[4]. »
Je prins mon poignart, mon espée
Et sailly par sus[5] une haye.
Or, devinez si j'avisoye
S'il faisoit crotté par les champs.
Si je eusse trouvé mes meschans,
Ilz estoient prins comme le More[6].
Par la mort bieu, j'en tremble encore
De la fierté de mon couraige !

Quant fuz arrivé au villaige,
Car ilz s'en estoient jà fuys,
Si feis je trois grans lieux du pays
Pour les enclorre par derrière ;
Si trouvèrent ilz la manière
De m'eschapper pour ce coup là.
Mais après quelqu'ung m'en parla

---

1. Coquins, vagabonds (Cotgrave). — 2. Imp. : *dedans*. — 3. Imp. : *leis je*. — 4. Voy. t. V, p. 107. — 5. Imp. : par *dessus*. — 6. Ce proverbe se rapporte à l'histoire de Ludovic le More, qui, après avoir trompé tous les partis, fut trahi à son tour par les Suisses. Voy. Le Roux, *Livre des Proverbes français*, t. II, p. 50, et notre tome I, p. 63.

Qui me dist : « Guare le fouet ! »   430
— « Voyre », feis je, « Jenin Cornet,
« Ventre bieu, à qui parlez vous[1] ? »

. . . .

Mais on me dist bas en l'oreille :
« Fuyez vous en, je vous conseille ;   435
« Voz gens sont encore là hault. »
— « Et puys », feis je? « Il ne m'en chault ;
« S'ilz s'en fuyent laissez[2] les aller »,
Car, à la verité parler,
J'avoys desjà passé mon ire.   440
Brief, si [je] ne cessoys de dire,
Jusque[3] à ce que j'eusse achevé,
Je ne diroys pas la moictié
De la grand vaillance que j'ay.

    Mais que feis je à Montreubellay,   445
A la journée des femelles[4] ?

1. Il manque ici un vers. — 2. Imp. : *laisser*. — 3. Imp. : *Jusques*. — 4. Montreuil-Bellay, chef-lieu de canton de l'arrondissement de Saumur (Maine-et-Loire).

Il s'agit ici d'un combat livré entre l'armée régulière et la bande des mauvais garçons.

Voici, en effet, ce que nous lisons dans le *Journal d'un Bourgeois de Paris* (éd. Lalanne, p. 166) :

« Au dict an [1523], en juillet, s'esleva au pays de Poictou et d'Anjou plus de quinze cens advanturiers, maulvais garçons, qui pilloient et prenoient filles et femmes à force et gastoient tout le païs, dont les nobles et la commune se mirent sus contre eux ; mais des dictz advanturiers il n'en fut guères tué, et en fut tué de la commune de six à sept cens personnes ; et estoient beaucoup d'escoliers parmy la commune, qui furent tuez ; et le roy y envoya pour les deffaire et tuer. »

La rencontre eut lieu « vers Antoigné, une lieue au-delà de Montreuil-Bellay ». Voy. *Revue d'Anjou*, t. I, p. 398.

Ce n'était pas la première fois que l'Anjou était infesté

Je me parqué dessus mes aelles,
Au beau millieu, droict comme ung jong ;
Voicy de bendes, tout de fronc,
Plus de cent pièces d'artillerie, 450
De laquelle avoit seigneurie[1]
Feu Gros Doux, le vaillant gendarme,
Et pour cela je me tiens ferme
Et enhardissoys tout le monde,
Mais, de malheur, d'ung coup de fonde[2] 455
Qu'on me donna, je cheuz à terre.
Voicy ung compaignon de guerre,
Que j'avois autres fois battu ;
Si tost qu'il me veist abbatu,
Et luy sur moy et de frapper ; 460
Je ne luy peu pas eschapper.
Il regnioyt Dieu et Sainct George
S'il ne m'alloit coupper la gorge,
Et si ne luy demandoys rien.
« Voire, vous feroit-il grand bien, 465
Feis je, « qui la vous coupperoit ?
« Je croy [que] qui le vous feroit
« Que ne l'endureriés pas. »

    Voicy arriver sur ce pas
Les capitaines de ma bende ; 470

de ces bandes. M. Célestin Port (*Inventairie de la Mairie d'Angers*, 1861, in-8, p. 359) a publié le compte-rendu d'une séance tenue par le conseil de ville le 22 décembre 1512 et dans laquelle Jehan d'Alancé, archer de la garde du roi et son commissaire près des maréchaux de France (le même qui figure dans une note précédente sous le nom de Jehan de Lancé), fut chargé de prendre des mesures contre les mauvais garçons.

1. Imp. : *la* seigneurie. — 2. Fronde.

L'ung me quiert; l'autre me demande :
« Ou est le capitaine Cherré? »
Mon galant fut bien enserré
Qui me vouloit egorgeter.
Que feist il? Il se va gecter 475
Tout plat à genoulx devant moy :
« Monsieur, je vous baille ma foy
« Et me rends vostre prisonnier. »
Le corps bieu, je n'en prins denier
Ne maille, mais j'en eu la teste. 480

 Je passe oultre, point ne m'arreste
Que ne fusse à l'artillerie,
Où toute la chevallerie
Des ennemys estoit [1] ensemble.
Quant ilz me veirent, chascun tremble, 485
Non point de froit, mais [bien] de peur.
Voicy venir le beau Gobeur,
Qui me vint livrer ung assault,
Mais ce fut [bien] le dernier sault
Qu'il feist jamais, et lors Gros Doux 490
S'escrie : « Monsieur, rendez vous! »
— « Se rendre », feis je? « A qui? A toy?
« Mais toy à moy. » — « Mais toy à moy ».
Brief, il sourd noise entre nous deux,
Et de nous prendre à beaulx cheveulx, 495
Et de frapper d'estoc, de taille [2].
Somme, je gaigné la bataille
Et mourut le seigneur Gros Doux,
Qui ce jour avoit faict maints coups
De prouesse et de vaissellaige [3]. 500

---

1. Imp. : *estoient*. — 2. Imp. : *et* de taille. — 3. Nicot, dont Cotgrave reproduit les termes, dit au mot *vasselage* :

Par ma foy, ce fut grand dommaige ;
C'estoit ung homme de regnon.

 Je croy bien que son compaignon
Tresdoulles, qui veit le debat,
Me vint presenter le combat   505
Seul à seul, dont il feist oultraige,
Car il n'estoit pas personnaige
Pour moy, quoy qu'il feust vaillant homme
Et hardy en bataille. Somme,
D'entrée de plat[1], pour m'essayer   510
Il se print à braire et crier
Tant qu'il peult : « Ha ha ha ha ha ! »
— Comme feis je ? Esse cela ?
Riez ou ne en riez pas ; —
Et luy dessus, et moy à bas,   515
Et de charger : Tic toc, c'est faict,
Voilà mon Tresdoulle deffaict ;
Il est mort, il ne rira plus.

 Ces trois là morts, tout le surplus
De leur armée fut tout destruyt.   520
Par bieu, j'en ay acquis grand bruyt.
Ne cuydez pas que je vous mente
D'ung seul mot et que je me vente,
Que je me mocque ; nenny, non ;
Par la mort bieu, ce ne fais mon.   525
Croyez moy et puis que j'en jure.
Tenez, voylà qui en murmure :

« Aussi se trouve usurpé ès livres des anciens romans pour acte de vaillance, de magnanimité, hardi et preus, *nobile ac virile facinus.* » — 1. Pour commencer. L' « entrée de plat », c'est l' « entrée de table », c'est-à-dire le premier mets servi sur la table.

C'estois mon, par bieu, je y estois,
A tout le moins, je pourmenois
Les chevaulx de ceulx qui y furent, 530
Non pas pourmener, mais ilz beurent
Près de la ville de Cherré.
Par bieu, je fuz bien enserré
Quant le cheval d'ung capitaine
Me jecta près d'une fontaine 535
En une mare[1] jusque[2] aux dens,
Si bien que, quant je fuz dedans,
Je ne m'en sçeuz jamais tirer,
Qu'il ne me faillist essyrer
Ma jaquette contre une haye. 540
C'estois mon; par bieu, je y estoye.
Pour monstrer que[3] je n'y fuz point,
J'en ay encore le pourpoint,
Chausses, corset et les despouilles
De feu Gros Doux et de Tredouilles. 545
Qu'est ce qui dict que ne les ay pas ?
Si ay, par bieu ; elles sont là bas,
Cela est aussi vray que hystoire.
Quoy, vous ne m'en voulez pas croyre !
Et, par bieu, je les voys querir 550
Bien tost ; je ne fais que courir.
Attendez moy ; homme ne bouge[4] !

Finis.

Deo gratias.

---

1. Imp. : *masure*. — 2. Imp. : *jusques*. — 3. Il faut peut-être lire : *se*. — 4. Ce vers devait rimer avec le premier vers de la moralité qui suivait le monologue.

*Le Triumphe des Vestementz,
selon le temps qui court,
faictz au Buz.*

Sous une apparence de frivolité, les poésies relatives aux modes offrent un intérêt réel pour tous ceux qui étudient les mœurs et les usages de nos ancêtres. M. Jules Quicherat, le savant directeur de l'École des Chartes, n'a pas craint de consacrer à l'histoire du costume un gros volume, qui est le fruit de patientes recherches et le résumé le plus complet que nous possédions jusqu'ici sur la matière. A l'époque qui fait l'objet de nos études, au XVe et au XVIe siècle, les moralistes et les satiriques se sont tour-à-tour récriés sur la superfluité des vêtements. Gringore, Laurent des Moulins, Éloi d'Amerval, et, plus tard, Artus Désiré, ont exhalé en vers leurs plaintes sur le débordement du luxe. Il serait trop long de citer tous les ouvrages qui ont été écrits sur ce sujet. Nous n'entreprendrons pas non plus de donner la liste des petits poëmes satiriques consacrés aux nouvelles inventions de la toilette des dames. Nous nous bornerons à rappeler le titre des pièces que nous avons reproduites dans ce *Recueil* : *Ballade sur la mode des hauts bonnets* (t. IV, pp. 326-332);

La Reformation des Dames de Paris faicte par les Lyonnoises (t. VIII, pp. 241-252); *La Replicque faicte par les Dames de Paris contre celles de Lyon* (t. VIII, pp. 253-257); *Le Blason des Barbes de maintenant* (t. II, pp. 210-222); *Extraict d'un petit Traicté contenant soixante et troys quatrains sur le faict de la reformation de la superfluité des habitz des Dames de Paris* (t. VIII, pp. 290-309); *Le Blason des Basquines et Vertugalles* (t. I, pp. 293-304); *La Complaincte de Monsieur le Cul contre les inventeurs des Vertugalles* (t. II, pp. 150-161 [1]).

Nous avons la bonne fortune de pouvoir ajouter deux nouvelles pièces à cette curieuse série. La première est relative au *buz* ou *buste*. Ce mot, qui se trouve en vieux français sous les formes *buc, buz, bu, bru, bruc, brusc* (voy. Littré, v° *buste* [2]), signifiait à l'origine le tronc ou la partie du corps de l'homme qui s'étend depuis les épaules jusqu'à la ceinture. Plus tard il prit l'acception de corset destiné à redresser et à amincir la taille. M. Quicherat ne décrit le *buste* qu'à partir d'Henri II et de ses successeurs, sans indiquer à quelle époque cet ajustement fit son apparition dans les modes françaises. Notre pièce permet d'en faire remonter l'invention jusqu'au règne de Charles VIII ou de Louis XII. Il est impossible, en effet, d'assigner au *Triomphe des Vestemens* une date plus récente. Le style et l'orthographe rappellent les dernières années du XVe siècle. Les vers enchaînés, les strophes finissant toutes par un proverbe ou un adage, les personnages allégoriques tels qu'Invention, Folle Despence, Abuz, etc., rappellent bien la première époque de Gringore, le

---

1. *La Responce de la Vertugalle* a été publiée par Méon (*Blasons*, pp. 70-79).

2. Palissy, dans un passage rapporté par M. Littré, parle d'un homme qui criait dans les rues « les crucifix à la bisque », c'est-à-dire « à la mode nouvelle ».

Chasteau d'Amour et le *Chasteau de Labour*. A partir de 1520, on renonce à ces allégories, et, avouons-le, personne ne regrette leur disparition.

La seconde pièce se rapporte à l'invention d'une sorte de tête à perruque, ou de modèle en bois, sur lequel s'élaboraient les coiffures des dames. Ces coiffures, fort compliquées, se composaient de faux cheveux, d'étoffes légères et de taffetas reliés ensemble par des cercles de fer appelés *arcelets*[1]. D'après notre auteur, il était fort difficile de bien composer un tel édifice sur la tête même de la patiente ; il penchait tantôt d'un côté, tantôt de l'autre, et se trouvait rarement d'aplomb. A un autre point de vue, le travail du coiffeur n'était pas exempt de danger pour la santé. L'emploi des substances humides destinées à amalgamer les faux cheveux avec les vrais, et à faire adhérer le taffetas, pouvait déterminer des rhumes et des catarrhes. Aussi notre poëte n'hésite-t-il pas à déclarer que l'inventeur de la tête de bois a bien mérité de l'humanité. Les coiffures seront désormais mieux posées, et les dames ne s'enrhumeront plus.

Le *Blason* se termine par une invocation à tous les poëtes fameux, que l'auteur invite à chanter la louange de la tête de bois. Cette énumération nous permet de fixer la date de la composition. Il y est fait allusion à Charles de Sainte-Marthe et à Tahureau, comme à des personnages encore vivants, et l'un et l'autre moururent en 1555. D'autre part, la réputation de Baïf et de Jodelle ne date que de 1552 ; celle de Louis Caron et de Tahureau, de 1554. Ces rapprochements indiquent bien que le *Blason* a dû être écrit à la fin de 1554, ou au commencement de 1555.

Les louanges données à des poëtes lyonnais, comme

---

1. Cf. Quicherat, *Histoire du Costume*, p. 408.

Guillaume des Autelz, Jean de Vauzelles, Louise Labé, et peut-être même au grand trésorier André Blondet, nous portent à croire que l'auteur était lui-même originaire de Lyon. C'est à la même ville qu'ont probablement appartenu « le seigneur Denys Souriceau » (v. 89), cité comme un sculpteur célèbre, et la Fouquelle (v. 167), mentionnée comme une coiffeuse en renom.

Voici la description de la plaquette, d'après laquelle nous réimprimons la première de nos deux pièces :
Le trium // phe des vestementz, // selon le temps qui // court, faictz // au Buz. S. l. n. d. [Paris?, vers 1545?], in-4 de 4 ff. non chiffr., de 23, 24 et 25 lignes à la page, sign. A.
Le titre est imprimé en lettres rondes, tandis que le texte est imprimé en caractères gothiques.
La devise latine qui termine la pièce entoure un bois représentant un écu à trois pals, au chef chargé de trois billettes. Les couleurs des pièces ne sont pas indiquées.
Biblioth. du baron James E. de Rothschild.

Le Triumphe des Vestementz,
selon le temps qui court,
faictz au Buz.

INVENTION.

Mal à propos les antics vont usant,
En rabbusant des habis la façon ;
Recourir fault au temps qui court duysant,
Qui de la dance entendra bien le son ;
De luy apprendre n'est besoing la façon ;   5

Il entend, mieulx qu'on ne luy sçaroit dire,
Courir sans selle, sans estriez, ny arson :
Course ne peult en courant bien produire.

ABUS.

Produyre veulx, suyvant le temps qui court,
Courant le cours par une vive course ;   10
Sans moy, Abus, icy moins a la Court ;
Tout y est court qui ne tire la bourse.
Invention, donner nous fault la trousse
A ce beau Buz nouvellement formé,
Si que par nous soit mys à la destrousse :   15
Qui se difforme doibt estre difformé.

LE BUZ.

Difformé suis au dire de plusieurs ;
Je suis le Buz, renommé maintenant,
Gay, florissant en diverses couleurs ;
Hommes et femmes ay soubz moy plus de cent.   20
Fors que du Buz n'est maintenant memoire ;
Je suis requis, à ung[1] chascun plaisant ;
Au temps qui court le Buz porte la gloire.

LE TEMPS QUI COURT.

La gloire suis pour le Buz maintenir,
En soustenant dame Invention ;   25
Folle-Despense j'ay en mon souvenir ;
Au Temps qui[2] court Cherté faict pension ;
Je meine Abbus ; je meine[3] Invention ;
Je faicz le Buz au Temps qui court regner ;
Leur père suis et leur protection ;   30
Le Temps qui court par droict doibt dominer.

---

1. Imp. : *et à ung*. — 2. Imp. : *que*. — 3. Imp. : *meisne*.

FOLLE-DESPENSE.

Dominer veulx Temps qui court par mon tour;
Sans moy le Buz ne sçauroit prosperer;
Force velours aux habitz, à l'entour
Le taffetas coupper et dechirer; 35
Vyollons, haultboys je lui faictz desirer;
Menge[1] en ung jour que souffiroit pour troys;
Se en après le convient souspirer,
Pour maintenant il portera le fais.

TEMPS PASSÉ.

O fol Abus, ô Invention folle, 40
Tes precesseurs ne tenoient tel estat;
O Buz, ô Buz, tu es en pauvre escholle;
Ainsi couppant la soye et le drap,
Besoing n'auras et jouras au rabat[2];
Folle Despense ne dure longuement; 45
Tout emporte à la fin chat ou rat :
Qui trop despend meurt miserablement.

NECESSITÉ.

Après que auras le Temps qui court suivy,
Tu n'as mestier, ny de vivre moyen;
Larmes viendront, ce que auras deservy; 50
Seront complainctes des foys ne sçay combien;
Le Temps qui court dissipera ton bien;

---

1. Imp. : *Menger*. — 2. Le sens de ce passage est fort obscur. Il semble tout d'abord qu'il faille lire : « Besoing auras », tu sentiras le besoin. Quant à l'expression *jouer au rabat*, elle paraît avoir la signification de « se jeter dans la misère ». On a déjà vu ci-dessus : *mettre au rabas* (t. XI, p. 63); *faire du rabas* (t. XI, p. 303); *servy à rabas* (t. XII, p. 198).

Folle-Despense te vouldra tousjours suyvre;
Ilz feront tant, par leur subtil moyen ;
En brief de jours tu n'auras plus que frire, 55

MALADIE.

Quand tu auras au Buz tout despendu,
En nonchalloir te lairront tes amys ;
Se je te assaul¹, tu es homme perdu,
Car à la Mort je t'auray tost remitz.
Or pense doncq où ton temps auras mys ; 60
Au Temps qui court ne mectz ton souvenir ;
Si n'as argent, tu es d'amys desmits :
L'homme est saige qui pence à l'advenir.

HONTE.

Avoir submits ta jeunesse au Buz²,
Honte viendra à ung coup te saisir ; 65
Quand tu n'auras avec toy des *quibus*,
Au Temps qui court ne feras nul plaisir ;
Regret, Soulci, Douleur et Desplaisir
Te saisiront, Despoir³ d'aultre costé ;
De braguerye tu n'auras plus desir ; 70
Honte viendra, causant ta pauvreté.

LES PAUVRES DE JESUCHRIST.

O Doulx Jesus, refforme les abbus ;
A toy jettons noz clameurs et noz cridz ;
Nostre substance tumbe toute au Buz ;
Tes pauvres membres sont par famine pris ; 75
Putains et chiens ont maintenant le pris ;

---

1. Imp. : *assault*. — 2. C'est-à-dire : Après avoir soumis ta jeunesse. Cf. t. IV, p. 225 ; VIII, p. 66 ; IX, p. 213. — 3. Imp. : *Desespoir*.

Folle Bobance, trop chèrement vestue,
Et tes membres remitz à tel despris;
De fain mourrons touts les jours par la rue.

Jesuchrist aux Pauvres.

Prenez, mes frères, en gré et patience 80
Froict, faim et soif; vivez en esperance,
Car qui endure après ce monde dure;
Eternelle aurez la recompense.
Le Temps qui court, aussi Folle-Despense,
Chascun aura un matin sa mesure; 85
En verité, frères, je vous asseure,
S'ilz ne s'amendent, l'heure ilz mauldiront;
Tenez certain que veoyrons venir l'heure;
Telz font grands ris[1] qui en fin ploreront.

L'Autheur *aux Lecteurs*.

Laissons Bobance et toute gloire vaine; 90
Pensons à Dieu, car la Mort nous menasse;
En grandissant viendra l'heure soubdaine;
Tel rit au main[2], au soir fault qu'il trespasse;
Gloire mondaine en ung moment se passe;
Qu'esse de nous que[3] cendre et pourriture? 95
De[4] s'amender chascun son debvoir fasse;
Il fault mourir, et si ne sçavons l'heure.

Vivit post funera virtus.

---

1. Imp. : *ritz*. — 2. Imp. : *matin*. — 3. Imp. : *sinon*. — 4. Imp. : *Se*.

*Le plaisant Blason
de la Teste de Bois.*

On trouvera ci-dessus (voy. pp. 47-48) quelques détails sur le sens de cette pièce et sur l'époque probable de sa composition. Nous nous bornerons à donner ici la description de l'édition que nous avons eue sous les yeux.

Le plai- // sant Blason, // de la teste de // Boys. — Fin. S. l. n. d. [Lyon?, vers 1555], in-16 de 8 ff. non chiff. de 23 lignes à la page, impr. en lettres rondes, sign. A-B par 4.

Le v° du titre est blanc.

Biblioth. Méjanes à Aix, n° 30047, dans un recueil qui contient en outre la *Loittre de Tenot à Piarrot*, l'*Admonition contre la dissolution des Habitz* et le *Franc Archier de Cherré*.

L'*Admonition* est la même pièce, sous un autre titre, que le *Blason des Basquines et Vertugalles*, qui figure dans le t. I de ce *Recueil* (pp. 293-304).

Voici la description de cette plaquette :

Admonition contre // la dissolution des Habitz, & orne- // mens desordonnez des Dames, Da- //

moyselles, & Bourgeoises composée nouuellement. //
Hebr. iij. d. // Receuez la parole d'admonition. //
Quatrain. // Dames qui portez vertugalles // Faictes
de grosse corde en rond // Notez bien ces raisons
moralles // Car beaucoup vous profiteront. *S. l. n. d.*
[*Lyon, vers* 1563?]. In-16 de 8 ff. non chiffr. de 24
lignes à la page, impr. en lettres rondes, sign. A-B.

Au v° du titre est placé un *Huictain*, imprimé en
caractères italiques.

Le v° du dernier f. est blanc.

Nous croyons que cette édition, comme celle qui
porte le titre de *Blason*, a dû être exécutée à Lyon,
pendant que les protestants étaient maîtres de la
ville.

L'*Admonition* contient, de plus que le *Blason*, le
Quatrain qui figure sur le titre, et un *Huictain* ainsi
conçu :

> Dames d'honneur, ce n'est tout que de voir
> Beaucoup d'escriptz et iceux mal entendre ;
> Mieulx vault le peu parfaictement sçavoir
> Et l'accomplir que le trop entreprendre.
> Ce peu d'escrit vous plaise doncq' aprandre,
> Lequel contient saincte admonition ;
> S'il est petit, mieux le pourrez comprendre
> Et le revoir de bonne affection.

La plaquette de la Bibliothèque Méjanes ne porte
pas les manchettes que contient le *Blason*, mais elle
est suivie de citations en prose réunies sous le titre
suivant : *Aucuns Passages de l'Escripture Saincte, par
lesquels appert que Dieu defend les dissolutions et pompes
mondaines.* Ces passages sont en partie les mêmes que
ceux auxquels renvoient les manchettes du *Blason*.
La comparaison des deux textes permet de considérer l'*Admonition* comme antérieure au *Blason*, mais
l'une et l'autre édition ont dû être publiées par les
protestants lyonnais.

DE LA TESTE DE BOIS.

N'esse pas une invention
De grand' recommandation
Des testes de boys que l'on fait,
D'un ouvrage si très parfait,
Tant bien poly et compassé
Qu'un seul deffault n'y est lessé,
Par lesquelles les gentes dames,
Qui ravissent les cors et âmes
Par l'ojet de leur grand' beauté,
En ont très grande utilité,
Et prient Dieu souventes fois
Pour l'auteur des testes de boys?

   Au paravant que tel ouvrage
Fût parvenu à son usage,
M'amye estoit tant mal coifée,
Si mal plaisante et debifée,
Qu'en la voyant en ceste forme
Sembloit estre toute diforme;
Son couvrechief cachoit son front;
Quelques fois, pour n'estre assez rond,
Ne plié, comme ores on fait,
Trouvois son regard contrefait;
Son couvrechief balloit souvent,
Comme font les fueilles au vent,
Pour n'estre tissu et pressé
Comme à presant il est dressé;
Ses oreilles si fort pendoient
Que grande laideur luy rendoient
Et ses cheveux, tant bien tressez,
Estoient du tout desentassez
Et sur son chief estoient pendans,

Debifez dehors et dedans;
Et, la voyant en ceste sorte,
La delaissois seule à sa porte,
Sans luy faire aucun entregent, 35
Comme meritoit son cors gent;
Puis, quand elle me revoioit,
Austèrement elle disoit :
« Monsieur le brave, qui sçavez
« Que de moy l'amitié avez, 40
« Pour quoy l'autre jour me laissastes
« Sans qu'aucun salut me donnastes?
« Vous suis je à present dedaignante
« Pour estre en amours violante?
« Me semble qu'un amy honeste 45
« Fait toujours à s'amye feste;
« Le bon jour luy donne et presente,
« Afin de la rendre contente. »
Lors respondoy tout à loisir :
« M'amye, où gist tout mon desir, 50
« Je vous pry ne prandre à dedain
« Si je m'en suis allé soudain,
« Sans vous faire la reverence
« Qui est deue à vostre excellence,
« Car, croyez moy, mon grand affaire 55
« Me forceoit de tost me retraire,
« Puys j'aperçeu quelque envieu[x]
« Jalousant ce qui nous plaist mieux. »
Ainsi mon amye apaisoys
Par le propos que luy disoys, 60
Craignant de luy faire ouverture
Qu'il proceddoit de sa coifure,
Qui luy bailloit pareille grace

Que la coque d'une limace ;
Mais maintenant, quand je la voys, 65
Coifée à la teste de boys,
Ses cheveux un peu tortillez
Et ses yeux rians, eveillez,
Son front large, blanc et ouvert,
Jusques aux tempes decouvert, 70
Le sourcy traitif noircissant,
Avecq' un parler blandissant,
Droite, polie, bien parée,
Avecq' une grace assurée,
J'employe la plus part du temps 75
Pour en avoir mon passe tans,
Et ne laisse passer un jour
Que vers elle ne face un tour,
Pour veoir sa coifure si gente,
Qui tant fort me plaist et contante. 80
J'ay entendu qu'en ceste ville
Se trouve quelque femme abille,
Qui, par souveraine metode,
Sait bien coifer à ceste mode
Et a une teste ouvragée 85
Où la coifure est bien rengée ;
Certes, si je la congnoissois,
Son loz et bruit louangerois.
Le seigneur Denys Souriceau
Y a souvent mys son siseau. 90
C'est luy qui, après quelque image[1],
Se prend à faire tel ouvrage,
Et, si plusieurs ont merité

---

1. Après avoir travaillé à une statue.

Pour leur art une eternité,
Comme ung Apelle en la painture, 95
Ou Vitruve en l'architecture,
Cest ouvrier de testes de boys
Merite plus de loz cent foys,
Parce que son ouvrage exquis
Est plus necessaire et requis 100
Et de toutes dames d'honneur
A le credit et la faveur,
Lequel vaut sans comparaison
Mieux que de Colque la toison.
Las! doit on point se resjouyr 105
De ce temps, qui nous fait jouyr
De plusieurs choses memorables,
Tant parfaictes et delectables,
Desquelles tous les anciens
N'en aperçeurent oncques riens, 110
Et vivoient d'une estrange forme
En rien à la nostre conforme?
On ne void plus ces grands chapprons
Rouges, carrez, fourrez et ronds,
Ces couvrechiefz [1] d'aune de large, 115
Noirs et foupiz, à double estage,
Ces grandes robes mal plaisantes,
Croteuses, sur le corps balantes,
Sans art, toutes d'une largeur
Comme la botte d'un taneur, 120
Les souliers grands à la poulaine
Avecques les chausses de layne,
Dont le tout, mys sur un corps beau,

1. Imp. : *couchechiefz*.

Estoit plus hideux qu'un corbeau,
Qu'une edentée Egiptienne, 125
Ou bien more Ethiopienne,
Et n'avoient lors humains entre eux
Un embrassement amoureux,
Un regard benin et plaisant,
Ainsi comme ilz ont de presant. 130
Par le moien de leur vesture
N'estoit point de telle ornature,
De telle grace et entretien
Ainsi qu'aujourd'huy elle est bien.
Ores tous les accoustremens, 135
Habitz et autres ornemens
Sont[1] si bien faitz et s'entretiennent
Par tel art que bien ilz conviennent
Depuis le chief jusques aux piedz ;
Ilz sont tant bien apropriez 140
Qu'on diroit dedans et dehors
Qu'ilz sont produitz comme le cors,
Ou bien collez sur la personne
Par une ordre et grace mignonne.
Ceste coifure si descente ; 145
Ce[2] busq' d'une façon si gente ;
Ces[3] vertugalles bien ouvertes,
D'un rouge cramoysi couvertes ;
Par le dessouz, le pellisson
Serré d'une bonne façon ; 150
La chaussure faite de mesme ;
Le corps d'une beauté supresme
Demonstrent assez le grand heur

---

1. Imp. : *Son*. — 2. Imp. : *Se*. — 3. Imp. : *Ses*.

Qui avint aux dames d'honneur,
Pour avoir à leur avantage 155
Trouvé de ces choses l'usage.
Et encor' surtout la coifure
Est de plus parfaite ornature
Pour la beauté au naïf rendre
Qu'autre atour que l'on puisse prandre. 160
Aussi est en place posée
La plus belle et mieulx composée,
Car le chief plus de grace donne
Qu'autre membre de la personne,
Et, quand iceluy est orné 165
D'un couvrechief bien façonné,
Faict de la main de la Fouquelle
Ou d'une autre de sa sequelle,
Que ne nomme pour le present,
Il est tant naïf et plaisant 170
Qu'il emeut les plus refroidis
D'estre en amours pronts et hardis.
Je m'esbahy d'aucuns resveus
Vieillardz et autres rioteux,
Qui, sans propos, ains contre droict, 175
Se mocquent à chascun endroict
Par propos et riz deshonnestes
De l'invention de ces[1] testes,
Voires, disent bien davantage
Que, despuis qu'el sont en usage 180
Et autres nouveaux ornemens
L'on n'a eu que maux et tormans;
Que ce n'est que mondanité,

---

1. Imp. : *ses.*

Qui produit toute iniquité,
Un reveil et emocion 185
De la charnelle affection,
Et brocardent ces pouvres dames
Par infiniz propoz infames,
Quand ilz leur voyent sur la teste
Quelque couvrechief bien honneste, 190
Droissé sur la teste de boys.
Il s'en est trouvé quelque foys
Aucun, que nommer je ne veux,
Qui arracha tous les cheveux
A son epouse gente et belle, 195
Pour ceste coiffure nouvelle
Et luy defend, ce mal plaisant,
Non se coifer comme à presant.
Qui est bien plus, ce malheureux
Est si cruel et outrageux 200
Que, pour se venger davantage,
Il mect au feu ce bel ouvrage
Et ne tend par tout qu'à l'esprandre,
Afin d'en faire de la cendre.
Ne deust l'on[1] point faire justice 205
D'un tel et si grand malefice?
On le deust tout vif martirer
Et à quatre chevaux tirer
Pour bruler, par voyes meschantes,
Ces pouvres testes innocentes, 210
Où l'on met tout l'entendement
Pour les façonner proprement.
Je croy que ce mechant infame

1. Imp. : *d'eust lon.*

Veut acquerir renon et fame
Pour faire mal, ainsi que fit
Erostrate, fol qui defit
Ce brave temple et sumptueux
Où à Diane on rendoit veux;
Parce que le mechant voioit
Qu'avoir bon bruit il ne pourroit
Pour faire bien, de grand malice
Abatit ce grand edifice
De magnificences parfaictes.
Aussi ce grand meurdrier de testes,
Extimant que par nul moyen
Il n'aura bruit en faisant bien,
Se met à detruire et defaire,
Ce qu'un vray fol ne vouldroit faire.
Quelque jour, s'il ne se desiste
De ceste volonté maudite,
On publira tant son ofense,
Son nom, surnom et demeurance,
Qu'il se repentira bien fort
D'avoir ainsi brulé à tort
Ces dines[1] testes profitables,
A toutes dames honorables,
Et à son espouse humblement
Requerra pardon du tormant
Qu'il luy a faict souvente foys
A tort, pour la teste de boys.

 Hé Dieu! que je suis desplaisant
Que n'ay le savoir suffisant
Pour louanger et bien descrire[2]

---

1. Dignes. — 2. Imp. : *d'escrire*.

L'utilité qu'a peu produire
L'invention et bon usage 245
De ce tant fructueux ouvrage ;
Car, encor, comme ay recité,
Qu'il serve fort pour la beauté,
Qu'il donne au visage façon
Et tel rondeur qu'un ecusson, 250
Qu'il emeut d'amours les delices
Et autres plaisans exercices,
Qu'il rend la dame decorée
Pour estre en son port assurée,
Outre ce, donne au chief santé 255
Et heureuse felicité.

 Cy devant, quand le couvrechief
Estoit tissu dessus le chief,
On le mouilloit et empesoit
Parce que mieulx il se dressoit, 260
Et lors sechoit ceste mouilleure
Dessus le chief et cheveleure,
Qui causoit mile et mile rumes,
Caterres soudains, apostumes,
Excremens [et] larmes aux yeux, 265
Tant qu'ilz estoient tous chassieux,
Mais, à present que l'on apreste
La coifure sur ceste teste,
Qui se sèche tout à loisir
Et qu'on façonne à son plaisir, 270
C'est un ornement si apoint
Qu'un pareil ne se trouve point.
Et en appelle à tesmoignage
Tout esprit vertueux et sage.

En cest endroit, Monsieur Ronsard[1], 275
Qui composez d'un si grand art,
Si bien et de telle faconde
Que vous plaisez à tout le monde
Et mesmement au mieulx apris,
Je vous pry d'escrire le pris 280
Et la commodité urgente
De ceste coifure excellante,
Et que par le moien d'icelle
Vostre Cassandre[2] en est plus belle,
En qui seulle gist vostre espoir. 285
Employez tout vostre sçavoir,
A nul de ce temps comparable,
A dechifrer le bien notable
Que ceste teste nous produit
Par les moyens que j'ay deduict 290
Et aultres que saurez deduyre,
Mieulx cent foys que ne sauroys dire.
Vous aussi, Messieurs du Bellay[3],
Baïf[4], Jodelle[5], du Boulay[6],

---

1. Pierre de Ronsard, né en 1524, mort en 1585. Ses premiers ouvrages sont de 1549.
2. Cassandre est cette belle jeune fille que Ronsard rencontra à Blois en 1541, et dont pendant plus de quinze ans il ne cessa de chanter les louanges sans avoir jamais été récompensé de son amour. Ce n'est qu'en 1559 qu'il abandonna Cassandre pour Marie. (Voy. Blanchemain, *Études sur la vie de P. de Ronsard*. Paris, 1867, in-16, pp. 11-25.)
3. Joachim du Bellay, né vers 1525, mort en 1560. Son premier *Recueil de Poësies* parut en 1549. Voy. Goujet, *Bibliothèque françoise*, t. XII, pp. 117-138.
4. Antoine de Baïf, né en 1532, mort en 1589. Il n'avait que vingt ans quand il fit paraître le *Ravissement d'Europe* et les *Amours*. Voy. Goujet, t. XIII, pp. 340-364.

Caron[1], des Autelz[2], L'Angevin[3],   295
Qui avez tous l'esprit divin ;
Grave Roger[4], docte Nemond[5],
Saincte-Marthe[6], en sçavoir profond,

5. Étienne Jodelle, né en 1532, mort en 1573. Sa *Cléopatre* et son *Eugène* furent représentés en 1552. Voy. Goujet, t. XII, pp. 167-191.

6. Edmond du Boulay, l'auteur du *Combat de la Chair et de l'Esprit* qui parut en 1549. On ne sait rien de sa vie, si ce n'est qu'il était en 1541 régent de la grande école de Metz. Voy. Goujet, t. XIII, pp. 74-76, et Brunet, t. I, col. 1171.

1. Loys Caron, ou Le Caron, dit Charondas, plus célèbre comme jurisconsulte que comme poëte. Ses *Poësies* parurent en 1554. Il devait être alors fort jeune, car il ne mourut qu'en 1617. Voy. Goujet, t. XIV, pp. 272-274.

2. Guillaume des Autelz, né en 1529, mort vers 1580. Son *Repos de plus grand travail* parut en 1550, et son *Amoureux Repos* en 1553. Voy. Goujet, t. XII, pp. 343-353.

3. Jean Maugin, dit le Petit Angevin. Le plus ancien ouvrage de lui qui nous soit connu, est sa traduction de *Palmerin d'Olive* (Paris, 1546, in-fol.).

4. Nous ne savons quel est ce poëte du nom de Roger. Du Verdier (éd. Rigoley de Juvigny, t. II, p. 513) cite un Jean Rogier, « docteur aux arts et en médecine », qui composa des harangues pour les entrées du roi et du Dauphin à Caen en 1522, mais ce n'est évidemment pas ce personnage que l'auteur du *Blason* avait en vue. On ne peut guère songer non plus à Pierre Roger, ou Rogier, écuyer, natif de Poitou, sieur de Migné, cité par La Croix du Maine (éd. Rigoley de Juvigny, t. II, p. 316).

5. Nous ne connaissons aucun poëte de ce nom.

6. Il s'agit ici de Charles de Sainte-Marthe, né à Fontevrault en 1512, et mort en 1555. Ses œuvres poétiques avaient paru à Lyon en 1540, sous le titre de *Poësie françoise* (voy. Goujet, t. XI, pp. 430-440). Scévole de Sainte-Marthe, son neveu, est beaucoup plus célèbre, mais il ne vit le jour qu'en 1536, et ses *Premières Œuvres* ne furent publiées qu'en 1569.

Tahureau[1], Blondel[2] et Vauzelle[3],
Bien humblement je vous appelle, 300
Comme vrays enfans des neuf Muses,
Pour entonner voz cornemuses,
Qui sonneront par melodie
Le bien de ceste coiferie.
Vous aussi, belle Lyonnoise[4], 305
Bien fort vous prie qu'il vous plaise,
Actendu que c'est vostre cause
Et qui tant de beauté vous cause,

---

1. Imp. : *Thaureau*. — Jacques Tahureau, né en 1527, mourut en 1555. Ses *Premières Poësies* parurent en 1554.

2. Le seul écrivain de ce nom que nous ayons rencontré au XVIe siècle est Pierre-Marin Blondel, médecin de Loudun, qui publia en 1575 un livre intitulé : *Divi Hippocratis Coi Prognosticarum latina Ecphrasis*. La Croix du Maine et Du Verdier le rangent parmi les poëtes, et Goujet (t. XII, p. 68) cite des vers de lui qui prouvent effectivement qu'il avait composé des comédies, mais ce Blondel « florissait » en 1584; il est difficile d'admettre qu'il ait eu déjà une grande réputation vers 1550. Nous croyons plutôt qu'il faut lire ici Blondet, au lieu de Blondel, et que l'auteur a en vue André Blondet, lyonnais, seigneur de Rocquencourt, grand-trésorier de France, mort en 1560. Ronsard, qui lui a consacré deux épitaphes, nous apprend (voy. l'éd. Blanchemain, t. VII, p. 225) :

> Qu'il fut amy des belles Piérides,
> De leurs rochers, de leurs sources liquides.

3. Imp. : *Vauquelles*. — Jean de Vauzelles, né à Lyon vers 1500, mourut en 1557. C'est l'auteur du *Blason de la Mort* (1537) et des quatrains qui ornent les *Simulachres et historiées Faces de la Mort* (1538). On trouve des vers de lui dans divers recueils contemporains.

4. Louise Charly, dite Louise Labé, surnommée « la belle Cordière » ou « la belle Lyonnaise ». Née à Lyon en 1526, elle y mourut en 1566. Elle avait déjà une grande réputation de bel esprit lorsqu'elle fit paraître, en 1555, le recueil de ses œuvres.

De sonner sonnets resonans
Pour demonstrer à tous venans   310
Que ceste gente invention
Des testes, dont fais mention,
Est de si commode profit
Que celuy qui premier les fit
Pour si grand bien a merité   315
Triumphante immortalité.

Fin.

L'Honneur des Nobles;
Blason et Propriété de leurs armes,
en general blasonnées et comprinses
soubz un seul escu d'armes cy dessoubz pourtraict;
invention très singulière.
Avecques ung petit livre de Bonne Grace,
très exquis.
Le tout nouvellement composé
par d'Adonville.

Avecques Privilége.

D'Adonville est connu de nos lecteurs par plusieurs pièces que nous avons déjà publiées. Dans notre tome XII, nous avons relevé et réuni les renseignements que cet auteur nous donne sur sa vie. Nous avons vu (t. XII, p. 328) que d'Adonville appartenait à une famille noble; un passage du *Livre de Bonne Grace* (v. 241-246) nous permet d'ajouter un nouveau détail à sa biographie. Il nous apprend qu'il avait été dépouillé de son patrimoine par un faux ami. En ce pensant, dit-il,

de deuil ay le remort,
Car le grant bien que luy fis et honneur
M'est très grevable et vient à deshonneur.

Le dénuement dans lequel il se trouva plongé explique qu'il se soit affilié à des comédiens ambulants, et qu'il ait mené pendant d'assez longues années une vie d'aventures et de désordre.

L'*Honneur des Nobles* et le *Livre de Bonne Grace* paraissent appartenir à l'extrême jeunesse de d'Adonville. Ce n'est pas seulement parce qu'il évoque, à propos des faux amis, un souvenir personnel encore récent; la facture des deux poëmes trahit une singulière inexpérience. Bien que notre texte ait pu être altéré par les copistes et les imprimeurs, on y relève un trop grand nombre de vers faux pour que l'on ne doive pas en imputer quelques-uns à l'auteur lui-même.

Plus tard, d'Adonville a fait des progrès; il compose de petites pièces agréablement tournées, comme les *Approches du Bon Temps*, les *Trompeurs trompez par Trompeurs*, et le *Bannissement de Malheur*, que nous réimprimons ci-après ; il prend la peine de récrire ses *Moyens d'eviter merencolie* (voy. t. XII, pp. 327, 329); il était, en un mot, devenu poëte.

L'*Honneur des Nobles* n'est pas seulement une production curieuse comme début littéraire; il présente encore une autre sorte d'intérêt. Sous un titre nouveau, d'Adonville s'est borné à donner une forme versifiée an *Blason des Couleurs* de Sicile. Ce dernier ouvrage, composé vers 1458, avait obtenu une grande vogue et était devenu le guide de tous ceux qui s'occupaient de blason. On n'en connaît pas cependant d'éditions antérieures à 1525, et il est probable que d'Adonville publia son poëme avant que l'imprimerie eût fait du traité de Sicile un livre populaire. Il est difficile d'admettre que notre auteur ait pu présenter comme sien, en y ajoutant seulement quelques rimes, un ouvrage qui aurait été dans toutes les mains. En effet, d'Adonville ne s'est pas borné à imiter le livre du héraut d'armes; il l'a suivi pas à pas, et l'on peut dire que chaque vers représente une ligne de l'original. Quelques passages sont légèrement abrégés, mais on ne trouve pas dans l'*Honneur des Nobles* un seul développement, une seule citation, qui appartienne en propre au poëte.

Le *Blason des Couleurs* a été réimprimé, il y a quelques années, par les soins de M. Cocheris[1] ; nous nous bornerons à renvoyer à cette publication et aux notes qui l'accompagnent. Sans doute il eût été curieux de rapprocher des vers de d'Adonville le texte original, mais nous aurions été obligés de reproduire presque en entier l'œuvre de Sicile.

Nous avons dit que les premières œuvres de d'Adonville attestaient une grande inexpérience et contenaient une foule de vers faux. Nous en avons rétabli un certain nombre en suppléant, entre crochets, les mots que l'on peut supposer avoir été omis à l'impression. Toutefois cet essai de restitution n'a pu être que partiel, et nous avons laissé au compte du poëte, dans la première pièce, les vers 133, 224, 279, 323, 348, 355, 435, 457, 503, 515, 578, 582, 593, 613, 628, 843, 891, 939, et, dans la seconde, les vers 49, 75, 80, 92, 247, 262. Le *Livre de bonne Grâce* est écrit en vers de dix syllabes; or, les v. 38, 106, 226 n'ont le nombre de pieds nécessaires qu'à la condition de supprimer la césure. Le poëte est fort incertain sur la valeur prosodique de certains mots. Il compte *fleurs* pour deux syllabes aux v. 47 et 91 de la première pièce, tandis qu'il en fait un monosyllabe au v. 121. Dans la seconde pièce, il paraît de même compter pour deux syllabes les mots *cueur* (v. 169) et *lieu* (v. 217). La terminaison *ion*

---

1. *Le Blason des Couleurs en armes, livrées et devises par Sicile, hérault d'Alphonse V, roi d'Aragon*, publié et annoté par Hippolyte Cocheris; Paris, Aubry, 1860, in-16, fig.

l'embarrasse également. Il la regarde comme monosyllabique aux v. 274, 519, 546, 561, 589, 570, 644, et, dans les cinq premiers cas, la fait rimer avec des mots où cette même terminaison est comptée pour deux syllabes. La rime enfin est souvent irrégulière. On trouve, notamment, *œuvre* et *engraveure* (I, 385, 386), *bourgeois* et *gorgyas* (I, 677, 678), *verde* et *regarde* (I, 769, 770), *perdent* et *regardent* (II, 129, 130). Les deux derniers exemples ne tiennent sans doute qu'à une prononciation locale. *Chrestians* et *moyens* (I, 143, 144) peuvent n'être qu'une erreur d'impression.

A côté des fautes qui viennent d'être relevées, il convient de remarquer une particularité prosodique que nous avons observée déjà dans les productions de d'Adonville, et qui se retrouve jusque dans les derniers ouvrages de ce poëte (voy. t. XII, p. 332), nous voulons parler de l'élision de l'*e* muet qui précède immédiatement la terminaison dans les futurs et dans les conditionnels des verbes. On trouve dans l'*Honneur des Nobles* :

Chang(e)rons (v. 724), *deport(e)roit* (v. 74), *f(e)ront* (v. 6), *parl(e)roit* (v. 793), *recit(e)ray* (v. 25, 166), *trait(e)ray* (v. 45), *s(e)ra* (v. 228), *s(e)roit* (v. 689), *trouv(e)ra* (v. 363), et dans le *Livre de Bonne Grace* : *Achepter(o)ye* (v. 30), *achept(e)roit* (v. 28), *aym(e)roit* (v. 172), *baill(e)roit* (v. 31), *bev(e)roy* (v. 160), *donn(e)ra* (v. 180), *f(e)ra* (v. 152), *gard(e)roit* (v. 233), *grommell(e)ra* (v. 51), *monstr(e)roit* (v. 168), *regn(e)ra* (v. 64), *s(e)ra* (v. 147, 187), *s(e)ront* (v. 128), *traict(e)ray* (v. 103), *trouv(e)ra* (v. 158), *trouv(e)roient* (v. 97).

On observe un phénomène du même genre au v. 256 de cette seconde pièce : *v(e)nir*.

Voici la description du volume, dont nous reproduisons le texte :

Lhonneur des // nobles blason ꝛ propriete de leurs

armes en // general blasonnees et comprinses soubz // vng seul escu darmes cy desoubz pour- // traict Inuention tressinguliere auecques // vng petit liure de bonne grace tresexquis // le tout nouuellemẽt compose p̄ dadonuille. // ¶ Auecques Priuilege. S. l. n. d. [*Paris? vers* 1525], in-8 goth. de 28 ff. non chiff. de 26 lignes à la page, sign. *a-g* par 4.

Au titre, un grand blason enluminé, dont l'acteur donne la description dans son *Prologue*.

Au verso du titre, est imprimé le *Prologue*.

Le 21e f. (f. i) contient, au recto, un second titre, ainsi disposé : Les biens aymez // par bonne grace // et bien venus en // tre les nobles.. // ☛ Auec Priuilege. — Au-dessous de ces quatre lignes est un bois représentant un page qui tient un faucon sur le poing. Une banderolle, placée près de ce personnage, porte en lettres rondes les mots : *bōe grace*. Au verso de ce nouveau titre se trouve également le prologue de *L'Acteur*.

Le dernier f. contient au recto 12 vers et la devise : *Mieux qui pourra;* le verso est en blanc.

Bibl. de M. le comte de Lignerolles.

(Cet exemplaire porte sur le titre, d'une écriture du XVIe siècle, l'anagramme suivant : *Si ton desir a force*, sous lequel on peut reconnaître : François de ?)

Biblioth. nat., Y. n. p. Rés. (exemplaire incomplet du dernier f.).

Le *Livre de Bonne Grace* se retrouve, avec quelques variantes, dans un ms. de la Bibliothèque nationale, dont nous donnerons la description plus loin.

PROLOGUE.

A l'honneur des Nobles, soubz ce present escu d'asur à trois fleurs de lys d'or, tour d'argent semée de vaires et hermines, carnelée de gueulles,

sable, sinople et pourpre, est comprins le blason de
tous metaulx, couleurs et pennes, que generallement
l'on peult mettre en armoyrie, car autres n'y sont
mis que les dessus ditz, portraictz audit escu. Supposé qu'i soient escus d'armes infinis, tous differens,
nonobstant tous sont en ce comprins, en tant que
touche la propriété d'iceulx metaulx, couleurs et
pennes; lesquelz, avec l'escu, tour et carneaulx dessus posés, par ordre seront diffinis en l'epistre ensuyvante, par ledit acteur transmisse ausditz nobles, les
supplyant très humblement, sy en ce trouvent desordre
ou autres faultes, l'avoir pour excusé.

Epistre très honorable pour les Nobles.

Pour acquerir honneur et nobles [1],
La grace je pretens des nobles,
J'entens des nobles bien vivans,
Honneur et vertu ensuyvans;
Ceulx qui du nombre vouldront estre 5
Par leurs faictz le feront à congnoistre;
Et affin de leur grace avoir
Je me suis mis en mon devoir
Composer l'epistre presente,
Que de par moy on leur presente, 10
Par laquelle salut leurs rends,
Leur suppliant que soye des rends [2]
Et que du nombre je soys mys
De ceulx qui sont de leurs amys.
Oultre plus, ung petit traicté 15
Leur transmectz, où sera traicté

1. C'est-à-dire pour acquérir honneur et argent. — 2. Des rangs.

Des bien aymez par Bonne Grace
Et bien venuz en toute place
Entre les nobles, en tous lieux,
Par estre doulx et gracieulx. 20
Aucuns n'y seront retenuz
S'ilz ne font ce qu'ilz sont tenuz,
Et telz le vouldroient bien faire
Que à ce ne sçauroient satisfaire;
Plus amplement le reciteray 25
Quant de Bonne Grace treteray.
Experience me duyra
En cest affaire et conduyra,
A cela ne me passe pas,
Car descripre veulx par compas 30
De leurs armes le vray blazon,
Allegant propos et raison,
Et selon leur propriété
Diffinir à la verité.

De deux *metaulx* ilz sont pourtraictes 35
Et aussi de cinq *couleurs* traictes;
Telz metaulx et telles couleurs
Estimées sont de grans valleurs.
Deux pennes sont : *vair* et *hermyne*,
Desquelles riens ne determyne, 40
Mais est raison qu'ilz soient comprinses
Soubz les metaulx et couleurs prinses.
Le tout ensemble cy est traict
En l'escu qui est dessus pourtraict.

Premièrement traicteray de l'*or*, 45
Car des nobles est le tresor.
Trois fleurs de lys très exquises

D'or sur l'escu d'azur esmises[1],
Plus noble n'est en armoyrie
Ne de quoy soit plus encherie.   50
Luysant est, cler et confortant,
Vertueulx et reconfortant.
Phisitiens pour reconfort
Au debile jusques à mort
L'ordonnent, car c'est leur usage[2],   55
Noter l'on peult bien ce passage.
Le soleil il est denotant
Et est sa lumière notant;
La loy dict qu'il n'est nul joyau
Qu'il soit plus que lumière beau.   60
A ce propos dict l'Escripture,
En louant de l'or la nature,
El[3] dit le juste resembler.
A l'or et au soleil sembler[4];
De Dieu la transfiguration   65
Elle alègue, et apparition
Qui fut sur le mont de Tabor[5],
Laquelle fut en couleur d'or
Et comme le soleil luysant
A ses apostres et reluysant.   70
Et pour ce anciennement
Deffendu fut expressément
Que nully or ne porteroit
Et que de ce se deporteroit

1. Imp. : *et mises*. — 2. C'est surtout sous la forme d'« or potable », ou « teinture d'or », que ce métal était administré par les anciens médecins. On ne l'emploie plus aujourd'hui que sous la forme de chlorure, d'iodure, de peroxyde, etc. — 3. Imp. : *Elle*. — 4. MATTH. XIII, 43.
— 5. MATTH. XVII, 1-8 ; MARCI IX, 2-8 ; LUCAE IX, 28-43.

S'il n'estoit noble ou chevalier ; 75
A ce on les voulut lyer
Et assubgectir par exprès.
Les causes fault noter après.
Des metaulx est le plus exquis,
Le plus noble et le plus requis, 80
Et, avant que plus oultre passe,
Je le compare à la topasse
Qu'est fine pierre precieuse,
Qui à l'œil est très gracieuse.
Or en armes note richesse, 85
Qui est la dame de largesse.

Premier que finir mon propos
Ne que je preingne nul repos,
Sans me fonder en desraison
Dire je veil pour quel raison 90
Furent les trois fleurs de lys
D'or[1] inserées, mises ès lys[2]
En l'escu des roys très chrestiens,
Qui sont les causes et moyens
De les y mectre et inserer 95
Et à argent les preferer
Ou autre metal et couleur.
Je trouve sans fraulde et couleur
Et sans aucune fiction
Que ce a esté l'affection 100
De Dieu, qui ainsi l'a voulu,
Et a les roys de France esleu
Les honorer et sublimer
Et sur tous autres les aymer.

1. Imp. : *Dort*. — 2. Lat. *Licium*.

Noter fault que plus nobles enseignes, 105
Plus nobles joyaulx et estraines
Ne leur a peu estre donné[1]
Par honneur à eulx ordonné[2],
Tant sont de grant profondité,
Tant de grande sublimité 110
De mistères, [si] tellement
Qu'il semble que l'entendement
Passent d'humaine congnoissance
Sans l'inspiration de Dieu en ce.
Pour cause, selon ma foiblesse, 115
Doubtant que trop en prendre blesse
Le myen petit entendement,
Je diz que convenablement
L'escu noble, royal, de France,
Soubz lequel vivons en souffrance, 120
Orné est de trois fleurs de lys
Dorées, qui sont de Dieu eslys
Pour neuf raisons que j'escripray
Cy ensuyvant et descripray.

  Des metaulx est le souverain 125
En resplandeur et primerain
En purité et en effect;
Tous les autres passe de fait.
Sainct Gregoire [jà] l'exposa[3],
Lequel a dit : « Or *ab ora* ». 130
[Et] que splendeur nous signifie,

1. Imp. : *données*. — 2. Imp. : *ordonnés*.
3. « Voy. le chapitre XV du livre XXXIV de son exposition sur le Livre de Job (*Libri Moralium, sive Expositio in librum texti Job*), intitulé : Quid significat aurum in sacra Scriptura. » COGHERIS.

Ysidore le certiffie;
Par quoy il est dit au livre,
Ainsi que l'on voit au delivre,
Traictant des naturelles choses[1], 135
Tant soit en carmes comme en gloses;
Et affin qu'on en soit records
Que l'or est scitué ès corps
Tout ainsi comme le soleil
Est scitué, dyre le vueil, 140
Entre les très nobles estoilles,
Les comparaisons en sont telles.
Ainsi les roys très chrestians
Sont provocquez par telz moyens
Aymer, avoir et acquerir 145
Sapience et requerir,
Qui passe l'or, pour seureté,
En tant que touche pureté.
Comparé est l'or à l'arène
De la mer, pour chose certaine. 150
Salomon, de Jherusalem
Estant roy, mainct jour et mainct an,
Après toutes choses posées
En ce monde et composées,
Telle sapience fort quist 155
Envers Dieu et fort luy requist,
Et l'obtint par grace infuse
Où son affaire estoit confuse,
Car aultrement n'eust peu tenir
Son peuple en paix, ne maintenir. 160
Maintz roys de Gaulle ont estimée

---

1. Isidori *Origin.* XVI, XVII.

Telle sapience et aymée,
Mais le recit seroit prolixe,
Par quoy, pour eviter tout rixe,
A present plus n'en traicteray, 165
Mais la seconde reciteray
Raison, et ne sera obmys
A quel propos ont esté mys.

Le lys d'or, tant qu'on a vescu,
Est situé dedans l'escu 170
De France; jusques à present
Dieu a voullu aux roys present
Leur faire pour letifier
Leurs cueurs et les fortifier.
Sa propriété naturelle 175
Sainct Thomas[1] tesmoigne estre telle
Que les roys doit tenir joyeulx,
Plaisans à leur peuple en tous lieux.

Tiercement l'escu de France
Est reparé de [la] substance 180
D'or pour la sienne pesanteur
Et très excellente hauteur
Et naturelle solitude[2];
Selon les livres et l'estude

1. « Je n'ai pas trouvé dans le traité : *De Esse et Essentia Mineralium*, de saint Thomas, le passage qui peut se rapporter à la citation du héraut Sicile. Ce sont probablement ces deux pensées de la somme de saint Thomas : *Aurum habet vim laetificandi* (In secunda secundae Summae S. Thomae Quæstiuncula 77), et : *Alchimia non facit verum aurum* (IIe livre des *Sentences*, 7e distinction, question 3e), auxquelles l'auteur fait allusion. » COCHERIS.
— 2. « Solidité naturelle ».

Du Maistre des *Propriétez*[1], 185
Où divers cas sont recitez ;
Dit que l'or est trop plus pesant
En toutes sortes que l'argent,
Qui est aux roys enseignemens
D'estre meurs, graves et pesans, 190
En la discution et objectz
De leurs affaires et subgectz
Sans point estre precipitez
Par fureur ou ligiéretez.

 Quartement les armes de France 195
Sont sans aucune difference
Faictes, pourtraictes et dorées
Et triumphamment decorées
Du lys d'or, car est atrempé,
Plus que nul metal destrempé 200
De doulceur et de resconfort,
Par quoy reconforte très fort
Le cueur, l'estomac et les sens
Des roys, car ilz n'en sont desens[2].
Serapio[3] et Avicène[4] 205

1. Albert-le-Grand, auteur du traité *De rerum proprietatibus*. — 2. Le mot *desens* paraît avoir le sens de « manquant »; il correspond sans doute au participe présent inusité du verbe *deesse*. Cette fin de phrase, que d'Adonville ajoute pour la nécessité de la rime, ne se trouve pas dans le texte de Sicile.
3. Serapion, médecin arabe du ix⁰ siècle, également connu sous le nom de Janus Damascenus. Son traité de matière médicale traduit en latin, au moyen-âge, fut imprimé pour la première fois à Parme en 1473, sous le titre de : *Liber Serapionis agregatus in medicinis simplicibus*. — 4. Ibn-Sina, dit Avicène, célèbre médecin arabe, né en 980, mort en 1037.

DES NOBLES.

Ceste oppinion tiennent pour saine,
Par laquelle l'on peult congnoistre
Que cure royalle doibt estre
Parée de loyalle amour
Sans penser à desloyal tour, 210
Avoir aux bons dilection
Sans faincte dissimulation.

   Quintement il est composé[1]
Du lys qui est devant posé ;
Soubz le marteau il obeyst 215
Au forger, ne desobeyst
Comme le fer faict sur l'enclume ;
Le forgeur maintes fois alume
Le feu, premier qu'il soit forgé
Et qu'à son vouloir soit rengé ; 220
Ains sans ces choses est largy
Sur l'enclume[2] et eslargy,
Signifiant aux roys pacience,
Force et aussi constance
En[3] tous troubles et diversitez, 225
Fortunes et adversitez.

   Sixtement [en] l'escu predict
A esté mis comme sera dict,
Car il est en œuvre durable
Et plus que autre metal manable[4]. 230
Oultre, l'or n'est au feu bruslé,
Mais purgé et bien aprouvé ;
Cause est assez pour animer
Le cueur des roys à Dieu aymer,

---

1. Imp. : *a composé*. — 2. Imp. : *est et eslargy*. — 3. *Et*. — 4. Durable, du lat. *manere*.

Perseverans en son service, 235
Sa loy ensuyvans sans nul vice,
En ce faisant monstrans qu'envie
Ont d'avoir eternelle vie.

Du metal d'or septiesmement
Est aorné triumphamment 240
Ledict escu, car point d'ordure
Nulle ne prent tant comme il dure ;
De pourrir n'a propriété,
Tant est remply de pureté.
Vertu il a conservative 245
Et de tout bien demonstrative ;
Le cueur des roys tousjours invite
A humilité et incite [1] ;
Des aultres vertus est la prime,
Laquelle par or se exprime. 250

La cause huytiesme sera dicte,
Qui ne peult estre contredicte,
C'est qu'il en est plus ennobly,
Plus enrichy et embelly.
Vertu[s] il a medicinables, 255
Car [les] fistulles très grevables [2]
Souvent par celluy sont guaries
Et aussi les playes pourries,
Les roys provocquent [3] à justice,

---

1. Imp. : *invite.*
2. « Allusion au passage de Pline : *Fistulas etiam sanat, et quae vocantur haemorroides* (Hist. nat., XXXIII, xxv). » Cocheris. — 3. C'est-à-dire « provoquant » (cf. *ayent*, v. 372 ; *procedent*, v. 886). — Le texte de Sicile permet seul de comprendre ce passage : « Ceste vertu medicinalle provocque le Très Chrestien à l'embrasement de justice ».

[Au] contraire de injustice, 260
Car en pugnissant les malfaictz
Et les cas qui sont tant infectz,
Elle expelle [tous] les pechez
Mortelz, dont maintz sont entachez.

Neufviesmement fault reciter 265
Que c'est qu'il nous peult inciter
Mectre or en l'escu lylial,
Très illustre, noble et royal;
C'est pource que l'on ne pourroit
Ne qu'en conclusion ne[1] sçauroit 270
Icelluy assez blazonner
Pour suffisant loz raisonner
Selon l'accumulation
De ses vertus et probation.
Il est ès sainctz temples et lieux 275
Sacrez, mis comme precieux.
[Si] en l'Ancien Testament
Regardons, nous verrons comment
En quelle sorte et façon[2]
Le temple que feist Salomon 280
En fut decoré et couvert
Par excellence et recouvert.
On trouve en la Saincte Escripture
Pareillement que la saincture
Du filz de l'homme d'or estoict, 285
Laquelle par honneur portoict.
Les roys, aussi les grans seigneurs,
Qui sont de vertu enseigneurs,

1. Imp. : *On* ne.
2. Reg. III, vi, 221 et 222.

Ne portent l'or sinon en signe
De chose precieuse et digne. 290
Cause fut de l'exaltation
Du preux et du vaillant Jason,
Quant la toison d'or il conquist,
Où très grant honneur il acquist.
De l'espouse de Jesuchrist 295
Cy ensuyvant en a escript
David, en parlant de l'Eglise;
A dict ses motz, affin qu'on lyse :
Astitit regina a dextris tuis in vestitu deaurato[1].

Et pour son dernier blason
Et excellente exaltation 300
Le souverain roy eternel
A voulu la gloire du ciel
Estre par l'or signiffiée,
L'affaire est bien certiffiée;
A plus hault degré comparer 305
Il n'eust peu ne le preparer.
Mes propos ne pourrois finir
Si je voulois [cy] diffinir
De l'or les infinies louengès,
Sans y trouver nulz meslouenges; 310
Pour le present je m'en retire;
Mon cueur ung autre chemin tire.

Dieu me doint grace de parfaire
L'intention, laquelle ay de faire,
Qui est de blasonner *argent*. 315
D'ung metal, qui est bel et gent,

---

1. PSALM. XLIV, 10.

Par figure l'eau represente,
La plus noble et excellente
Après l'air de tous elemens ;
La verité dictz et ne ments.   320
En armoyrie argent se nomme,
Tel il est ; point ne le surnomme,
Car il est le plus prochain
Des corps humains et plus à main.
Innocence il signifie   325
Et pureté, je vous affie.
Les vestemens de Jesuchrist,
Comme l'on trouve par escript,
Aux apostres aparurent blans
Comme neige, ainsi les comprens.   330

   Pource que dēs metaulx est l'un,
Ainsi que congnoist ung chascun,
Le second après l'or le mects,
Pour luy servir d'ung entremectz,
Car sans l'ung ou l'autre on ne peult 335
Bien ayrmoyer[1] comme l'on veult,
Qu'il ne convienne l'ung des deux
Avoir par exprès en tous lieux.
Ceste couleur est comparée
A la perle necte et parée ;   340
Après l'or elle est la plus belle
[Et] plus specieuse n'est qu'elle.
Ceste conclusion tiens et dis,
En tant que les statuz jadis
De celluy metal estoient faictes,   345
Et les engraveures pourtraictes.

1. Sicile dit : *armoyer*.

De celluy metal dyray plus,
Car Valerius Fuscus¹
Pourveu à l'ordre militaire
Portoit, cela je ne vueil taire, 350
Agneaulx d'argent, purs, nectz et blancz,
Que luy donnoient adolescens
Par honneur et par reverence,
Lesquelz portoient par excellence.
Crassus, le riche, bailla 355
Et à ses convis apposa
Des couronnes d'or et d'argent
Pour aparoir present la gent².

  Qui veult bien sçavoir le blazon
De l'argent et estimation, 360
Sa proprieté et nature,
Lire fault la saincte Escripture.
L'on trouvera en plusieurs passaiges
De celluy metal les usaiges,
Qui sont estimez de grant pris. 365
Bien tout regardé et comprins
En Exode, trente-sixiesme
Chapitre, en est escript mesme
Que Moyse avoit aeu
De nostre Seigneur et reçeu 370
Maintes choses belles et dignes,
Ayent de toutes beautés signes,
Pour acoustrer le Tabernacle,
Que chascun tenoit à miracle.

1. Voy. le passage de Pline (*Hist. nat.*, l. XXXIII, 54) cité par M. Cocheris, p. 31.
2. Sicile dit : « voulant suyvir la manière des fueilles des arbres ».

Les soubastemens en estoient 375
D'argent, qui partout reluysoient
En si très grande quantité
Que, sans grande prolixité
De temps, l'escripre n'est possible.
Quant à moy, il m'est impossible. 380
Sçavoir je fais par cest epistre
Que au trente-huitiesme chapitre
Est escript que les chapiteaulx
Des coulonnes, à merveilles beaulx,
Estoient et toute l'engraveure, 385
D'argent estoit et toute l'œuvre.
Les coulonnes furent vestues
D'argent toutes et revestues;
Cent talentz feurent emploiez
A la fabricque et desploiez 390
D'argent, pour les soubastemens
Du sainctuaire triumphans;
C'est suffisante probation
De l'argent et de son blazon.

Comme nostre mère l'Eglise 395
S'en acoustre ne fault qu'on lise,
Presentement devant nos yeulx
Le povons veoir en chascuns lieux,
En chappes, voilles et ornemens;
Pour honorer les sacremens 400
Se font aujourd'huy par le monde.
Ceste couleur est pure et munde;
Les nobles en veulx advertir,
Pour à tout bien les convertir.
Verité, clarté represente 405

En la saincte foy et presente,
Selon aucuns compositeurs,
Qui de ce sont expositeurs ;
Cloches on en faict pour mieulx sonner,
Car son ont nect au raisonner. 410

    Du blazon d'argent me desancre
Et en celluy de *gueulles* m'ancre ;
[Et puis], en m'y ancrant j'espère,
Si [la] fortune m'est prospère
D'ung bon zelle et affection, 415
Au vray descripre son blazon.

    Des autres couleurs sans metal
Gueulles[1] est tout le principal,
Car il represente le feu ;
Plus que nul autre est esmeu 420
A lueur, mys hors le soleil,
Ainsi qu'on le peult veoir à l'œil.
Et le plus des quatre elemens
Noble est dit par ses mouvemens ;
A ceste cause ung esdit 425
Par les loix, une foy, fut dit
Que nully, si noble n'estoit,
Plus gueulles il ne porteroit.
Gueulles signiffie vaillance,

---

1. D'Adonville substitue partout dans ce chapitre le mot *gueulles* au mot *vermeil*, employé par Sicile, mais le héraut d'armes indique lui-même cette substitution : « Et pour dire couleur sans metal, le plus principal c'est *vermeil*, qui represente le feu, car c'est le plus luisant en soy-mesme après le soleil et le plus noble des quatre eslemens.... En vertus se dit hardiesse ; aux complexions signifie homme colericque, et en armoirie *gueulles*. »

Tant à l'espée comme à lance, 430
Aussi en tous autres faictz d'armes ;
Là on congnoist les bons gensdarmes
Et [tous] les hommes bien expertz
Et en telz affaires appertz,
Quant il fault son corps deffendre 435
Et que l'on voit son sang espandre.
Du rubys nul ne le¹ separe,
Mais à elle on le compare.

Gueulles est dit couleur vermeille,
De dignité grande à merveille, 440
De très excellent bruit et fame ;
Ce nous demonstre l'auriflame
Du ciel miraculeusement
Aux roys Gaulloys expressément
Envoyé de ceste couleur ; 445
C'estoit affin qu'ilz myssent leur
Couraige en toute prouesse.
Il m'est advis que ce prou esse
A tous nobles de prendre cueur,
En faictz d'armes avoir vigueur. 450
En estandart se² demonstroit,
Present tous, et cy se monstroit ;
De soye rouge estoit et plaisant,
Et au veoir n'estoit desplaisant,
Supposé qu'il feust merveilleux, 455
Car c'estoit faict miraculeux.
Gaguin dedans ses *Histoyres
Gallicaines* en fait memoires ;

1. Imp. : *la*. — 2. C'est-à-dire « gueulles », se demonstroit.

De France est escript aux *Croniques* [1],
Croyez le sans faire replicques. 460

    Pour demonstrer plus amplement
Son excellence evidemment,
Amour et aussi charité
El [2] signiffie, pur verité.
Pareillement, quant à l'estat 465
Des [saintz] martirs, comme *constat*,
Elle denote leur martyre
Et la douleur que leur cueur tire.
Et, affin que nul je ne abeuze,
Aux jours des festes l'Eglise use 470
Souvent de rouges vestemens,
Palles [3] d'autelz, autres ornemens,
Pour l'honneur des martirs preditz,
Qui sont regnans en paradis.
Le rouge est de grant effect, 475
Ainsi qu'il aparoist de faict;
[Les] gens de justice s'en vestent
Singulièrement et revestent,
Car cela leur doit demonstrer
Expressément et remonstrer 480
Comment ilz doibvent estre fors
Contre tous vices et effors

---

1. Nous avons feuilleté les *Histoyres Gallicaines* sans y trouver le passage auquel Sicile et d'Adonville font allusion. Nous n'avons pas été plus heureux avec les *Chroniques de France*.

2. Imp. : *Elle*. — 3. La *pale* est proprement le carton carré que l'on place sur le calice pendant la messe. Ce carton est recouvert d'étoffes de diverses couleurs; le rouge est réservé pour les fêtes des martyrs et des confesseurs.

Et doivent estre [fort] constans
A pugnir les vices en tout temps,
Et en riens ne soient timides 485
De corriger les homicides,
Aussi tous autres delinquans,
Qui sont les vertus reliquans
Et des commandemens de Dieu
Ne tenans compte en chascun lieu. 490

   Si les hystoires [nous] lisons
Et les bons motz en eslisons,
Verrons que les painctres anciens,
En leur art bons praticiens,
De justice ilz [en] t[i]roient[1] 495
L'ymaige et d'elle pourtroient
Les mains aussi et le visaige
De rouge par commun usaige.
Les cardinaulx en sont vestuz
Tout par honneur et revestuz. 500
Des livres le commencement
Et chapiteaulx communément
En sont escriptz en maint stille,
Pource que c'est couleur subtille.
Les Cherubins en sont pourtraictz 505
Par honneur, et en tous lieux traictz.
Parquoy, ainsi que j'apperçoy
Et que facillement le voy,
Son blazon est très honnorable
Et en toutes sortes louable. 510
Les causes sont vrayes et certaines.

---

1. On pourrait aussi rétablir le vers en lisant comme dans Sicile : *ils coloroient*.

Es choses divines et humaines,
Tout regardé et visité,
Il est retins et usité.

 Pour tout certain, j'en suis seur   515
Traicter me convient de l'*azur*,
Sa propriété et nature;
A ce fault que je m'adventure.
Sa propre representation
Est le ciel sans nul fiction   520
Et des quatre elemens aussi
L'air represente sans nul cy,
Qui est le plus noble aprés
Le feu, je le diz par exprès.
Subtil de luy-mesmes il est;   525
De recevoir tousjours est prest
Les lumineuses influences
Et naturelles affluences,
Sans lesquelles la créature
Ne peult riens faire par nature.   530

 Asur a couleur saphiricque,
Lequel à tout honneur s'aplicque.
En armes se dit[1] loyaulté
Et vertu sans desloyauté.
Les armes de France posées   535
Sont dessus, par honneur posées;
Celluy honneur leur a esleu
Dieu; ainsi faire l'a voulu.
Je diz en après, voullant suyvre
La vertu d'asur et poursuyvre,   540

---

1. Imp. : *signiffie*. Le texte de Sicile porte : « En vertus se dit loyaulté. »

Que, ses vertus et ses moyens,
Aujourd'huy les roys très chrestiens
En eulx ont la vertu de force,
Qui les maintient, garde et efforce
En seure conservation   545
Et honneste conversation.
Pline¹ dit que le saphir luyst,
De petis poinctz dorez reluyst,
Et est gemme [très] splendissant,
Dit Arnoul², et resplendissant.   550
A honneur et à reverance
Il instruyct les roys de France
Porter à Dieu le créateur³,
Leur seigneur et [leur] protecteur ;
Le couraige leur rend piteux   555
Et envers luy devocieux ;
[Et] en tout bien il les conferme
Et en toute paix les enferme ;
Par ce moyen la pierre saincte
Est appellée sans nulle faincte ;   560
A saincteté et dévotion
Est disposant, sans fiction.
Dieu à Moyse ne manda,
Mais luy mesmes luy commanda,
Qu'en la robe du grant Aaron,   565
Prestre, comme voir nous pouron,
Le saphir on mist precieulx,
Pour estre plus devocieux⁴.

---

1. *Hist. nat.*, l. XXXVII, c. 39. — 2. Arnould de Villeneuve, l'auteur du *Regimen sanitatis*. — 3. C'est-à-dire : « Il instruit les rois de France à honneur et à porter révérence à Dieu le créateur ». — 4. Ex. XXVIII, 2, 17 et 18.

Cela en voye tous nous meut
Qu'en devotion les roys esmeut 570
A prendre plaisir et envye
De mener saincte et bonne vie.
Plusieurs roys de France ont ce faict,
Comme on peult veoir par leur effect
En plusieurs lieux . . . . [1] 575
. . . .
. . . . . . si bien moyennes,
Par histoires anciennes.
Candidiores ejus nive :
De Hieremias prononcé[2] 580
Fut ce mot, pleurant tendrement
En exaltant grandement
Cestuy saphir et sa beaulté,
Sa vertu et sa loyaulté
Et saphiro pulchriores; 585
Les beaulx motz en memoire aurez.

Du saphir a dict davantaige
Arnoul que par commune usaige
Au corps donne vegetation
Et bonne disposition; 590
Les membres en leur integrité
Conserve sa propriété;
Ung autre mal il expelle;
Noli me tangere s'appelle.

---

1. Notre texte présente ici une lacune dont le traité de Sicile nous permet de restituer le sens : « Ainsi ont faict plusieurs roys de France, comme Charles le Grand, sainct Loys, qui, par grand ardeur et devotion, ont faict bastir plusieurs belles eglises, et anciennes reparer et renouveller. » — 2. THR. IV, 7.

Le Maistre des *Proprietez* [1] 595
Soubstient cela pour veritez,
Qui est à enseigner les roys
A dejecter de tous desroys
Leurs subgectz et leurs serviteurs
Et en estre conservateurs, 600
Affin que par ce ilz ne perissent
Et que par chancre ilz ne pourrissent,
Qui est justice [très] mal faicte,
Chancreuse, pourrie et infaicte.
L'espèce du saphir aux roys 605
Est bien séante en leurs doys;
En toutes choses est convenable,
Au ciel et au monde agréable;
Par ses vertus elle est cueillie
En toutes sortes et recueillie. 610
Telle condition est l'enseigne
Des roys chrestiens et leur enseigne
A conserver la beaulté,
Decence et joyeuseté;
Tout bien et tout honneur moyenne 615
En la religion chrestienne.

   Le saphir la veue aguyse;
Il enseigne aux roys et advise
Comment ilz doyvent aguyser
Et comment ilz doibvent penser 620
A la grand [2] sumptuosité
De Hiérusalem la cité,
Car, ainsi que dit Ysidore [3],

---

1. Voy. ci-dessus, v. 185. — 2. Imp. : *grande*. — 3. *Etym.*, l. V, c. 9.

Traictant de ce saphir encore,
De son ombre et de sa couleur, 625
De la sorte et de la valeur
De pierre de pourpre l'estime ;
Aultre n'en faict desestime.
Par quoy Thobie le vieillart [1],
Congnoissant en soy le vieil art, 630
Aussi voyant en esperit,
Ainsi comme avons escript,
L'excellence de Paradis,
Soustenoit en propos et dictz
Que ces portes ediffiées, 635
Pour mieulx estre clariffiées,
[Sont] des saphirs très precieux,
Magnificques et sumptueux
En la forme d'une cité,
Comme par luy fut recité. 640
Sainct Jehan l'a voulu aprouver
En l'Apocalipse [2] et prouver,
Voulant denoter, tout compris,
Son estimation et son pris,
Pourtant que tant de beaulx effectz 645
En azur sont et tant parfaictz.
Presentement en ay descript
Ce que à jamais sera descript
Entre nobles de bonne vie.

   Ce faict, il me prent grand envye 650
Du *sable* dyre ce qu'en pense,
Mais que raison [ne] m'en dispense,
Qui m'a dit que noire couleur

---

1. Tob. XIII, 21. — 2. Apoc. XXI, 19.

En armoyrie est de valeur
Et en cestuy cas se dit *sable*, 655
Qui est en armoyrie notable.
Des elemens el[1] signifie
La terre, je le certiffie,
Sa naturelle inclination.
Tristesse est son vray blazon, 660
Car elle est plus loing de clarté
Et [est] plus près d'obscurité
Que nulz des autres elemens,
Parce que noirs habilemens
Furent trouvez et prins en signe 665
De douleur, à tous je le signe,
Appartenans à gens dolens,
Peu de mondanitez voullans.
C'est la couleur d'humilité
Et non pas de sublimité, 670
Et pour ce aucuns religieux
S'en revestent en plusieurs lieux
Et, neaulmoins qu'elle soit triste
Et qu'à la veoir elle contriste,
Si est elle de dignité 675
Et, par grant singularité,
Les gros marchans et les bourgeois
S'en vestent pour estre gorgyas.
Il est des noirs d'aussi grant pris,
Tout carculé et tout comprins, 680
Et plus cher que n'est l'escarlate,
Cela devant tous je relate.
Une comparaison utile

1. Imp. : *elle.*

A ce propos nous fait Virgille
Et dit que les ligustres blancs 685
Ont esté mis [de]hors des rans,
Mais leurs fleurs noires sont cueillies[1]
Très dignement et recueillies.

Quant le noir ne seroit autrement
Honoré, sinon seullement 690
A cause qu'il est fort requis
Et qu'[il] est trouvé très exquis
Es grans triumphes funeraulx
Entre les grans et principaulx,
Si esse assez pour le priser 695
En renc d'honneur, sans mespriser.
Le dueil lamentable des princes
Et dames en toutes provinces
En est faict, conduict et mené
Partout et ainsi ordonné ; 700
Les esglises en sont enceinctes,
Environnées et toutes ceinctes ;
L'Escripture[2] en faict mencion,
Comme d'aultres et narration.
Toutesfois icelle noirseur 705
En l'Escripture, pour tout seur,
Est prinse et le plus souvent
Pour tribulation et tourment,
Pourtant ne l'en desprise pas.

Le tout regardé par compas, 710
Reciter je vueil les moyens,

---

1. *Alba ligustra cadunt ; vaccinia nigra leguntur.* Virg. *Ecl.* II, v. 18. — 2. Allusion au Cantique des Cantiques (I, 5) : *Nigra sum sed formosa,* comme le prouve le texte de Sicile.

Car les bons et loyaulx chrestiens,
Qui endurent labeur et peyne,
Sont de Dieu, pour chose certaine,
Estimez plus que ceulx qui vivent 715
Et qui tous leurs plaisirs ensuyvent.
Par tel moyen, telle tristesse
En fin est changée en lyesse;
Lors la noirseur est changée blanche,
Car de noirseur n'a nulle tranche. 720
Tristesse est en joye convertye
Et en tous soulas subvertye;
Ainsi tous nous puissions estre
Quant de ce monde changerons d'estre.

En armoyrie vert est comprins, 725
Couleur que pour *sinople* est pri[n]s,
Signifiant boys, prez et champs
Et verdure sur le printemps.
Entre les quatre elemens prinse,
Elle n'est comptée ne comprinse. 730
Entre les couleurs reputée,
Est la moins noble computée;
Comparée elle est à lyesse,
A joyeuseté et jeunesse;
A l'emeraulde est resemblable, 735
Pierre precieuse, et semblable.
Des couleurs moindre la fault prendre,
Mais premier il fault comprendre
En quelle sorte il s'entend
Et à quelle fin cela tend. 740
Du vert il s'entend en painture
Et pareillement en taincture

Et non du vert franc naturel;
Point il ne fault demander quel
Il est, car sur tout resjouist; 745
Heureux est qu'au veoir en jouist.

Il est à l'entour des montaignes,
Des herbes, arbres, prez, fontaines,
Car en ce la chose il n'est
Plus beau au regarder qu'il est. 750
Aucunement ne se doïbt plaindre
De sa dignité et complaindre,
Car Op[i]s et aussi Tellus[1]
Et Cybeles[2] en oultre plus
De ceste couleur se revestent; 755
Elles s'en reparent et vestent,
Et mesmement, quant le temps vient
Que de leur amour leur souvient,
Lorsque Phebus eschauffé est
Et que de venir il est prest 760
En leur giron se reposer
Pour les faire fructifier,
Est-il riens plus recréatif,
Est-il riens plus confortatif
Que de veoir la belle verdure 765
Des prez, fleurs, tant comme dure,
Et arbres de fueilles couvers
Et de leurs ramées beaulx et vers?

Esmeraulde de couleur verde
Est une chose qu'on regarde, 770

1. Ops, ou Opis, fille de Cœlus et de Terra, est la même divinité que la Rhea des Grecs, qui épousa Saturne et fut mère de Jupiter. — 2. Imp. : *si belles*.

Car verte couleur naturelle,
Nayfve est trouvée très belle
Et non point par art procedant,
Par subtilité luy cedant.
Qu'est cause qu'en avril et may 775
On est plus joyeulx et plus gay
Que l'on n'est point aux aultres moys?
La cause dire je la doibs :
Est[1] pour la plaisante verdure
Des champs, qui pour lors reverdure, 780
Qui meuvent tous les oysillons
A chanter melodieux sons ;
En ceste vernente saison
C'est plaisir d'en ouyr le son.
En telz moys le papegay prent 785
Singulier plaisir et comprent
A se veoir coloré de vert,
Car il en est du tout couvert.
Croyons que sans celle couleur,
Qui luy rend plaisir sans douleur, 790
Car très bien elle luy advient,
Lors de parler il luy souvient,
Sans cela jamais ne parleroit,
Roys ne seigneurs ne salueroit.
Cy fine du vert le blazon ; 795
Penser il me fault la façon
Celluy du pourpre diviser,
Au mieux que pourray adviser.

    Des six couleurs que j'ay predictes
Le *pourpre* est faict sans contredictes 800

1. Imp. : *Et.*

En les meslant toutes ensemble ;
Le tout enfin pourpre ressemble
Et si est pourpre proprement,
Mais garder fault expressément
Que l'une ne l'autre ne excède, 805
C'est ainsi que l'on y procède.
En armoyrye plusieurs la tiennent
Pour couleur, aultres[1] riens n'en tiennent,
Et, pour ce que des aultres est faicte,
Aucuns la tiennent moins parfaicte, 810
Disans que vertus nulles n'a
Sinon des autres ce qu'elle a.
Je vous diray en oultre plus :
Aucuns la tiennent pour le plus
Noble et excellente pour ce 815
Qu'elle est extraicte de la source
D'aultres toutes en general ;
Pour ce l'estat imperial
Au temps preterit s'en vestoit
Et par honneur s'en revestoit, 820
Car toutes aultres elle comprent
Selon son origine et prent.
Encores ainsi se deust faire
Qui vouldroit au droict satisfaire.

 Celluy qui premier en porta 825
Et qui premier vestu en a
Fut Tullius Hostilius,
Au temps Numa Pompilius.
Pierres precieuses sans nombre
Semblables sont et [de] tel ombre. 830

---

1. Imp. : *aultre.*

Pline[1] de son pris a parlé,
Lequel ne l'a pas ravallé,
Car sur toutes autres couleurs
Il a preferé ses valeurs.
La forte femme[2] a esleu   835
Soy parer de pourpre et voulu ;
[Et] aussi specialement
Le filz de Dieu pareillement,
Qui estoit roy de tous les roys
En tous pays et tous endroictz,   840
En voullut estre revestu
Par honnesteté et vestu,
Car nous lysons en sa vie
La glorieuse Vierge Marie
Luy avoir fait ung vestement   845
De celluy pourpre proprement,
Qui estoit chose fort subtile,
Car elle estoit inconsutille.
Icelle demonstrer voulloit
Qu'en son ventre conçeu l'avoit   850
Sans peché ne corruption
Et sans aucune fraction,
Et croissoit ledit vestement
Comme faisoit le doulx enfant.
J'ay regardé et veu de l'œil   855
L'abillement à Argentueil,
Qui est à trois lieues de Paris,
Le tout estimé de grant pris[3].

1. M. Cocheris fait observer que Pline dit tout le contraire. — 2. Prov. XXXI, 22.
3. L'abbé Lebeuf (*Hist. du Diocèse de Paris*, t. IV, pp. 8-12) parle longuement de la relique d'Argenteuil,

Des metaulx ay dit le blazon
Et des couleurs à la raison, 860
Mais une chose fault noter
En armoyrie et denoter
Que metal sur metal est faulx.
En ce disant point ne deffaulx;
Couleur sur couleur ne vault rien, 865
Affin que l'on le note bien,
Mais metal sur couleur bien sonne
Et couleur sur metal raisonne,
Ce qui est [très] bien observé
Au dit escu et conservé. 870
Quant aux diversitez et signes
Qu'on y pourtraict, rien n'en designes,
Car l'on les prent selon l'usage
De sa race et de son lignage,
Venant de longue antiquité, 875
Ce point ne gist qu'en equité,
Comme pal, bende, giron,
Croix, orles, besans et chevrons,
Et d'autres enseignes sans nombre,
Lesquelz nommer point ne m'encombre, 880
Ne dire leur propriété
Pour eviter prolixité.

    Les armes d'aultruy usurper
A soy et aux siens appliquer
C'est ung tour par trop oultrageux, 885

qualifiée de *Cappa Salvatoris nostri inconsutilis* ou de *Tunica Salvatoris inconsutilis*. Cette relique était effectivement une robe d'enfant, et paraissait « comme un gros crespe usé, ou plutôt comme un canevas fin d'une couleur de rose sèche brune ».

Procedent de cueur vicieux,
Et bien meritent grosse taille
Payer pour nobles en la taille.
Puisqu'ilz disent que gentilz hommes,
Soyent riches ou povres en sommes, 890
Ne doibvent point marchander[1]
Et qu'i les en veullent garder,
Fors de ce qu'il peuent cueillir
Dessus leurs terres et recueillir,
Les nobles doncques ont raison 895
De leurs effacer le blason
De leurs armes et les deffaire,
Car trop se veullent contrefaire.

 Au precedent je n'ay point dit
Que signiffie l'escu predit, 900
Pareillement tous autres escus
Qui sont desoubz luy contenus.
Les enseignes sont en tous lieux
Des nobles très chevallereux.
Dessus il y a une tour, 905
Qui est ronde tout à l'entour,
Signifiant la fort[e]resse
De leurs escus et leur noblesse ;
Dessus y a quatre carneaulx
De diverses couleurs, très beaux ; 910
Quatre vertus ils signifient
Aux nobles et leur certiffient :
L'une d'icelles est prudence,
L'autre se nomme attrampance
Et la tierce est justice, 915

[1]. Ne doivent point faire le commerce.

Contraire de injustice;
La quarte vertu cy est force,
Qui les nobles tousjours efforce,
Leurs courages veult animer
De plus en plus armes aymer, 920
Ausquelz premier furent données,
Par honneur à eulx ordonnées
Au temps du très victorieux
Vaillant roy Alexandre et preux,
Et du très prudent empereur 925
Jullius Cesar superieur.
Iceulx par grande intelligence,
Pour mieulx comprendre la vaillance
Et prouesses de ces vassaulx,
Comme en armes estoient loyaulx, 930
Affin d'iceulx recompenser
Tout au mieulx que pourroient penser,
Ordonnèrent qu'i porteroient
En bataille et comporteroient
Escus, ausquelz soient descriptz 935
Painctz, figurés, extraictz, escriptz
Aucune marcque ou difference,
Pour mieulx avoir la congnoissance
Et affin de mieulx juger
Leurs vaillans faictz et adjuger. 940
Telz marcques sont appelées armes
Entre les nobles et gensdarmes;
Ordonnées furent par les dictz
Aux dictz vassaulx sans contredictz,
Non seullement pour eulx congnoistre, 945
Mais pour leur race recongnoistre,
Affin qu'ilz soient aux armes promptz,

Comme le cheval aux esperons.

 A tous nobles prie estimer
Ce blazon sans desestimer   950
Et le bien mettre à effect,
Comme je l'ay escript de faict,
Car il est à leur adventaige,
Sans aucune desadventaige.
Tousjours en honneur ilz vivront   955
Tant que leurs armes ensuyvront.
Plus noble ne doit estre dict
Qui à ses armes contredict
Et les armes convient laisser
Qu'à mal faict se¹ veult delaisser :   960
Armes ordonnées sont pour ceulx
Qui sont saiges et vertueux.
Oultre plus, sur mon honneur jure,
A nully n'entends dire injure
Et si n'entends nully flater;   965
Mais il me plaist bien relater
Les faictz procedans de noblesse ;
En ce faisant, nully ne blesse.
Plusieurs ont armes nobles et belles,
Qui sont très villains et rebelles ;   970
Plusieurs de noblesse ont le nom,
Qui en faictz ont maulvais renom.
En leurs armes y a bonne ordre,
Mais en leurs faictz y a desordre.
A yceulx n'adresse mon livre,   975
Mais plus tost la guerre leur livre
Par motz picquans ; il m'en desplaist

1. Imp. : *ne*.

Et plus parler d'eulx ne me plaist.
Cy fine la presente epistre,
Puis du traicté ensuyt le tiltre,
Lequel aux nobles [je] transmectz,
Que de par moy ont leurs faictz nectz[1].

Faict à Paris, cité et ville,
Par leur serviteur d'Adonville.

Mieulx qui pourra.

---

*Les Bien[2] Aymez par Bonne Grace
et Bien Venus entre les nobles.*
Avec Privilege[3].

L'Acteur.

Nonobstant que Bonne Grace ne soit à mon commandement et que, en deffault d'icelle, aye toute ma vie failly à prosperer jusques à present, si est elle de moy fort estimée, louée et exaltée, non tant que requis est, mais selon mon petit sçavoir, comme apparoistra par le traicté ensuyvant, auquel en brief sera diffiny que c'est que Bonne Grace, dont elle vient, comme elle se perd, de ceulx qui en usent

---

1. Imp. : *on leur faictz metz.*
2. Imp. : *biens.*
3. La Biblioth. nationale possède un ms. de ce petit poëme, dont voici la description :
Livre de Bonne Grace, nouvellement composé par d'Adonville. Pet. in-4 de 13 ff. de 14 lignes à la page, vélin, lettres ornées (XVIe siècle).
Fonds français, n° 2260 (*olim* 8025).

bien et de ceulx qui en usent mal, de quatre sortes de nobles, les ungz regnant en credit, les autres non, de la bonne grace des dames et de ceulx qui sont sans grace et de leur propriété, de bonne grace perdue par accident, finablement recours à la grace de Dieu, sans laquelle nulle grace ne autres biens ne povons avoir[1].

Diffinition de Bonne Grace.

Après que j'ay veu l'estat de ce monde,
Et qu'ay congneu la grace et la faconde,
L'honnesteté, la vertu, le sçavoir
Qu'entre les nobles[2] ung chascun peult avoir,
Sens naturel, beaulté et sens acquis, 5
Belle eloquence, et tout ce qu'est requis

---

1. Le ms. (f. 1 b) remplace le prologue en prose par un prologue en vers ainsi conçu :

> Pour vous et pour tous personnages,
> Que congnoistray nobles et sages,
> De bonne grace et d'esperit,
> Ce present traicté ay descript
> Et d'iceluy vous fais present,
> Lequel vous lisés à present,
> Vous suppliant pour acceptable
> Le recepvoir et agréable.
> De Bonne Grace il est nommé,
> Et si n'est en rien surnommé,
> Car par iceluy, pour tout voir,
> Vous pourrés congnoistre et sçavoir
> Quel bien il peult venir d'icelle;
> En ce traicté point ne se celle.
>
> Faict à Paris, cité et ville
> Par le tout vostre, d'Adonville.

2. Ms. : *Qu'en tous estas.*

A personnaige, tant soit homme que femme,
Pour acquerir bon los, estime et fame,
Mais sur le tout Bonne Grace precède,
Car en tous lieux bien souvent l'on luy cède 10
Le lieu d'honneur et vraye preémynance,
Qu'est le sentier, chemin et emynence
Et le principe pour venir en credit
Et en ses faictz n'estre point contredict.

   Diffinir veil[1] et dire en ceste place 15
Quelle chose est que l'on apelle Grace,
C'est quant le faict ou le dict d'aucun siet
En toutes sortes et qu'il ne luy messiet,
Mais, qui plus est, à tous est[2] agréable,
Fort estimée et [si] très acceptable. 20
Bonne Grace par tout est bien venue,
Bonne Grace est pour chère tenue,
Bonne Grace n'a aucuns ennemys[3],
Bonne Grace a tousjours force amys,
Bonne Grace ne règne en commun, 25
Bonne Grace n'est pas en ung chascun ;
S'on la vendoit, croyez qu'au pois de l'or
On l'achepteroit, car plus cher n'est tresor.
Quant à ma part, pour eviter esmoy,
Bonne Grace achepteroye pour moy ; 30
Premièrement que ne l'eusse, bailleroye
Tout mon avoir, mon or et ma monnoye
Et eussé je cinq cens mille ducatz,

---

   1. Ms. : *veulx*. — 2. *Est* m. dans l'impr.
   3. Le ms. place ce vers après le v. 24, et ajoute ensuite :
              Se ne sont gens malostrus par envie,
              Gens inutiles et de meschante vie.

Car d'icelle sur le tout je fois cas,
Je ne diz pas pour ravaller sçavoir, 35
Ne que vertu ne face son devoir,
Ne que beaulté et sens ne soient d'estime,
Ne que eloquence soit de desestime,
[Ce] nonobstant point ne gouverneront
Sans Bonne Grace, et nul credit n'auront, 40
Soit en la court ou en chose publicque,
Ou autrement en quelque autre pratique.
Raison pourquoy? Le monde est tant fascheux
Pour le jourd'huy et tant mal gracieux
Que qui n'a grace pour luy sçavoir complaire 45
A son povoir se esaiera[1] de desplaire,
En telle sorte que, sans autre raison,
Tost il dyra que c'est grant desraison
A ung tel [...] de bailler telle charge,
Qui de son faict n'entend pas la descharge; 50
Lors gronmellera[2] et fera grant querelle
Encontre luy et la guerre mortelle;
De faict dyra qu'il a fort offencé
Là où possible jamais n'y a pensé.
Cil est heureux qui a la Grace Bonne, 55
Plus heureuse je ne congnois personne,
[Ce] nonobstant que la grace du monde
Sans bonnes meurs n'est suffisante et munde,
Pour parvenir à la grace infinie,
Qui est durable et jamais n'est finie. 60

Qui a Bonne Grace, est requis qu'il en use
En bonne sorte, affin qu'il ne s'abuze
En craignant Dieu, et aymant son honneur,

1. Ms. : *s'essaiera.* — 2. Ms. : *murmurera.*

Par tel moyen regnera sans deshonneur.
Icelle grace de Dieu et de nature 65
Est procedante et ne vient d'aventure
Si ce n'estoit par bonne acoustumance
Et nourriture qu'on prent dès son enfance.
La nourriture bien souvent contredit
A la nature et tient ung autre edit. 70
En deux sortes iceulx cas il fault prendre,
Soit bien ou mal, ainsi le fault comprandre,
En l'estat de noblesse apparens;
Telz cas on voit par ses prochains parens.
Plusieurs sont de noblesse venuz 75
Que toutes fois povres sont devenuz,
Pource que n'ont telle grace en eulx eue
Et que jamais en eulx ne fut conçeue,
Et, oultre plus, point n'ont esté savans
Ne vertueux; parquoy les bons vens 80
N'ont euz à gré, mais en toute ruyne
Sont consommez plustost que la bruyne;
Beaulté, ne sens n'ont eu, ne eloquence;
Fors sotz propos ont eu pour leur loquence,
Très grans prodigues consommateurs de biens 85
Tant que chascun de tous eulx n'a plus riens,
Et reste n'ont de toute leur[1] noblesse,
Fors leur escu ancien[2], qui les blesse,
Qui demonstre que acquis fut par vertus,
Mais par leurs vices, ilz se sont devestuz, 90
Car mangé ont leur bien jusque à la paille
De leur lict, tant que n'ont vaillant maille;
Partout ilz cherchent argent à emprunter,

1. Imp. : *leurs*. — 2. Imp. : *Fors leurs escuz anciens.*

Mais nul n'y a qui en vueille prester.
C'est grant pitié, mais nul pitié n'en prent; 95
Comme coupables ung chascun les reprent,
Et pour mourir ne trouveroient ung liart
En quelque sorte d'une ou d'autre part.
Il m'en desplaist, autre chose n'y puis,
Mais vouluntiers[1] beveroye de l'eaue du puis 100
Ung moys entier pour iceulx delyvrer
En leur estat premier et les livrer.

Plus ne traicteray de nobles mal conduictz;
En ce traicté present seront reduictz
Les autres nobles, qui ont eu grace et sens 105
Et qui de vices ont esté absens
Et de sçavoir ont esté bien garniz,
Et de vertus nullement desgarniz,
Et tant ont faict que leur noblesse ont tinse
Jusques icy et en honneur retinse 110
Et augmenté leur bien et revenu;
Chascun d'iceulx est tousjours bien venu
En tous les lieux où se veullent trouver;
Nulle mensonge ne veullent controuver;
Nul bien ilz n'ont qu'ilz n'ayent merité; 115
En eulx n'y a que toute verité;
En leurs estatz ne se trouve[2] desordre;
Leurs faitz et armes tiennent une mesme ordre.

Autres nobles je congnois, nouveaux dictz
Par Bonne Grace, par leurs beaulx faictz et dictz, 120
Par leurs vertus et par leurs bons services,
Et par fuyr les pechez et les vices,

1. Ms. : *voulentiers*. — 2. Ms. : *treuve*.

Et par estre très humbles et gracieux,
Et par hanter gens de bien en tous lieux
Chez le roy, chez [les] princes et princesses,   125
Où de leurs faictz on a veu les adresses.
De cestuy tiltre ilz usent[1] et useront,
Eulx et les leurs[2], tant qu'en ce monde seront,
Si par vices et folyes ne le perdent.
A cest affaire bien convient qu'ilz regardent ;   130
Autres que eulx en ont esté vestuz,
Qui par leurs faultes s'en sont tous devestus.

   D'autres y a qu'onques n'eurent defaulte
De Bonne Grace, ne n'ont faict nulle faulte,
Mais par les guerres[3] ont eu tant d'infortunes   135
Que tombés sont en trop males fortunes
Et ont perdu par fortune de guerre
Leurs seigneuries, leurs maisons et leur terre
Et n'en espèrent aucune recompense ;
Le vray remède est de piller[4] pacience ;   140
Des dessusditz nully ne peult mal dyre,
Si ne vouloit à honneur contredyre.

   Sans Bonne Grace nul ne doit faire emprinse,
S'il ne veult honte endurer et reprinse,
Soit en parler, en dancer, ou en faict ;   145
Sans Bonne Grace il sera contrefaict ;
Jà bien venu ne sera entre les dames ;
S'il s'i transporte il y acquerra blasmes
Voire si grant qu'il vouldroit estre mort,
Tant se voirra gaudi et mocqué fort ;   150

---

1. Imp. : *eusent*. — 2. Imp. : *leur*. — 3. Ms.: *Mais par guerres*. — 4. Ital. *pigliare*. Nous savons par d'autres ouvrages de d'Adonville qu'il avait fait les campagnes d'Italie.

Et s'il s'essaye de telz blasmes venger,
Par motz picquans on le fera enrager.
On ne fera sinon de luy se rire
A plaine bouche, ou pour le moins[1] soubzrire ;
Certain il est qu'il sera tout leurré   155
Que sur tous autres se dira malheuré
Se amoureux est, il convient qu'i[2] le celle ;
Jà ne trouvera dame ne damoyselle,
Soit en la court, en la ville, ou villaige,
Qui ayt le cueur tant hastif ou vollaige   160
Que de le prendre pour amoureux n'eust honte,
Puisqu'il n'a grace de sçavoir faire ung compte,
Si bruict n'avoit très grant faire mestier
Du jeu d'amours et qu'elle en eust mestier
Jusque[3] au mourir ; lors pour saulver sa vie   165
Secrètement elle prendroit envie
De luy aymer pour avoir medecine,
Et nullement n'en monstreroit aucun signe,
Car elle auroit le cueur tant discret
Qu'amy qu'elle eust[4] ne sçauroit tel secret   170
Et quelque chose qu'après qu'on dist de luy
Peu luy plairoit, car aymeroit icelluy
Plus que nul autre, et la raison est bonne
Puis qu'elle a eu l'essay de sa personne.

   L'homme sans grace doit estre solitaire   175
Et des affaires mondaines se doit taire,
Fors en conseil, car seroit sens perdu
S'en quelque sorte il n'estoit espandu.
L'homme sans grace doit estre mesnaiger,

---

1. Imp. : *mois*. — 2. Ms. : *qu'il*. — 3. Imp. et Ms. : *Jusques*. — 4. Ms. : *Que aultre que luy*.

Car son mesnaige luy donnera[1] à manger ; 180
Sa bonne grace pour luy riens ne fera,
Mais son mesnaige à luy satisfera
En servant Dieu et vivant justement
Et en estant de bon gouvernement.
Certain il est qu'i n'aura riens que à peine, 185
Et pource donc à son pouvoir se peine ;
Et pour cela ne sera à despriser
Mais tant plus fort en sera à priser ;
Et, s'il a art de sçavoir composer,
A cest affaire il se doit disposer 190
Et faire livres qui soient très exquis,
Affin que par ce il puisse estre requis
Et estimé de par les bons[2] lecteurs,
Qui des[3] bons motz en seront electeurs.
Par ce moyen tous ceulx qui les verront, 195
Sans point le veoir, pour saige l'esliront
Et de sa grace ne seront souvenans ;
S'il est des beaulx ou des laictz advenans
Ne leur chauldra, mais metteront à effect
Ce que verront leur apparoir de fait[4]. 200

Descrire vueil[5] des dames mon advis ;
Assez y sont qui sont de très beau vis[6],
Assez y sont qui sont très fort sçavantes,

---

1. Ms. : *donra*. — 2. *Bons* m. dans l'impr. — 3. Imp. et Ms. : *les*. — 4. Il semble que d'Adonville, qui se plaint dans sa préface que « Bonne Grace ne soit à son commandement et que, en deffaut d'icelle, ait toute sa vie failly à prosperer », ait voulu ici se mettre en scène. Il comptait sur ses livres « très exquis » et sur ses « bons motz » plutôt que sur sa bonne grâce pour se faire bien venir dans le monde. — 5. Ms. : *veulx*.
6. Ms. : *qui sont de beau devis*.

Assez y sont qui sont très bien parlantes,
Assez y sont qui sont très bien formées, 205
Assez y sont qui ne sont difformées,
Mais peu y sont qui règnent en crédit,
Parce qu'en elles n'est pas, quant tout est dit,
La bonne grace, laquelle est requise
En une dame pour estre dicte exquise. 210
Heureux est celle qui ceste grace a,
Si bonne est et saige, tant y a ;
Mais si d'icelle el[1] vouloit mal user,
Incontinent se vouroit abuser,
Et, qui pis est, par celluy meschant tour 215
De Dieu perdroit la grace et l'amour
Et, au lieu d'acquerir très bon los,
Elle acquerroit mauvais bruict et meslos.

   En homme et femme qu'est de malle nature,
De faulx semblant ayant la portraicture. 220
Bonne Grace est très fort dangereuse,
Plus que nacelle sur la mer perileuse ;
A tous demonstre[2] amitié et grant chère,
Mais leur amour en fin est trouvée chère.
De tous il sçavent l'affaire et [le] secret, 225
En toutes sortes quoy qu'on soit discret ;
L'on pense avoir en iceulx des amys,
Mais l'on y a de privés ennemys,
Car se qu'on pense par eulx estre cellé
Le plus souvent par eulx est decellé. 230
O quel faulx tour, quelle meschanseté,
O quel abuz, quelle desloyaulté !
Qui s'en garderoit nul n'est qui soit si saige,

---

1. Imp. et Ms. : *elle*. — 2. Imp. et Ms. : *demonstrent*.

S'il¹ ne congnoist d'iceulx le faulx usage,
Plus meschans gens n'est possible de faire ; 235
Pendre les fault au gibet et deffaire,
Quant de leurs faictz on a la congnoissance,
Si dessus eulx l'on a telle puissance ;
A tout le moins point ne les fault hanter
En nulle sorte, ne iceulx frequenter. 240
Par ung d'iceulx je suis desherité
De tout mon propre, dont estois herité ;
Pour recompense me desire ma mort.
En se pensant de deuil ay le remort,
Car le grant bien que luy fis et honneur 245
M'est très grevable et vient à deshonneur².
Par iceulx mainctz ont esté surprins
En cestuy monde et en leurs fillez prins ;
Pour le prouver n'allegueray histoire,
Car de ce faict on a assez memoire ; 250
    Les ungz en ont esté pugnys,
Les autres règnent meschans et impugnis³.

O quel dangier⁴ chez les rois, chez les princes⁵,
En ung pays ou en quelques provinces
A telles⁶ gens bailler gouvernement ! 255
Plus dangereux n'y sçauroit venir tourment.
O que heureux sont nobles et autres gens
Quant ilz ont justes, bons et loyaulx regens
De bonne grace et bonne conscience,
De bonne meurs et de bonnes science, 260
Ayans amour à la chose publicque

---

1. Ms. : *S'il*. — 2. Le ms. supprime les v. 241-246.
3. Imp. : *règnent impugnys*. — 4. Imp. : *dangeir*. —
5. Ms. : *et les princes*. — 6. Imp. et Ms. : *telz*.

Plus qu'ilz n'ont à leur propre praticque,
Contrariant tousjours¹ ses ennemys,
Et par moyen les reduysans amys,
   En usans de bonne police,   265
   Sans passer de raison la lice,
   Point ne usans d'aucune fallace;
   A telz prouffitte Bonne Grace.
   Digne est d'honneur avoir l'hommaige,
   Car à nul ne porte dommaige.   270

  De ceulx qui ont grace ay dit ce que je pense;
En oultre plus, il fault que je pourpense
De descripre ceulx qu'aucune n'en ont
De quelle sorte et quel² façon ilz sont.
Telz sont sans grace qui ont belle faconde,   275
Telz sont sans grace qui ont le cueur très munde,
Telz sont sans grace qui sont très vertueux,
Telz sont sans grace qui ont sens³ fructueux,
Telz sont sans grace qui sont de très bon sens,
Telz sont sans grace qui ne sont innocens,   280
Telz sont sans grace et non sans eloquence,
Telz sont sans grace qui ont belle loquence,
Telz sont sans grace qu'à bien se veullent duyre,
Telz sont sans grace eulx⁴ voulans bien conduyre,
Telz sont sans grace qu'à tous ont amytié,   285
Telz sont sans grace qui de tous ont pityé,
Telz sont sans grace qui d'amour sont pourveuz,
Telz sont sans grace qui ne sont despourveuz,
Telz sont sans grace congnoissans leur affaire,
Telz sont sans grace qui ne quèrent mal faire,   290

---

1. *Tousjours* m. dans l'impr. — 2. Imp. et Ms. : *quelle*.
— 3. Imp. : *sans*. — 4. Imp. qui eux.

Telz sont sans grace, à qui desplaist très fort,
Telz sont mariz qui n'ont nul reconfort,
Telz sont sans grace, hardiz comme ung lion,
Tels sont sans grace qui entre ung million
Ne se trouvent de plus vaillans en armes, 295
Estimez telz entre les bons gensdarmes.
Telz ont eu grace qui l'ont perdue par force,
Car en[1] nature ilz ont fait quelque efforce.

Or est ainsi que tout le fondement
De Bonne Grace et le commencement 300
Vient de Nature; par quoy, s'elle a[2] effort,
Bonne Grace s'en doit doulloir très fort,
Car edifice, qui est sur fondement
Qui debile est, dechet incontinent.
La raison est le fondement et[3] port, 305
De l'edifice l'appuy et le support.
Ainsi est-il de plusieurs qu'on regarde
En cestuy monde : qui y prendroit bien garde,
Tant de soucy endurent et d'affaires,
Tant de labeurs endurent et misères, 310
Tant de douleurs seuffrent et de travaulx,
Tant d'amertumes, de desplaisir et maulx,
Tant de griefz et d'inconveniens;
Par quoy ilz sont tous reduictz à nyans.
Tant seulement pource que leur nature 315
Est oultragée, cela les desnature ;
Plus ne se fondent en la grace du monde,
Puis que le monde en la leur ne se fonde;
Fonder se veullent en la grace de Dieu.

---

1. Ms. : *à.* — 2. Imp. : *selle effort* ; Ms. : *celle a effort.*
— 3. Imp. et Ms. : *est.*

De ce traicté je fais fin en ce lieu, 320
Luy suppliant que sa très bonne grace
Puissions avoir et que ce bien nous face.

Mieulx qui pourra.

*Le Bannissement de Malheur,
En donnant à Bon Temps faveur.
Composé en ceste ville
De Paris, par D'Adonville.*

Nous avons donné (t. XII, pp. 339-346) une première pièce de d'Adonville sur le retour de Bon Temps, et nous en avons rapproché deux petits poëmes publiés dans notre t. IV sur le même sujet. Il nous suffira de renvoyer nos lecteurs à chacun de ces volumes.

Le *Bannissement de Malheur* avait sa place marquée à côté des *Approches de Bon Temps*, s'il nous avait été connu quand nous avons mis sous presse le t. XII. Ce n'est que tout récemment que nous avons découvert à la Bibliothèque Méjanes cette plaquette, inconnue à tous les bibliographes, et dont le titre même n'avait jamais été cité jusqu'ici.

En voici la description :
Le bannissemēt // de Malheur / // En donnant a Bon temps faueur // Compose en ceste ville // De Paris par Dadonuille. *S. l. n. d.* [*Paris, vers* 1530], pet. in-8 goth. de 4 ff. non chiff. de 19 et 20 lignes à la page, sans sign.

Le titre ne contient que les cinq lignes de l'intitulé ; le reste de la page est blanc.
Biblioth. Méjanes, à Aix, n° 29831 (dans un recueil qui contient trois autres pièces).

L'ACTEUR.

Bon Temps, amy du dieu Bacus
Et de Cerès, des bledz déesse,
Veult que Malheur ne règne plus
Et que de vuyder l'on se presse
De France, où a tant faict d'oppresse,
Ennuy, Facherie[1], et Destourbier, 10
Empeschement et Encombrier.

Bon Temps ne veult point de Malheur ;
Il ne quiert que plaisir et joye,
Sur tout il desire Bon Heur ;
De luy hanter il [nous] convoye ; 15
A present tous deux sont par voye
Pour visiter leurs bons amys,
Sans envoyer aultres commis.

Bon Temps a esté fort malade,
Mais il est très sain de present ; 20
Prions à Dieu que ainsi le garde,
Sans requerir aultre present ;
Durant qu'i sera ou nous present,
Vivrons en soulas et plaisir
Et n'aurons aulcun desplaisir. 25

---

1. D'Adonville prononce *fach'rie*. Cf. t. XII, p. 332. Voy. aussi plus bas : *s(e)ra* (v. 23, 72), *ayd(e)ra* (v. 47), *f(e)roit* (v. 66), *f(e)ra* (v. 96).

Bon Temps s'en va veoir les prelas
Pour leur donner resjoyssance ;
De le veoir jamais ne sont las ;
Sur tout desirent sa presence,
Et, s'il est [...] en leur absence, 30
Entre eulx joye nulle n'auront,
Tant que son retour reverront.

Bon Temps entre de chez le Roy
Comme en son chasteau et donjon;
Léans ne faict aulcun desroy, 35
Car Bon Temps est bon compaignon ;
Bon Temps du Roy est tant mignon
Pour ceste heure, la Dieu grace,
Que à luy nul mal nul ne pourchasse.

Bon Temps vient tout à point aux nobles 40
Pour leurs estatz[1] entretenir ;
De par luy auront force nobles ;
Maison il leur fera tenir
Et en credit les maintenir,
Selon leur estat et noblesse ; 45
Plus ne veult que Malheur les blesse.

Bon Temps aydera aux bons marchans
En leur estat et marchandise,
Mais leur[2] fault estre pourchassans
De faire par ordre leur mise ; 50
Grant despense n'est pas permise ;
S'ilz veullent avoir grant chastel,
Ordre fault mettre en leur hostel.

1. Imp. : *estetz*.
2. Imp. : *leurs*.

Bon Temps pour Labeur a tant faict
Que ses labeurs sont bons et beaulx, 55
Tant qu'on peult congnoistre de faict
Que l'on mengeut des bledz nouveaulx.
Les adveines pour les chevaulx
Sont toutes prestes à faucher,
Si Bon Temps se veult eschauffer. 60

Bon Temps le peuple ayme très fort;
Bien luy a donné à congnoistre;
Au besoing luy a faict confort,
Ce qu'est tenu de recongnoistre,
Car si se vouloit descongnoistre 65
A Bon Temps feroit grant deshonneur,
A qui doibt porter tout honneur.

Bon Temps a bien faict moderer
Tous vivres et mettre à bon pris;
Tout il a faict ramoderer; 70
De cela il ne sera reprins,
Car, tout calcullé et comprins,
Le monde[1] avoit tant affaire
Que à ce ne povoit satisfaire.

Bon Temps, le vin à six deniers 75
La pincte a mis, vallant trois blancs,
Et le bled qu'estoit aux garniers,
Le septier, qu'on vendoit six francs,
L'on a pour quarante grans blancs;
Dedans Paris, veille Sainct Pierre, 80
Plus n'a vallu sans plus enquerre.

1. Imp. : *monnde*.

Bon Temps a bien deliberé,
Que à meilleur marché il sera,
Mais que du tout soit asserré,
Et qu'en la granche on le voirra. 85
Chascun, de sa part, pourvoira
De le serrer et le garder.
A ce faire fault regarder.

Bon Temps des vignes du vergeust
A faict pour en vin convertir; 90
De present vouldroit que ainsi fust,
Tous de cela veulx advertir.
Prions Dieu de luy consentir
Et à ce luy donner secours;
Sans luy il ne peult avoir cours. 95

Bon Temps fera tant que les vaisseaulx
Très chers seront pour ceste année;
Par tout l'on cherche des tonneaulx
Pour loger la bonne vinée
De septembre, et que entonnée 100
Soit dedans pour la provision
D'ung chascun, par toute maison.

*Declinaison de Miseria,
faicte par l'Acteur, à la faveur de Bon Temps
et confusion de tout malheur.*

Bon Temps, ung jour, à sa faveur
Et confusion de tout malheur,
Expressément il m'advisa 105
De decliner *Miseria*
Et par consequent ses obliques.
Son genitif, sans nul repliques,

Tient *locum calamitatis*;
Et son datif *suis factis*
Obligé est *paupertati*
Et de tout plaisir diverti;
Son accusatif maint ahan
Endure par *inopiam*,
Car bien souvent tout est gasté
Par l'ablatif *egestate*.

Pour son plurier a *indigentie*;
Nominatif *non beneficie*;
Son genitif, dict *penuriarum*,
Est recompence *bonorum operum*,
Et son datif *oppressionibus*
E[s]t très nuysant *bonis hominibus*.
L'accusatif dict *mendicitates*;
Aux paovres gens sont tourmens *agentes*;
Son vocatif [est] nommé *deffectus*;
Son aliance ne vault pas deux festus.
Ablativo ab his tout rien n'en vault;
Leur domicile est nommé : *Tout y fault*.

Mieulx qui pourra.

*La Complainte du Temps passé
Par le Commun du Temps present,
Lequel a tout dueil amassé
Pour faire à Fortune present.*

Celuy qui ces[1] Regrets lira
Et de leur mal peslira
Aura[2] joye perdurable
En tout temps de sa vie durable.

Cette pièce est à peu près du même temps que le petit poëme de d'Adonville, que nous venons de reproduire; elle paraît avoir été écrite pour déplorer les souffrances du peuple pendant les guerres incessantes qui désolèrent le règne de François Ier. Elle ne nous est connue que par une édition très-postérieure, dont voici la description :

La // Complainte // du Temps passé par // le Commun du Temps // present, Lequel à tout dueil // amassé Pour faire à for- // tune present. // Celuy qui ses regrets lira, // Et de leur mal peslira, // sera ioye perdurable, // En tous temps de sa vie durable.

1. Imp. : *ses.* — 2. Imp. : *Sera.*

S. l. n. d. [A Rouen, chez Théodore Rainsart, vers 1600], pet. in-8 de 4 ff., dont la page la plus pleine contient 27 lignes.

Au titre, dix petits rinceaux placés sur deux rangs forment tête de page.

Au verso du titre, une tête de page semblable, et les vers de *L'Acteur aux Lecteurs*.

Bibl. municipale de Versailles (E, 712. c.), dans un recueil contenant cinq autres pièces imprimées avec les mêmes caractères et portant toutes la rubrique de *Rouen, chez Théodore Rainsart* : *Le Discours du Trespas de Vert Janet*[1], *Le Miroer des Moines Mondains*[2], *Discours Joyeux de la Patience des femmes*[3], *Les Regrets et Complaintes des Trop Tard Mariez*, *Les Songes de Daniel, prophète*.

L'Acteur aux Lecteurs rend humble salut.

Humains, veillans en grand solicitude,
Qui desirez avoir béatitude[4]
Eternelle, que chacun doit avoir,
N'ayez pas tant vostre soin et estude
Au temps present, par une façon rude,
Que vous perdrés vostre divin avoir,
Car vous pensez vostre cœur esmouvoir
A amasser, mais j'entens, pour vostre ame,
Vous pouvez bien cecy appercevoir,
Bien congnoistre et bien clairement voir,

---

1. Voy. t. I, pp. 275-292.
2. Voy. ci-après.
3. Voy. t. III, pp. 261-268.
4. Imp. : *la béatitude*.

Que vostre amats vous tourne à grant diffame.
Pensez à vous ; l'un l'autre ne diffame ;   20
Fuyez erreur ; aimez vostre prochain ;
Ainsi pourrez avoir renom et fame
Et de Jesus estre le très prochain.

Le Commun du Temps Present.

Rememorant les maux qu'ay endurez
Au temps passé, et qu'à present j'endure,   25
Je m'esbahis des ans et des durez,
Qui jusqu'icy m'ont donné peine dure ;
Je n'en dis mot, mais en mon cœur murmure.
Le Temps Passé, donnez m'en la raison ;
Ou autrement, par ma foy, je vous jure,   30
Que je suis prest souffrir comme prison.

Le Temps Passé.

Quand j'ay eu entendu ton long blason[1],
Le Temps Present, vrayement tu me fais rire.
Souvienne-toy du temps et la saison
Que tu estois sans douleur ne martire ;   35
Puisque tu vois que dessous toy Mars tire,
Appaise-le ; prens en Dieu reconfort ;
Ne t'esbahis, mais par bon espoir tire
Au Dieu vivant, qui est puissant et fort.

Le Commun du Temps Present.

Hé, Temps Passé[2], est-ce pour recompense,   40
Et pour payer l'estat de ma despence,

---

1. Il y avait évidemment dans le texte primitif : *Quand j'ay éu entendu ton blason*. La retouche maladroite, opérée à la fin du XVIᵉ siècle, supprime la césure. — 2. Imp. : *Le* Temps Passé.

Mettre le vin, qui vaut près deux deniers,
A un douzain¹, — pas ne dis ce qu'en pense,
Car pour certain il ne vaut pas despence², —
Et puis le bled puant en nos greniers? 45

*Remonstrance au Commun du Temps Present
par le Temps Passé.*

Hé, pauvre fol, si en mon temps donnois
De très bon vin à deux petits tournois
Et tu voulois en boire à³ un liard,
Penses-tu pas que Dieu voit tes tournois,
Et que de luy non plus que d'une noix, 50
Ou moins beaucoup, ne tiens compte? Chiard,
Souvienne-toy de moy à ceste fois,
Comme present, car ce que je te fais
E[s]t pour afin que ton esprit surmonte.
N'as-tu pas veu assez souventes fois 55
Que le plaisir que souvent je te fais
Te peut mouvoir pour venir à bon compte?
Je m'esbahis vrayement que tu n'as honte
Me regretter, qui suis vieil et cassé,
Veu que tu es jeune, qui croist et monte, 60
Mais c'est bien fait penser au Temps Passé.

1. On donna le nom de *douzain* aux blancs frappés sous François Ier, et dont la valeur était de douze deniers. Le Temps Présent se plaint donc de ce que le prix du vin a sextuplé. — 2. Vin faible, boisson tirée du marc de raisin. « La vigne donne du vin de despence qu'on fait avec de l'eau sur le marc.... Dans deux ou trois jours, le premier trempé ou *despence* sera tiré de la cuve et entonné comme le vin. » OLIVIER DE SERRES, ap. Littré, ad verb. — 3. Imp. : *en*.

Le Commun du Temps Present.

Quand j'ay mon fait bien compassé,
A toy ny à moy n'entens rien,
Car, tout soudain que tu es [1] passé,
Si j'ay quelque bien amassé, 65
Il est prins, et je n'ay plus rien.
Si du Bon Temps n'ay entretien,
Je suis mort et perdu, par quoy,
Si Dieu ne m'envoye aucun bien,
Je mourray sans vivre à requoy. 70
J'ay veu en ton temps que vivois
Bien aise et que Bon Temps avois,
Sans discord et sans noise[2],
Et maintenant[3] à haute voix
Souvent je crie, je cours et vois, 75
Et ne puis rencontrer Bon Temps.

Le Temps Passé.

En mon temps, Erreur n'estoit point;
Pillerie ne regnoit point;
Un chacun son prochain aimoit
Et le Bon Droit ne dormoit point, 80
Car on venoit frapper au poinct,
Resveiller le chat qui dormoit.
Si l'un son voisin desroboit,
L'autre l'accusoit tout soudain,
Mais, à present, si on prenoit 85
Quelque mal fait et on le voit,

---

1. Prononcez : *t'es*. — 2. Le vers est faux et *noise* ne rime pas avec Bon Temps. On pourrait lire : *sans nulz contens*, ce qui rétablirait à la fois la rime et la mesure, sans rien changer au sens. — 3. Imp. : *maitenant*.

On y court plus viste qu'un daim ;
J'entens ravir, et sans desdain
Tost s'en laisser excommunier
Et ce te fait Plaisir Mondain ; 90
Temps Present ne le peut nier.

Le Commun du Temps Present.

Mon mal est-il si desplaisant
A Dieu que je ne suis plaisant
Au Monde par ma regardeure ?

Le Temps Passé.

Tu es mal fait [et] mal disant, 95
Et à toy-mesmes mal duisant ;
Pourtant sur moy ton regard dure.

Le Commun du Temps Present.

Si dessus toy mon regard mets
Et à bien faire me submets,
Comme en ton jeune aage ay veu faire, 100
Auray-je des biens desormais
Qui me serviront d'entremetz
Si aucun me[1] venoit forfaire ?

Le Temps Passé.

Or pense bien à chacun satisfaire,
Car de l'autruy il ne faut rien avoir, 105
Et, puis qu'il faut que le cas te refère,
C'est toy, Commun, qui fais guerre esmouvoir.

Le Commun du Temps Present.

Moy, Temps Passé, las, que dis-tu ?

1. Imp. : *ne* me.

Est-ce pour vray que le Monde importuné?
   Orgueil m'a fait ainsi testu ;
   Je le cognois, tout debatu,
   Mais j'en remercieray Fortune.

Le Temps Passé.

   C'est par toy que vient la rancune ;
Tu brouille, tracasse[1], tu brasse ;
Tu contrefais le dieu Neptune ;
Plus viste[2] que ne fait la lune,
Tu tournes et de chacun embrasse ;
C'est cela qui ton mal refraint
Et, comme ès dits je repasse,
Qui trop embrasse mal estraint.

Commun Present, si la vigne a failly,
Est-ce pourtant que Dieu ait deffailly
Et qu'aujourd'huy ait son monde oublié?
Nenni, nenni ; c'est à tort mal failli
Et d'un grand bien es en mal tresailli ;
Commun Present, c'est par trop folié.

Fortune.

Qui estes-vous qui debatez ainsi?
Qui vous esmeut de vous mettre en souci?
Commun Present, vrayement tu as tort ;
Il semble à voir qu'ayes le cueur transi
Et de frayeur et pauvreté noirci ;
N'ayes souci, viendray[3] au reconfort.
Homme vivant n'est au monde si fort
Que par mon vueil je ne tombe et abatte,

---

1. Imp. : *tu tracasse*. — 2. Imp. : *Quoy plus viste*. —
3. Imp. : *je viendray*.

Quand ma roue tourne et que j'estens ma pate. 135
Le pauvre humain fais riche devenir,
Et pour ce donc viens à moy et te haste;
A tout jamais te pourray resjouir.
Voicy ma sœur qui est preste de t'ouyr
Et reconfort te donner au besoin. 140
Fais donc de toy tout faux espoir fuyr,
Et tu auras le règne souverain.

Le Commun du Temps Present.

Esperance, je prendray par la main,
Pour la servir en bonne diligence,
Car je sçay bien qu'après ce règne humain 145
Nous parviendrons où est nostre esperance.

Esperance.

Or sus[1] donques, prens bonne jouyssance;
Esveille-toy et t'oste de mal an,
Et je t'asseure qu'en parfaite alliance
La paix auras, avant qu'il soit un an, 150
Et plus n'en peut; Paix a sur luy victoire.
Commun Present, crie : « Jerusalem ! »;
Tu parviendras en eternelle gloire.

Fin.

1. Imp. : *sur.*

Le Chappelet d'amours.

Cette pièce est, comme les *Dits et Ventes d'amours* (t. V, pp. 204-223[1]), une succession de demandes et de réponses, un dialogue entre un amant et sa dame sur le fait d'amour. Nous avons donné sur cet amusement de société, assez semblable au jeu connu aujourd'hui sous le nom de : *Je vous vends mon corbillon; qu'y met-on?* des détails auxquels il suffira de renvoyer. Pour compléter les indications réunies dans notre tome V, nous citerons encore les *Amoureux Devis des Amans* et les *Autres Ventes plaisantes et recreatives* qui figurent dans le recueil intitulé : *La Recreation, Devis et Mignardise amoureuse* (Paris, vefve Jean Bonfons, s. d., in-16). Ce recueil contient aussi un *Blason des Herbes, Arbres et Fleurs, selon l'ordre alphabétique*, sorte de dictionnaire à l'usage de ceux qui jouaient aux ventes d'amour. Ainsi que les couleurs, dont Sicile et d'Adonville nous ont appris le sens allégorique, les fleurs avaient leur langage. Un bouquet savamment composé portait à la dame l'expression des sentiments d'amour ou de reproche dont le cœur

---

1. Voy. aussi les *Ventes d'amour divine*, t. VII, pp. 18-23.

de l'amant était animé. Par contre, la dame, qui ne pouvait envoyer à l'amant des fleurs véritables, avait recours au « chapelet », ou bouquet symbolique. En interrogeant l'amant sur la signification de certaines fleurs, elle provoquait par ses questions de galantes réponses.

Voici la description de la plaquette, dont nous reproduisons le texte :

¶ Le Chappelet // Damours. — ☞ *Cy finist le chappelet damours.* S. l. n. d. [vers 1525], pet. in-8 goth. de 8 ff. de 25 lignes à la page pleine, sign. A-B.

Le texte commence au recto du premier f. immédiatement après le titre qui n'a que deux lignes.

Biblioth. nat., Y. 6133. C. — British Museum, C. 22. a. 3.

Le Chappelet d'amours.

> Joye, santé, paix et honneur,
> Bon jour, bon an, joye d'amer,
> Longue vie sans deshonneur[1]
> Et tout ce qu'on peult desirer
> A ceulx qui ayment par amours,   5
> Et aux mesdisans grans clamours

---

[1]. Un ms. de la Bibliothèque nationale (Fonds franç., n° 2201, fol. 93 b) contient une pièce intitulée : *L'Estraine du Jour de l'An*, dont le début est presque semblable :

> Joye, santé, paix et honnour,
> Bon an, bonne nuit et bon jour,
> Bonne aventure et bonne estraine,
> Ma bonne dame souveraine, etc.

C'est, du reste, le seul point de ressemblance qu'il y ait entre les deux poëmes.

Envoye Dieu de Paradis,
Qui tout fist et créa jadis !

De par Amours suis envoyé
Vers vous, sans estre desvoyé, 10
Pour sçavoir tout secrètement
Se ferez le commandement
D'Amour, qui vous fait saluer
Et par moy vous fait demander
Si céans a quelque pucelle. 15
Que me responde la plus belle.

La Dame.

Qui est celluy que je oy parler
Là dehors si honnestement ?
Je prie à Dieu du firmament
Que de mal vous vueille garder. 20
Sire, pucelles sont céans,
Et si est le jeu bien séans ;
Qui voulez vous or saluer,
Dictes le nous sans arrester ?

L'Amant.

A celle veulx faire prière 25
Qui porte la plus belle chière ;
Bien la vouldroys d'amours prier,
Mais qu'el ne vueille desnier
Ma petition et requeste ;
C'est elle où mon cueur si s'appreste. 30

La Dame.

Pour à vostre propos respondre,
Vous ne me verrez point abscondre,
Mais puisque nous faictes requeste,

Dictes nous donc sans plus d'enqueste
Ce que voulez dire d'aymer. 35

L'Amant.

D'aymer veulx dire et playdoyer,
D'amour, aussi de villennie,
Pour eschever melencolie
Et passer temps au plus legier.

La Dame.

De villennie ne parlez, 40
Fors d'amour et de courtoisie;
Parlez d'amour, si vous voulez;
Or commencez, je vous en prie.

L'Amant.

A celle que tiens pour amye
Donne salut, en suppliant, 45
Que point ne luy desplaise mye,
Si son amour suis demandant.

La Dame.

Celle qui point ne vous hait mye
Vous respond gracieusement
Que, si vous pensez tricherie, 50
Son amour vous est refusant.

L'Amant.

Nenny, dame, par mon serment,
Je n'y pense fors que tout bien;
Croyre m'en povez seurement,
Car mon cueur est lyé au sien. 55

La Dame.

On entent souvent tel venter

Qui parle souvent sans propos,
Sinon qu'il veult tout inventer
A deception sans dispos.

L'Amant.

Je ne suys pas de telle gent; 60
Ung tel n'est serviteur loyal.
Que mauldit soit ung tel sergent,
Qui est cause de si grant mal!

La Dame.

Son bon amy, pour essayer,
Doibt souvent la dame au besoing 65
Totallement bien l'espier
Et à cela mettre son soing.

L'Amant.

Je ne sçay par quelle façon
Vous puisse donner à entendre
Ma voulenté, que souppesson 70
N'ayez en moy pour trop mesprendre.

La Dame.

Qui trop de raisons veult entendre
Doibt peu parler et par loysir;
Par droit ne peut on nul reprendre,
Mais qu'on se garde du saisir. 75

L'Amant.

Or soit à vostre beau plaisir,
Ma très doulce belle maistresse;
Du tout me veul à vous offrir,
Obéir à vostre jeunesse.

La Dame.

Voz beaulx motz me donnent adresse 80
Qu'à vous aucunement m'encline,
Mais je doubte que de finesse
N'usez en vostre discipline.

L'Amant.

Helas! ma dame par amour,
Je vous pry que plus ne pensez 85
A ce que tant vous avancez
A parler par trop grant clamour.

La Dame.

Sur la foy que vous me debvez
Et promesse que faicte avez,
Vous prié maintenant en l'heure 90
Que me faciés, et sans demeure,
Ung chappelet de belles fleurs
Et bien assorty de couleurs.

L'Amant.

Maintenant me faictes joyeux
Quant cela vous me commandez; 95
Je le feray de mieulx en mieulx,
Puisque le voulez demander,
Affin de mieulx vous prebender,
Sans attendre que soye vieulx.

La Dame.

Mais il fault qu'en cela faisant 100
Des fleurs soyez signifiant
Quelque chose d'honnesteté
Par quelque sens bien inventé.

L'Amant.

Là me deffauldra sapience ;
Certes c'est chose moult à craindre   105
A moy, qui suis plain d'ignorance,
Que tel sens je ne puisse attaindre.

La Dame.

Querir ne debvez tel deport
Puis qu'avoir voulez belle amye ;
Sçavoir debvez de quoy servie   110
Soit de vous, si bien vous enhort[1].

L'Amant.

C'est raison ; bien je m'y accorde,
Mon pouvoir y mettray vrayement,
Mais, se à vostre gré ne s'accorde,
Excusez mon entendement.   115

La Dame.

Selon ce que sçaurez bien dire,
Grace et amour de nous aurez ;
On ne vous en veult mesconduire ;
Faictes donc comme vous debvez.

L'Amant.

Pour[2] à ce propos advenir,   120
Devisez donc ce que vouldrez,
Quelles fleurs eslire sçaurez
Pour en vostre chappeau unir.

La Dame.

Au premier soit la rose blanche ;

---

1. Imp. : *enhorte*. — 2. *Pource que.*

Il convient qu'elle soit devant ; 125
Or me dictes par amour franche
Que la rose est signifiant.

L'Amant.

La rose est de nette substance
Et croist en ronces et espines ;
Pucelle doibt sa contenance 130
Garder de tous maulx et ruyne.

La Dame.

La fleur de lys, tant belle et fine,
Mectez après, je vous en prie ;
Il fault que au second lieu s'encline :
Dictes moy qu'elle signifie. 135

L'Amant.

Pour la doulce vierge Marie
Fault comprendre la fleur du lys,
Car au chappeau est bien unie
Bonté, beaulté, à mon advis.

La Dame.

Or la fleur du glay[1] mettez y, 140
Qui est doulce et a couleur ynde[2] ;
Les fueilles sont foibles comme ynde[3] :
Dictes moy que c'est ; pensez y.

---

1. *Glais* ou *glaieul*, « iris gladiolus ». — 2. Bleu comme l'indigo. Voy. Littré, v° *inde*.

3. *Feuille d'Inde*, « feuille aromatique, qui, au dire de certains auteurs, nage sur les étangs et dans les fossés, sans qu'il y ait apparence de racine ; cependant Gerard prétend que c'est la feuille d'un grand arbre qui croît en Arabie et à Cambaye [Hindoustan], loin des eaux, et l'appelle *tamalapatra*, *tembul* et *malabathrum*. » Cotgrave.

L'Amant.

Couleur ynde monstre simplesse,
Amytié et toute doulceur,
Que doibvent avoir, ma maistresse,
Celles qui tendent à honneur.

La Dame.

Dictes après de l'armoisie [1]
Odorant, car nous la voulon
Mettre en son rent par courtoysie,
Car elle est de belle façon.

L'Amant.

Elle monstre le bon renom
Que debvez à tous savourer
Par bonne œuvre sans mesprison
Et de hardiesse garder.

La Dame.

Or de la violette dictes,
Qui est si très bonne sentant ;
Elle est fort jolye et petite ;
Au chappeau la serons mettant.

L'Amant.

C'est des aultres la plus [2] petite,
Mais en elle grant vertu prent,
Au contraire d'ung ypocritte,
Bon par dehors, mauvais dedans [3].

---

1. L'impr. porte *armenie*, qui n'a pas de sens, et rime mal avec *courtoisie*. Il faut probablement lire *armoisie*, pour *armoise (artemisia)*. Le *Blason des Herbes, Arbres et Fleurs*, selon l'ordre alphabétique, qui se trouve dans la *Recreation, Devis et Mignardise amoureuse*, porte : « Armoise ou maire herbe : digne d'honneur ».

2. Imp. : *plas*. — 3. Imp. : *par dedans*.

La Dame.

De la soussie devisez,
Par vostre foy, si vous sçavez ;   165
[Quand] nous la mettrons au chappeau,
Je crois qu'il en sera plus beau.

L'Amant.

La soussie a la couleur d'or,
Qui se garde sans empirer ;
Gardez voz corps comme tresor ;   170
C'est ce qu'elle peut figurer.

La Dame.

De la siccorée fault veoir,
Qui se ouvre devant le soleil
Et contre la nuyct clot son œil ;
Faictes d'elle vostre debvoir.   175

L'Amant.

Celle fleur monstre sans mentir
Qu'à chose licite et honneste
Dames doyvent leurs yeulx ouvrir
Et à tout mal tourner la teste.

La Dame.

La perxette[1] nous exposez,   180
Qui croist aux bledz ou aux avoines,
Dont les florons sont colorez
De beaulté[s] assez moult prochaines.

L'Amant.

De celle on a grant vilité,

---

1. Sans doute le *perce-pierre*, ou *bacile*. Le *Blason des Herbes* (loc. cit.) lui attribue le sens de « douleur ».

Car par son sens nous trouverons 185
Qu'en femme à deshonnesteté
Mise perdons[1] tous bons renons.

La Dame.

La marguerite demandons
Blanche et rouge comme ung bouton ;
De sa vertu sçavoir voulons ; 190
Or nous en dictes le dicton.

L'Amant.

Trois choses sont qui ont le nom
De la marguerite honneste :
La première est une florette
Croissant en mars sans fixion, 195
Et donne consolation,
En signifiant proprement
Que plusieurs sont très doulcement
Consolez de vostre façon.

La Dame.

De celle avez dit plainement, 200
Mais de l'autre nous demandons
Qui a le nom certainement
De marguerite ; respondons[2].

L'Amant.

C'est une precieuse pierre[3],
Qui ne peult endurer venin, 205
Signifiant, pour bien enquerre,
Dames chassans tout[4] cas villain.

---

1. Imp. : *perdans*. — 2. Imp. : *respendons*. — 3. La perle, lat. *margarita*. — 4. Imp. : *tous*.

La Dame.

Encore en[1] avez une à dire ;
Je croy qu'elle est en Paradis,
Couronnée vierge et martyre ;
Parlez nous en par voz beaulx ditz.

L'Amant.

Oui, ma dame, sans nul sy ;
Et pour tant celle trop mesprent
Qui nom de Marguerite prent
Si ses vertus ne prent aussi.

La Dame.

Or est le chappeau assorty[2] ;
Bien en gré nous avez servy
De la peine qu'avez si prise,
Dont vous mercye sans mesprise.

L'Amant.

Si j'ay mal faict ou trop mal dit,
Je me metz soubz correction,
En faisant obligation
Que vostre seray sans redit.

La Dame.

Bien avez dit sans mesprison ;
De nous jà n'en serez repris ;
Vous estes amant bien apris,
Très garny de discretion.

L'Amant.

Las! ma dame pour Dieu, mercy ;

---

1. Imp. : *eu*. — 2. Imp. : *assovy*.

Tenez vers moy vostre promesse ;
Puisqu'en gré je vous ay servy, 230
Ne me monstrez point de rudesse.

LA DAME.

De moy n'avez foy ne escriptz
Que rien je vous aye promis ;
Se plège avez de moy ou gage,
Prenez sur eulx vostre payage. 235

L'AMANT.

O très doulce et plaisante ymage,
Ne vous vueillez pas courroucer,
Car Amour m'a sans nul oultrage
Commis pour vers vous envoyer.

LA DAME.

Beau sire, si par vostre oultrage 240
Vous vous estes tant avancé
D'appareiller cestuy bruvage,
Beuvez ; plus ne soit tancé[1].

L'AMANT.

Pour vous complaire, doulce amye,
Vostre fureur j'endureray, 245
Car enfin par la courtoisie
De vous je seray consolé.

LA DAME.

Le temps mue, aussi font les gens ;
Promesse on ne tient ne convent ;
Tel promect oiseaulx et chiens 250
Aujourd'huy, demain n'en paye riens.

---

1. Trêve aux disputes.

L'Amant.

Helas ! dame, pas ne cuydez
Que je puisse vivre sans vous;
Vostre doulx recueil ne vuidez,
Mais pensez à moy par sur tous, 255
Car non à aultre, mais à vous
Je veulx tousjours faire servise
En chose qui vous soit propice.

La Dame.

De voz services grant mercis ;
Assez bien je m'en passeray ; 260
Laissez moy en paix, mon beau filz,
Car bien ailleurs à penser ay.

L'Amant.

O plus blanche que rose en may,
Tournez vos yeulx ; ne souffrez mye
Que pour vous meure amant si vray 265
Comme moy ; de ce vous supplye.

La Dame.

Puisque ne vous puis appaiser
De mon amour, ne refroidir,
De mes amys clamé serez,
Ne vous en vueillez esbahir. 270

L'Amant.

De ce bien dois[-je] Dieu louer
Et vous mercier humblement
Et comme celle aloser [1]
Qui est doulce courtoysement.

---

1. *Aloser*, ou *alouser*, « louer, vanter ».

LA DAME.

Je vous demande, or respondez : 275
Par quel¹ poinct peult-on dessentir²
A sa dame sans mal sentir,
Puisqu'en raison vous vous fondez.

L'AMANT.

On dit, quant amant couleur mue,
Quant il a sa dame trouvée, 280
Ou l'a rencontrée³ en la rue,
Que son amour est tost changée.

LA DAME.

Ce n'est pas responce certaine ;
Couleur mue pour plusieurs cas :
Pour honte, pour doubte, pour hayne. 285
Au vray vous ne respondez pas.

L'AMANT.

Je dis doncques que en jalousie
Sont tousjours l'amant et l'amye,
Tant que l'amour plus grant sera ;
Cela plusieurs esprouvera. 290

LA DAME.

Je demande quel est le signe
Par quel on peut mieulx percevoir
Quelles gens sont qui d'amour fine
Mettent en amour leur devoir.

L'AMANT.

Tousjours l'amour, aussi la peine 295

---

1. Imp. : *lequel*. — 2. C'est-à-dire « changer de sentiment » au sujet de sa dame.
3. Imp. : Ou *qu'il* l'a rencontrée.

Se monstrent[1] en l'homme et en femme,
Car qui ayme souvent se paine
Et ne craint point en amour blasme.

LA DAME.

Je demande par quel manière
Peult[2] mieux l'amant avoir amye :   300
Pour chanter ou pour dancerie,
Ou pour faire joyeuse chière ?

L'AMANT.

Par prière, je vous affie,
Et moult fort d'aultre habilité.
En amour, je vous certiffie,   305
Appartient grant subtilité.

LA DAME.

Or me dictes la verité :
Qui est le plus grant mal d'amours
Et aussi la plus grant bonté ?
En quelz temps sont et en quelz jours ?   310

L'AMANT.

Jalousie est le pire mal,
Et bon espoir le plus grant bien ;
Tousjours sont amont et aval ;
Quant l'ung y va, l'autre revient.

LA DAME.

Qui faict [Amours] plus maintenir   315
Et les[3] faict plustost departir ?
Qui plustost les faict remembrer
Et plustost aussi oublier ?

---

1. Imp. : *monstreut*. — 2. Imp. : *Pour*. — 3. *la.*

L'AMANT.

Plaisance en estat les maintient
Et Suspition les esparte[1];
Desir en souvenir les tient
Et Faulte de veoir les departe.

LA DAME.

Qui vouldroit aymer par amours
Dame qui n'eust vouloir d'aymer,
Par quel moyen ou par quelz tours
Fault-il radoulcir son amer[2]?

L'AMANT.

Ceste demande est moult amère;
Je m'en metz soubz correction.
La responce n'en faictz entière;
Prenez en gré l'intention.

LA DAME.

Cy fais renonciation
De ce que j'avoye promis,
Quant payer ma petition
Ne sçavez selon mon advis.

L'AMANT.

Ainsi m'avez à la mort mis,
Comme Narcisus, quant la dame
Escho le pria par devis,
Dont enfin elle rendit l'ame.

LA DAME.

Il eut bien pensée villaine

---

1. Eloigne ou écarte. — 2. Son fiel.

Et luy debvoit mal advenir ; 340
D'aymer n'avoit nature saine,
Qui celle dame fist mourir.

L'AMANT.

Pour cela Dieu le fist pugnir ;
Son umbre vit en la fontaine,
Parquoy il luy fallut perir, 345
De sa beaulté donc estoit plaine.

LA DAME.

Ce fut Amour qui cela fist,
Le voulant pugnir à son tour ;
Contre la dame trop mesfist,
Qu'il fist mourir par son amour. 350

L'AMANT.

Adieu, ma très gente maistresse ;
Vous toutes à Dieu vous command.
Si j'ay mesprins par ma simplesse
Pardonné me soit doulcement.
Prenez en gré mon pensement, 355
Qui est du tout en vostre amour.
Je quiers tousjours incessemment
Servir les dames en honneur.
Au Dieu d'amour fais ma clameur
Qu'il vueille tenir ma partie ;
Adieu vous dy jusques au retour ;
Adieu toute la compaignie.

Cy finist le Chappelet d'amours.

Watelet de tous mestiers.

Les monologues dramatiques ont mis en relief deux types particulièrement populaires : le soldat fanfaron et le valet vantard. Le *Franc-Archier de Baignollet* (Viollet le Duc, *Ancien Théâtre françois*, t. III, pp. 326-337; Villon, éd. P. Lacroix, pp. 297-315) et le *Franc-Archier de Cherré*, qu'on a pu lire ci-dessus (pp. 18-44), nous offrent des exemples remarquables du premier de ces types. Il nous reste à faire connaître le second. Le plus ancien monologue qui nous soit parvenu, le *Dit de l'Erberie* de Rutebeuf (éd. de 1839, t. I, pp. 250-259) met en scène un charlatan, qui guérit de tous maux. Il n'y a qu'un pas de ce charlatan au valet qui sait tout faire. Ce dernier personnage figure, dès le XIVe siècle, dans une ballade d'Eustache Deschamps, que Veinant a reproduite avec beaucoup d'à-propos à la suite de sa réimpression de *Maistre Hambrelin*. Du XVe siècle, nous possédons les *Ditz de Maistre Aliboron, qui de tout se mesle* (voy. t. I, pp. 33-41), et la jolie pièce que nous publions aujourd'hui. *Watelet* n'est connu jusqu'ici que par le Catalogue du duc de la Vallière, auquel M. Brunet en a emprunté le titre; les amateurs de nos anciennes poésies l'ont laissé passer inaperçu. Il offre pourtant cet intérêt exceptionnel qu'il est le prototype de deux autres compositions du même genre. *Maistre Hambrelin*, que nous reproduisons ci-après, n'est qu'un remaniement de *Watelet*, écrit quarante ou cinquante ans plus tard, en 1537. *Maistre Hambrelin* lui-même a été transformé à son tour ; avec quelques corrections et de nombreuses additions il est devenu le *Varlet à louer à tout faire*, dont Christophe de Bordeaux s'est injustement proclamé l'auteur (voy. t. I, pp. 73-88[1]).

Nous avons émis des doutes sur le caractère dramatique de *Maistre Aliboron;* ces doutes n'existent pas pour *Watelet*, qui a été certainement écrit pour le théâtre. L'adresse aux spectateurs, qui commence et qui termine la pièce, en est la preuve évidente. Ce monologue a dû être composé vers la fin du XVe siècle dans une ville de la Picardie ou de la Flandre française. On y rencontre un très-grand nombre de mots particuliers aux provinces du nord, qui ne se retrouvent plus aujourd'hui que dans les glossaires picards et wallons. *Maistre Hambrelin* paraît au contraire avoir été arrangé pour un théâtre de Normandie, probablement pour celui de Rouen. On y retrouve toutes les locutions communes à la Picardie et à la Normandie que l'on peut relever dans *Watelet*. Ces provincialismes ont presque entièrement disparu du remaniement parisien, auquel Christophe de Bordeaux a donné le titre de : *Varlet à louer à tout faire*.

Voici la description de la plaquette que nous avons eue entre les mains :

¶ Vuatelet de // tous mestiers. — *Finis. S. l. n. d.* [Paris?, vers 1510], pet. in-8 goth. de 8 ff. de 20

---

1. Le *Monologue d'un Clerc de Taverne* (t. XI, pp. 34-54) appartient aussi à la série des vanteries de charlatans et de valets.

lignes à la page pleine, impr. en gros caract., sign. A.

Au titre, le bois de l'homme qui tient la main sur la poignée de son épée et qui parle à une femme.

Au recto du 7e f., au-dessous de deux lignes de texte et du mot *Finis*, le bois bien connu qui représente un personnage vêtu d'une longue robe fourrée d'hermine, adressant la parole à des soldats armés de lances.

Au verso du même f., un bois tiré d'une édition des *Quinze Joyes de Mariaige* (c'est une copie de la figure qui orne l'édition de Trepperel); il représente l'homme chargé d'un berceau et de tous les ustensiles domestiques, assailli à la fois par le chat, par ses enfants et par sa femme qui le menace d'un bâton.

Au recto du 8e f., un bois, qui représente un homme vêtu d'une longue épée, guettant un autre homme qui franchit une porte; deux femmes assistent à la scène.

Au verso du même f., une chasse au sanglier.
Bibl. municipale de Versailles, E. 472. c (16).

Watelet[1] *de tous mestiers.*

Bonnes gens, Dieu vous gard de joye
Et Nostre Dame de santé !
Qu'en dict on ? Suis je bien[2] planté ?
Respondez, gros, gresle, menu.
A tout le mains je suis venu ;   5

---

1. Le mot *watelet* existe encore dans le patois wallon, où il désigne un petit gâteau, nommé communément *mastelle* (voy. Hécart, *Dictionn. rouchi-français*, p. 488); c'est un diminutif de *watiau*, « gâteau ». On pourrait aussi le rattacher à *wateux*, « celui qui gâte »; *watelet* aurait alors le sens de « gâte-métier ». — 2. Imp. : *blien*.

Ne sçay quel feste[1] on me fera
Mais velà ce qu'il en sera.
Pour[2] que chascun de vous le sache,
Je vous diray qu'icy me[3] cache
Et, le retenez[4], s'il vous plaist,   10
Je me faitz nommer Watelet
De tous mestiers; c'est mon droit nom[5].
En toute place de[6] renom,
Soit en France ou en Espaigne,
En Flandre et en Al[le]maigne,   15
En Gascongne et en Lombardie,
En Brie et en Picardie,
En Languedoc ou en Lorraine,
En Anjou, en[7] Paris sus Seine,
En Baroy ou en Angleterre,   20
En l'Ongrie ou en aultre terre,
En Puille, en Cecille, en Calabre,
En Castille, jusque[8] au Sec Arbre[9],

1. Imp. : *Je* ne sçay *quelle*. — 2. Imp. : *Affin*. — 3. Imp. : *ma*. — 4. Imp. : *Et le retenez tous*. — 5. L'imprimé porte :

>Je me faitz nommer
>Vuatelet de tous mestiers;
>C'est mon droit nom.

6. Imp. : *et*. — 7. Imp. : *Ou en Anjou, ou en*. — 8. Imp. : *jusques*.

9. Le *Sec Arbre* était considéré au moyen âge comme l'extrémité du monde. Il est décrit par Guillaume de Mandeville dans les termes suivants : « A .ij. lieues d'Ebron est le sepulcre de Loth qui fu filz au frère Abraham, et assez près d'Ebron est le mont de Membré, de qui la valée prent son nom. Là y a un arbre de chein que les Sarrazins appellent *supe*, qui est du temps Alozohuy, que on appelle l'*Arbre Sech*, et dit-on que cel arbre a là esté depuis le commencement du monde, et estoit tousjours vert et feuillu jusques à tant que Nostre Seigneur mou-

Suis je congneu, je vous asseure ;
Mais Fortune m'a couru seure   25
Depuis [bien un] an et demy.

Qui auroit affaire de my,
Me vecy prest et diligent
Pour à gré servir toutes gens
Selon ma petite puissance ;   30
Et, pour vous donner congnoissance
De mon estat et [mon] affaire,
Primo, vecy que je sçay faire,
Comme vous le m'auray[1] noncer :
Premier je me sçay avancer   35

rust en la croix ; et lors il secha et si firent tous les arbres adonc par universel monde : ou il cheirent, ou le cuer dedens pourrist et demourèrent du tout vuit et tous creux par dedens, dont il en y a encore maint par le monde.....

« De l'*Arbre Sech* dient aucunes prophesies que un seigneur, prince d'occident, gaingnera la terre de promission avec l'aide des Crestiens et fera chanter messe dessoubz cet arbre sech, et puis l'arbre raverdira et portera fueille, et, pour le miracle, mains Sarrazins et mains Juifs se convertiront à la loy crestienne ; et pour ce a-on l'arbre à grant reverence et le garde-on bien et chièrement ; et, combien qu'il soit sec, neantmoins il porte grans vertus, car qui en porte un pou sur li, il garist de la cadula, du chinal et ne peut estre enfondez ; et pluseurs autres vertus y a, pour quoy on le tient vertueux et precieux. »

Nous empruntons ce passage à une note de MM. L. J. N. Monmerqué et Fr. Michel (*Théâtre français au moyen-âge*, p. 171), relative au *Jus de Saint Nicholai* de Jehan Bodel, dans lequel figure *Li Amiraus du Sec Arbre*.

Cf. Fr. Michel, *Voyages merveilleux de Saint Brandan* (Paris, 1878, pet. in-8), p. XIX.

1. « Comme vous le m'*orrez* noncer, »
Comme vous me l'entendrez raconter.

D'apointer [bien une] espousée,
Et je sçay faire une risée
Sans qu'el[1] passe le gosier souvent ;
Encore sçay-je, bonnes gens,
Mesurer blé, batre le beurre,   40
Mestre le frommage en pressure,
Appointer faille[2] et cœuvrechez,
Jouer aux tables[3] et aux esquetz[4],
Parer chappelle de vers may[5] ;
Avec ce [bien] tiray au gay[6],   45
Coudre manteau, tailler abitz,
Faire sarges, aussi[7] tapiz,
Fouller, ouvrer de haulte[8] lice,
Porter pain [et] cuire une mice[9],
Tartez, pastez, bons[10] hossepotz[11] ;   50
Je sçay faire pintes et potz,
Aussi des escuelles au martel[12] ;
Tondre draps, brusler ung porchel[13],

1. Imp. : qu'*elle*.
2. Voile porté par les religieuses et les veuves de qualité (Cotgrave). — En Flandre, la faille était la coiffure généralement adoptée par les femmes. C'était un long voile de couleur qui recouvrait la tête et qui était serré par les bras autour de la taille. Il y a vingt-cinq ans, on voyait encore des failles dans les quartiers populaires de Bruxelles, mais déjà cette coiffure n'était plus portée que par les vieilles femmes ; il est probable qu'elle a complètement disparu aujourd'hui.
3. Le *jeu des tables* n'est autre que le trictrac. On dit encore en espagnol *juego de tablas*, en italien *tavoliere* ou *tavola reale*, et en allemand *Bretspiel*.
4. Echecs. — Imp. : *esquelz*. — 5. De verts rameaux.
— 6. Tirer au geai. — 7. Imp. : *et*. — 8. Imp. : *haultes*.
— 9. Une miche. — Imp. : *nice*. — 10. Imp. : *en* bons.
— 11. Hochepots ou salmigondis. — 12. Imp. : *aux martelz*. — 13. Flamber un porc. — Imp. : *porchez*.

Tiltre[1] ung sac, lascher[2] une mande,
Et aussi, s'on le vous demande, 55
Je fais broudequins et pantouffles,
Gans foitiz[3], mitaines et mouffles,
Agrapins[4], galloches[5] de liège.
Je sçay bien servir en collège ;
Houseaulx, soul[i]er[s] à [la] pollenne[6], 60
Huillebrequins[7], tarelle[8], alenne
Sçay[-je] faire, cousteaulx et lymes ;
Recepvoir tailles, cueillir dismes ;
Aller au guet et à le porte[9] ;
Prendre argent s'on le m'aporte ; 65
Fourrer aumusses à canoine,
Casulle[10] et voille de moyne ;
Labourer vigne, gardiner[11] ;
Trippes sur le gris retourner ;
Faire[12] cumelles et rondeaulx[13] 70

1. Tisser. — 2. Lacer, tresser une manne.
3. Cotgrave traduit le mot *faictis, faictise,* par
« bien fait, bien ajusté ». — 4. Agrafes. Cotgrave cite
le verbe *agraphiner,* qui suppose l'existence du substantif *agraphin.* Le mot *agrapin* est d'ailleurs cité dans
le *Glossaire du patois picard* de l'abbé Corblet. — 5.
Imp. : *et* galloches. — 6. Les souliers à la poulaine
n'étaient déjà plus en usage sous Louis XII. — 7. La
forme *Huillebrequin,* pour *villebrequin,* paraît due à la prononciation de *w* pour *v* en Picardie, et dans une partie
de la Normandie. — 8. Taraud, ou tarière (voy. Littré).
— 9. A la porte de la ville. — Sur l'article féminin *le* cf.
v. 116. — 10. Chasuble. Voy. Littré, *ad verb.*—11. Jardiner. Forme picarde et normande. Le *Glossaire du patois
picard* de l'abbé Corblet donne à *gardiner* le sens de
« voler des fruits dans un jardin ». — 12. Imp. : *Je sçay
faire.* — 13. *Cumelle* est un diminutif de *cume,* que nous
trouvons dans Cotgrave avec le sens de récipient destiné
à recueillir une liqueur ; c'est un synonyme de *cuve.*

Et si fais bien à ses tonneaulx
Les brocques[1] qui terront[2] toudiz[3]

. . . .

Je rèmeu au dû ciseaulx, dagues,
Bastons sarrazinois [et....][4].

Je sçay rostir perdris, oysons[5], 75
Et faire pastez de chapons
Et saulces de diverses guises;
Je sçay tailler une chemise,
Faire bombardes et canons,
Feu grejois, lances, confanons, 80
Brigandines[6] et ribaudequines[7],
Espieux de cache[8] et dolequin[9];
[Faire] escu, pavois[10] et talloches[11],
Patins à rouelle et galloches[12],

Quant au *rondeau*, c'est la planche dont les pâtissiers se servent pour dresser la pâte. — 1. Broches, chevilles (Corblet). — 2. Qui tiendront. — Imp. : qui *te terrons*. — 3. Corblet cite encore le mot *toudis*, « toujours », dans le patois picard moderne. — 4. Ce passage est peut-être corrompu, et nous n'avons pas la prétention de le rétablir. On pourrait lire :

Je remoule ciseaulx [et] dagues,
Bastons sarrazinois [et . . . . .].

Cf. *Maistre Hambrelin*, v. 213 :

Remouldre rasouers et cousteaux.

5. Imp. : *et* oysons. — 6. Voy. ci-dessus, p. 38. — 7. Ribaudequin, sorte d'arbalète longue de quatorze à quinze pieds, dont la flèche était garnie, à l'extrémité, de corne et d'une lamelle de bois mince. — 8. Epieux de chasse. — 9. Diminutif de *doloire*, « hache, couperet ». — 10. Imp. : *pavoir*. — 11. Boucliers. Le *pavois* était un bouclier de grande dimension ; la *talloche* était au contraire de proportions réduites. Voy. Laborde, *Gloss.*, p. 510. — 12. Sur les rapports qui existaient entre le

Caup à caup[1], deulx d'une ebondie[2]. 85
Touteffoys, quoy que je [vous] die,
Gardez voz bources, bonne[s] gens :
Qui bien le[s] garde, il faict grant sens.

 Dictes-vous que je ne sçay riens ?
Je sçay faire d'ung cat ung quien[3] ; 90
Faulquier[4] prez, abastre halos[5] ;
Faire espinchaulx[6] et bibelos[7] ;
Sonner, esprouver le triacle[8],
Et[9] retaille[r] ung tabernacle ;
Paindre crucefix, marmousez[10] ; 95
Faire muses[11] et flagollez,
Vens, tamis, corbeille[s], bulletez[12],
Et fourques à dens hastelez[13]

---

patin et la *galoche,* voy. Laborde, *Gloss.,* p. 433. Voy. aussi p. 487, v° *rouelle.*

1. *Cop à cop,* « tout à coup ». — 2. Deux à la fois, deux en même temps. Cette expression s'est conservée dans le patois picard moderne. Corblet cite les formes : *tout d'eine ébendie, tout d'eine esbondif,* avec le sens d' « instantanément ». — 3. *Cat,* pour chat, et *quien,* pour chien, appartiennent à la Picardie et à la Normandie. — 4. Imp. : *Faulquiers.* — 5. *Hallo,* « buisson » (Corblet). — 6. *Espinchaulx,* « épingles » (Hécart). — 7. Jouets d'enfant. — 8. Eprouver la thériaque, c'est-à-dire expérimenter les remèdes. Cf. t. I, p. 41. — 9. Imp. : *En.* — 10. Crucifix et anges. — Imp. : *et* marmousez. — 11. Cornemuses, musettes. Voy. Littré, v° *musette.* — 12. Imp. : *Corbeille et* bulletez. Il faut prononcer « bultez », des « bluteaux ». Cf. Hécart, v° *bulter.* — 13. L'imprimé donne ici la leçon : Et-*les* fourques à *len hasterez,* qui n'a aucun sens. Nous pensons qu'il faut lire à « dens hastelez », c'est-à-dire « rattachées par des éclisses de bois ». Voy. Cotgrave, v° *hastelé.* — On pourrait lire aussi *à deux hasterez,* « à deux branches ». (Cf. Littré, v° *haste* 2.) Hécart remarque qu'en Picardie la « fourque » n'a que deux dents.

Pour escourre¹ estrain² de la paille.
Prens en gré ce qu[e l']on te baille,   100
Voire se tu peulx avoir mieulx.

   Je sçay faire tous oustieulx³,
Telz qu'il fault à gens de mestier ;
Nombrer le son d'ung cloquier⁴
Et le parfont d'une rivière ;   105
Machonner⁵ ung casteaulx de pierre ;
Faire bricques, mortier à cau⁶
Et faire⁷ les bourdes au pau⁸,
Quant je suis avec les menteur ;
Carbonnier suis, enflacquonneur⁹,   110
Housseur¹⁰ d'enfans. . . . . .

1. Secouer, séparer. — 2. *Estrain*, brin de paille, détritus de paille. Ce mot, cité par Nicot et par Cotgrave, s'est conservé en Normandie, en Picardie, en Lorraine et dans la Franche-Comté, avec le sens général de « paille ». Cf. t. V, p. 219. — Imp. : *l'estrain*. — 3. Outils. — 4. Maistre Hambrelin transforme ainsi ce vers :

    Nombrer sçay le hault d'ung clocher.

5. Maçonner. — 6. Chaux. C'est encore la forme picarde. — 7. Imp. : Et *se sçay*.

8. Equivoque sur le mot *bourde*, qui signifie en français un mensonge grossier, et qui a, dans le patois normand et probablement aussi dans le picard, le sens de « pomme en pâte, tourte aux pommes, en forme de boule ». Cette sorte de pâtisserie populaire se fait ou se faisait « au four », ou « au pot », comme on le voit dans l'exemple suivant que nous empruntons à M. Métivier (*Dictionnaire franco-normand, ou Recueil de mots particuliers au dialecte de Guernesey*, p. 84) :

    J'airon un divers fricot,
    Bourde au fouar et bourde au pot.

9. Metteur en bouteilles ou faiseur de flacons ? — 10. Nettoyeur. Cf. le *Sermon joyeux d'un Ramonneur de cheminées*, t. I, pp. 235-239.

. . . .
. . . . . porter au sac ;
Conduire une nef et un bac ;
Pecquer en carrac et gallée[1] ;   115
Estuver, couller le buée[2] ;
Tenir escolle ; ouvrer de plastre ;
Gens mors enfouir en vieille astre[3]
Et aux quans[4], s'il [en] est besoing ;
C'est de moy tout sens et tout soing.   120
Ne sçauriez[5] plus sage trouver
Et, pour le vous mieulx aprouver,
Je m'entens au cours des estoilles ;
Je essue bien napes et toilles ;
Je faictz penons et estandars,   125
Javelines, bannières et dars,
Table[s] et papiers pour escripre ;
Je sçay très bien ouvrer de cyre ;
Je congnois masles et fumelles ;
Je fais[6] cousteaux et allumelles[7],   130
Custode, fourreaulx, bonne gaigne[8],
Je sçay tout faire ; [aussi] à peine
Ne me peult-on[9] ouir parler,
S'on te [le] devoit espauller[10].
Je sçay-je pour lors tout [bien] faire :   135

1. Pêcher en divers bateaux. La *carraque* est un grand navire ; la *gallée*, une galère. — Imp. : *Pecquerec*. — 2. Mettre le linge dans l'étuve et couler la lessive. — L'article féminin en picard n'a pas d'autre forme que *le*, ou *el*, elle. — 3. Imp. : en *une* vieille astre. — 4. Aux champs. — 5. Imp. : *On ne sçauroit*. — 6. *Je sçay faire*. — 7. Une *allumelle* est la lame de tout instrument tranchant. — 8. Bonne gaîne. — Imp. : *et* bonne *gaignes*. — 9. Imp. : *ou cela* ouir. — 10. Epeler ?

Lyer en bos[1] ung breviaire,
Yrographe[2], Psaultiers, Sept Pseaulmes[3] ;
Forger englumes, tailler lames ;
Faire esteulx[4] ; fouir s'on me cach[e][5].
Je sçay[6] bien aller as escasses[7]   140
Après les lièvres et cognins[8] ;
Remettre à point ung moulin ;
Faire bonnet, cappeau d'estrain[9],
Caudière, potz à piedz d'estain ;
Je sçay faire fierte[10] et relicque ;   145
Dorer agneaulx[11], mauler[12] afficque[13] ;
Graver séau, faire candelle ;
Taindre couleur noire, vermeille,
Ganne[14], pers[e][15], verde[16], mourée[17] ;
Je sçay bien cacher [la] marée[18],   150
Vendre mulletz, harens soretz ;

1. En bois. On n'employait alors pour la reliure que des ais de bois. — 2. Hiérographes, c'est-à-dire la vie des saints. — 3. Les sept psaumes de la pénitence. — Imp. : *et* Sept Pseaulmes. — 4. Des balles. Cf. t. I, pp. 86, 103 ; XI, p. 114. — 5. C'est-à-dire : si l'on me chasse. — 6. Imp. : *Se.* — 7. Aux échasses, sur des échasses (forme picarde). — 8. Et lapins. Cf. t. II, p. 148 ; IV, p. 147 ; VII, pp. 242, 296 ; XII, p. 179. — Imp. : *et les* cognins. — 9. Un chapeau de paille. Voy. ci-dessus, v. 99. — 10. Châsse, lat. *feretrum*. Cf. t. XII, p. 1. — Imp. : *fiertes*. — 11. Monstrance, ou médaillon destiné à recevoir une de ces rondelles de cire fabriquées à Rome avec le résidu du cierge pascal. Voy. Laborde, *Glossaire*, p. 122. — 12. *Mauler, moler,* mouler. — 13. Objet attaché ou agrafé, comme un médaillon ou un emblème. Voy. Laborde, *Glossaire*, p. 122. — 14. *Ganne,* « jaune » (Hécart, Corblet). — 15. Bleu. Cf. t. I, p. 164 ; V, p. 109 ; VIII, p. 233 ; IX, p. 106 ; XI, p. 11. — 16. Imp. : *vers.* — 17. *Morée,* « couleur rouge foncée » (Cotgrave). — La forme *moure,* pour « mûre » est encore usitée en picard. — 18. Chasser le poisson.

Cueiller cresson, couvrir muretz[1] ;
Faire dachette[s][2] et aguilles,
Espinchaulx[3] ; pesquier aux anguilles ;
Je sçay faire gommes et colles ; 155
Coure[r][4] ouède[5], courer[6] warance[7] ;
Jouer aux beaux dez, à le cance[8],
Au fluc[9], au glic[10] [et] au brelen ;
Parle[r] breton, picard, flamen ;
Faire ballades et rondeaulx ; 160
Tiltre estamines[11] et cordeaulx ;
Brasser servoise, affoitier[12] vin ;
Je suis sorcier, aussi devin ;
Il n'est rien que ne saiche faire :
Taire, parler, [crier] et braire ; 165
Plourer quant il fault que je rie ;
Je me congnois en pierrerie,

---

1. *Muret*, « mur de terre » (Corblet). — Les murs de pisé doivent être recouverts d'un toit de chaume. — 2. *Dachette*, « clou à ferrer les souliers » (Hécart, Corblet). — 3. Voy. ci-dessus, v. 92. — 4. C'est-à-dire « préparer ». On appelle encore *corroi, couroi* ou *courroi* l'étendeur sur lequel l'apprêteur déplisse et étend les étoffes (voy. Littré, *ad verb.*). Hécart cite le mot *coureur*, comme synonyme de « foulon ». — 5. *Ouède, wouède, wé*, forme picarde pour *guède*, pastel, plante dont les feuilles donnent une teinture bleue foncée. Voy. Littré, v° *guède*. — 6. Imp. : *couroy*. — 7. Garance. — 8. A la « chance ». La « chance » figure parmi les jeux de Gargantua (Rabelais, l. I, ch. 22), à côté des « Trois dez ». Cotgrave dit que c'est un jeu de dés, et le traduit par *mumchance*. — Imp. : *et à le cance*. — 9. *Fluc, flus* ou *flux*. Voy. t. I, pp. 22, 95 ; V, p. 99 ; XII, p. 47. — 10. Voy. t. I, pp. 22, 95 ; VII, p. 252. — 11. Etoffes de laine dont on se sert surtout pour faire des filtres. — 12. Préparer, arranger, du lat. *affectare*. Watelet se vante de savoir « brouiller » le vin.

En diamans et en rubis ;
Je taille jayès, marbre gris,
Cristalin, pierre[1] crapaudine[2],   170
Et sçay[3] faire belle courtine
Pour parer autel, lictz et chambre ;
Courail[4] et patenostre d'ambre[5] ;
[Faire] sçay bien[6] du mal ung peu ;
Je sçay [très] bien huer[7] au leu[8],   175
Affin que de rien on n'estrive ;
Je sçay faire bonne lescive,
Dur entraict[9] et motz[10] savelon[11] ;
Je sers à Collaye, à[12] Bellon,
A Huet, à Gaultier, à[12] Roullin ;   180
Je voy au four et au molin[13] ;

1. Imp. : *et* pierre. — 2. On n'est pas d'accord sur la nature de cette pierre. Voy. Laborde, *Glossaire,* p. 232. — 3. Imp. : Et *se* sçay.

4. Corail. — 5. Le corail et l'ambre étaient employés pour faire les chapelets précieux. « Il y avait à Paris, dit M. de Laborde (*Glossaire,* p. 432), trois corps de métiers, qui, sous le nom de patenostriers, fabriquaient les chapelets ; ils se distinguaient suivant les matières qu'ils mettaient en œuvre : 1° *les patenostriers d'os et de cor* (corne) ; 2° *de corail et de coquille* (nacre de perle) ; 3° *d'ambre et de gest.* » — 6. Imp. : *Je* sçay bien.

7. Le verbe *huer* est une onomatopée, qui signifie pousser des cris, ou grogner (cf. t. IX, p. 319). On lit dans les *Menus Propos* (t. X, p. 380) :

Les petis enfans cryent : « Hua! »
Quant ils voyent voler une escoufle.

8. La forme picarde et normande *leu,* pour loup, s'est conservée en français dans la locution « à la queue le leu », — 9. Cotgrave cite le mot *entract* avec le sens d' « onguent verdâtre, appelé *trait* ». — 10. Sans doute « mou ». — 11. *Savelon,* « savon » (Corblet). — Imp. : *saveson*. — 12. Imp. : *et* à. — 13. On a déjà vu que le four et le

Je ayde bien à dire messe.
Telle fois est que tiens promesse,
Et aussi je faulx bien souvent.
Je vois, à le pluye et au vent, 185
Denisser¹ petits oyselletz;
Je sçay tout faire, Watellet,
Faire le sot, faire le saige;
Je ne sçay de quelle science,
Je sçay [le plus ou bien] le mains; 190
Je vous jure, par ces² deux mains,
Se je voulloye dire tout,
Vous n'en auriez³ mensuis⁴ le bout.
Watellet suis de tout mestier,

. . . .

Vous le m'avez à ouir retraire; 195
Pour tant, qui a de moy affaire,
Je vous signifie, bonne gent⁵,
Que logé suis⁶ au Plat d'argent⁷;
Je n'ay rien se on ne me le donne.

moulin étaient le rendez-vous des bavards. Cf. t. VIII, pp. 324, 344; XI, p. 350.

1. Imp. : *Deuissez*. — 2. Imp. : *ses*. — 3. Imp. : *ne nauoyez*. — 4. « Meshuy », tantôt.

5. Imp. : *gens*. — 6. Imp. : *logez je suis*. — 7. On a vu ce jeu de mots dans d'autres pièces (t. III, p. 18; VI, p. 143); on le retrouvera ci-après dans *Maistre Hambrelin*.

Le célèbre recueil de noëls que possédait le duc de la Vallière contenait une pièce intitulée :

> Noelz nouveaux faitz sous le titre
> Du Plat d'argent, dont maint se cour(ous)se
> Ung, soit au couvent et chapitre
> Des confrères de plate bource.

Voy. Catal. P[ichon], n° 663.

Jesus, qui tous pechez pardonne, 200
Nous doint sa paix et finement.
Prenez en gré l'esbatement,
Du bon du cueur si[1] faict qu'il est,
De ce[2] bon frère Watelet.

Finis.

Frère Estienne, mon amy, humbles recommandations premises, vous sçavez que m'avez[3] promis devant que partir de nostre maison; c'est que memoirés ce que nous dictes samedy au soir en la cuysine, et pour ce je vous prie que prenez ung peu de temps pour l'escripre au lieu de babillier soit du jour ou du soir, et, affin que n'aiez excusation, je vous envoie *Watellet*, lequel est bien mal escript pour la briefveté du temps, et pour ce, au retour, nous le lirons et acorderons, se aulcunes faultes avez trouvées. Ce faict, lundy au soir, par le tout vostre amy.

Finis.

1. Imp. : *si* si. — 2. Imp. : *se.* — 3. Imp. : *maeuz.*

Maistre Hambrelin,
serviteur de maistre Aliborum,
cousin germain de Pacolet[1].

On connaît de cette pièce plusieurs éditions, dont voici la description :

A. M. hambrelin // Seruiteur de Maistre Aliborum // Cousin germain de Pacolet. — *Finis.* // Hardy en fortune. // 1537. S. l. [Paris?], pet. in-8 de 8 ff. de 21 lignes à la page, impr. en lettres rondes, sign. A.

La première ligne du titre est imprimée en gros caractères goth. ; les deux autres lignes sont en lettres rondes. Au-dessous de l'intitulé est un bois assez grossier, qui représente un homme dans une chaire, adressant la parole à divers personnages assis ou debout devant lui.

Biblioth. munic. de Versailles, E. 456 c.

B. Maistre Hambrelin, seruiteur de maistre Aliborum, cousin germain de Pacolet. S. l. n. d.

1. Pacolet est le nom d'un nain qui figure dans le roman de *Valentin et Orson*. Ce nain fabriqua pour son maître un cheval de bois qui eut, comme Pégase, le don de voler dans les airs. Le cheval prit à son tour le nom de Pacolet. Voy. Rabelais, l. II, c. xxiv.

[*Paris?, vers* 1540], pet. in-8 de 8 ff. de 27 lignes à la page, impr. en lettres rondes.

Catal. La Vallière par De Bure, t. II, n° 3095, dans un recueil acheté par la Bibliothèque du Roi, mais qui ne se retrouve pas aujourd'hui. Nous donnons notre description d'après les notes mss. de Van Praet.

C. Maistre Hambrelin, seruiteur de maistre Aliborum, cousin germain de Pacolet. *Imprimé dessouz le cadre en la presse sur le marbre.* S. l. n. d. [vers 1540], pet. in-8 de 4 ff. de 22 lignes à la page, caract. ital.

La formule : *Imprimé sous le quadre, à la presse, sur le marbre*, se retrouve sur le titre de *La Tasse, comedie propre pour estre exhibée au temps de Caresmeprenant* (voy. *Recueil de Pièces rares et facétieuses anciennes et modernes* ; Paris, Barraud, 1873, in-8, t. III, p. III).

Biblioth. Méjanes à Aix, n° 29880.

D. ¶ M. Hambrelin // seruiteur de maistre Aliborum cousin germain de // Pacolet. — *Explicit.* S. l. n. d. [*Paris?, vers* 1540], pet. in-8 goth. de 8 ff.

Au titre, un bois qui représente un personnage vêtu d'une longue robe fourrée, près duquel se tient un petit écolier, ou valet, qui porte la main à son chaperon.

Nous n'avons pas retrouvé d'exemplaire de cette édition, et nous n'en donnons la description que d'après la réimpression de Silvestre (F).

E. M. Hambrelin // Seruiteur de // maistre Aliborum, cou- // sin germain de Pacollet. — *Fin.*

Cette édition, précédée d'un titre séparé, occupe les ff. F 2 — F 8 du volume suivant :

La // Nauigation // Du Compaignon à la // Bouteille // Auec le Discours des ars & Scien- // ces de

Maistre Hambrelin. // *A Paris. // Pour Claude Micard, au clos // Bruneau à la chaire. //* 1576. Pet. in-16 de 48 ff. non chiffr., titre encadré, sign. A-F.

Biblioth. nat., Y. 4508, Rés.

Selon M. Brunet (t. IV, col. 1068), *Maistre Hambrelin* ne se trouve pas dans les autres éditions de la *Navigation*.

F. *Collection de Poésies, Romans, Chroniques*, etc. Paris, Silvestre et Potier, 1830-1856, in-16, n° 23.

Reproduction de l'édition D. — Elle est accompagnée d'une notice signée A[uguste] V[einant]. L'achevé d'imprimer est du 15 mars 1858.

G. La Navigation du Compaignon à la bouteille, suivie de Maistre Hambrelin. Réimpression textuelle, faite sur l'édition de Paris, Cl. Micard, 1576; augmentée d'une Introduction et de notes par Philomneste junior [Gustave Brunet]. *Genève, chez J. Gay et fils, éditeur.* [Impr. *Pfeffer et Puky*], 1867. In-16 de XVI et 120 pp.

Maistre Hamberlin[1],
serviteur de maistre Aliborum,
cousin germain de Pacolet[2].

En ceste ville suis venus[3]
Sur une mulle, à beaulx piedz nuds,
Sçavoir si pourray trouver maistre
Avec lequel me puisse mettre
Pour le servir de mon mestier.   5
Je suis maison, forgeur d'estrier ;

---

1. E : *Hambrelin*. — 2. Ce second titre manque dans D. — 3. On remarquera que Christophe de Bordeaux n'a presque rien changé à ce début.

MAISTRE HAMBRELIN.

Il n'est de riens[1] que je ne face ;
Pource on m'appelle, en toute place,
Maistre Hambrelin qui tout sçait faire.

   Je sçay jumentz et vaches traire ;
Faire souffletz, faire lanternes[2],
Herpes[3], cymbales et guiternes ;
Forger monnoye en bonne foy ;
Je sçay plaider, alleguer loy ;
Faire havetz[4] pour cueillir meures,
Horeloge sonnant les heures ;
Je sçay faire du tortu droict,
Tailler morceaulx d'ung bon endroict ;
De tout cela sçay praticquer ;
Je sçay charpenter, fournicquer ;
Je sçay jouer farces sans rolles ;
Je suis cousturier de parolles
Pour causer[5] en faictz de procès ;
Je sçay faire saulce à brochetz ;
Je sçay, sur tous de ce royaulme,
Raboter lances et héaulme ;
Faire panniers, faire corbeilles[6],
Tourner chaires bonnes et belles,
Faulcetz, quenoulles et fuseaulx,
Allumettes ; couldre houseaulx[7].

   Je suis astrologue aux estoilles ;
Je suis bon retondeur de toilles

---

1. E : *Il n'est rien*. — 2. A : *lanterne*. — 3. E : *Harpes*. — 4. Crochets. Voy. Le Roux de Lincy (*Livre des Prov. franc.*, 2ᵉ éd., t. I, p. 79), cite ce dicton : Aller aux mûres sans havet. — 5. E : *Pour cause et en faits*. — 6. E : *Paniers et* corbeilles. — 7. E place ce vers avant le v. 29.

Et bon tisseran de papier;
Je sçay venoisons espier;
Je sçay faire drap d'agnelin.

Nommé je suis maistre Hambrelin,
Homme de sçavoir et science;
Ce que je sçay me vint d'enffance.
Je sçay chanter à la vollée,
Aussi bien en mont qu'en vallée[1];
Je sçay prendre poisson de mer;
Je sçay asnes faire rumer[2];
Je sçay humer laict doulx et sur;
Je sçay paindre d'or et d'azur
Et piller pois en une jatte;
Je sçay courir la poste en hatte;
Je suis bon maistre rasenaire;
Je sçay batre, fouir une aire,
Venner, brasser houppe[3], gaudalle
Et hacquebat; faire une malle,
Selles, brides, poitras, harnas;
Ouvrer d'argent, pollir hanaps
Et esgouster, s'il y a vin;
Je suis tailleur, je suis devin;

---

1. B : *à* mont qu'*à* vallée. — 2. Christofle de Bordeaux (t. I, p. 75) refait ainsi ce vers :

Je fais chanter les asnes cler.

Rumer doit donc avoir le sens de braire. Ce mot, qui manque aux dictionnaires de Nicot et de Cotgrave, est cité par Duez et par Oudin, avec le sens de « noter les *rumbs* ou *rums*, dans les cartes marines ».

3. Nous n'avons trouvé le mot *houppe* dans aucun glossaire, mais il ne peut avoir ici d'autre sens que celui de bière. C'est sans doute l'all. *Hopf*, néerl. et angl. *hop* (houblon).

Je sçay forger à[1] seau une ance, 55
Arracher dentz sans doléance.

 Je suis nommé Maistre Hambrelin,
Qui sçayt filler estouppe et lin,
Gens barbier, et seigner veines[2];
Mesurer bledz, semer aveinnes; 60
Medeciner chevaulx et mulle;
Il n'est de medecine nulle
Dont je n'en aye experience;
Je guery femmes de la tance[3]
Avec herbe qui croist aux boys, 65
Et si oste[4] aux chiens les abbois
En leur frottant et rains[5] et dos;
Je fais bien la beste à deux dos
Quant trouve[6] compaignie à poinct;
Je sçay chanter en contrepoinct 70
Quant j'ay bien beu, voire et du bon[7];
J'ayme bien au matin jambon
Avec vin blanc pour desjeuner;
Je n'aymay[8] jamais à jeuner,
Pourveu que j'eusse[9] argent en bourse; 75
Je sçay gouverner ours et ourse;
Je sçay jouer de passe passe;
Je sçay bien guerir[10] de la trace[11],
Du mal des rains, de trotterie[12],

---

1. D : au. — 2. E : Sans barbier je sçay seigne veines. — 3. E : danse. C'est le remède employé par Sganarelle dans le Médecin malgré lui. — 4. E : j'oste.

5. E : les reins. — 6. E : je trouve. — 7. E : voire du bon. — 8. E : Je n'aime. — 9. D : qu'eusse, E : que j'aye. — 10. E : guarir. — 11. La trace est une maladie des chevaux; c'est une tache blanche qui se produit sur la couronne (voy. Littré, ad verb.). — 12. Sans doute la

De verolle, de baverie ; 80
De plusieurs aultres maulx aussi
Je sçay guerir[1] ; il est ainsi :
On ne me sçauroit rien aprendre,
Ni en rien qu'il[2] soit me reprendre.

J'oste aux bestes les dens en gueulle ; 85
Je couvre de chaume et d'esteulle[3],
De coquilles, planches et tieulles[4] ;
Je suis oublieur ; je vend nieulles[5] ;
Cousin je suis à Dame Alix[6] ;
Je sçay faire bancz et challis[7], 90
Estables, maisons et bacquetz ;
Je sçay servir aux grandz bancquetz,
J'ouvre d'argent, d'or et de soye ;
Je fais faucilles ; je fais soye ;
Je fais vouges, haches, espées, 95
Haubergeons ; je fais[8] des poupées ;
Aussi fais-je chapprons[9] d'oyseaulx ;
Je fais souliers à gros museaulx ;
Savetier[10] suis, ou en partie ;
Je sçay deschanter ma partie ; 100
Je forge escu d'or et de poix ;
Je me congnois à cuire pois ;
Je suis advocat, procureur,

---

maladie de saint Trotet (voy. t. XII, p. 1). — 1. E : *J'en sçay guarir*. — 2. E : *qui*. — 3. Paille (Cotgrave, Hécart). — 4. Tuilles (Hécart). — 5. *Nieulle*, pain-à-cacheter ; hostie non consacrée (Hécart).

6. Il s'agit évidemment de cette dame Alix, dont Marot a écrit l'épitaphe, et dont le nom est si souvent cité dans ses œuvres. Voy. Marot, éd. Jannet, t. II, p. 219. — 7. E : *chassis*. — 8. *et fais*. — 9. E : Aussi fais *des chaperons*. — 10. E : *Savatier*.

Et si suis de puis bon cureur;
Je sçay parler divers langaige; 105
Je sçay tout; je sçay faire rage,
De ce nul n'en convient songer;
Je sçay ma jacquette engaiger;
Je suis limeur et serrurier¹,
Ymagineur et menuzier, 110
Sergent de baillifz et prevostz;
Je sçay planter oignons, civotz
Et lyer aulx; forger esprons²;
Bruller voleurs, pendre larrons,
Et au besoing faire la corde 115
De tout instrument qui s'accorde;
Sçay jouer d'espinettes, d'orgues;
Je sçay faire les bonnes morgues;
Porter la picque et hallebarde,
Faire boudins, broier moustarde; 120
Je sçay user du bulleteau³,
Tuer chiens pour avoir la peau;
Je sçay faire gardes et pigne⁴
Et si sçay guerir de la tigne⁵,
Tiltre⁶ coultis, couldre pourpoinctz, 125
Congnoistre les detz⁷ et les poinctz;
Je sçay entretenir les dames,
Et au besoing ayder les femmes,
Comme faict celle qu'on dict saige.

De mon premier mestier fus page; 130

1. A : serruzier. — 2. E : *Et limer aux forges esprons.*
— 3. D : Je sçay bien user du *bluteau.* — 4. Cardes et peignes; E : *Je sçais carder et peigner laine.* — 5. E : *guarir de la teigne.* — 6. D, E : *Tistre.* — 7. E : *dits.*

Je sçay bien user de promesse,
Chanter et respondre à la messe;
Je sçay faire le verd bois ardre;
Faire les cliquettes d'ung ladre,
Et si sçay faire du bigot; 135
Mesurer foing, lyer fagot,
Faire poix, ballances, pattins;
Tiltre velours, toilles, sattins,
Et taffetas et drapperie;
Je suis expert en tromperie; 140
Je sçay faulcher; je sçay pescher;
Je me sçay aussi advancer
De mettre à point une espousée,
Et si sçay bien faire risée
Sans passer le gosier souvent; 145
Je sçay pisser contre le vent;
Mesurer laict, battre le beurre,
Mettre le fromage en presure;
Faire chaperons, couvrechefz;
Je sçay faire pour les beaulx chefz [1] 150
Petis chappeletz de vergay;
Je sçay appateler ung gay;
Couldre, tailler manteaulx, habis;
Faire du raminagrobis;
Petrir le pain, faire une miche [2]; 155
Courir la lance en une lice;
Menger pastez et michelot [3];

1. E : *Je sçay bien faire de beaux chefz.*
2. E : *la* miche.
3. *Michelot* doit être un diminutif de *miche,* en Normandie « pain blanc », et, dans le Nord, d'après Hécart, « sorte de petit gâteau fait de fleur de farine pêtrie avec du lait, pesant environ un hectogramme ».

Boire en ung traict de vin ung lot[1] ;
Tourner escuelles sans marteaux,
Tondre drap pour faire manteaux,   160
Tiltre[2] sac et faire une mande ;
Faire sçay ce qu'on me commande
Et plus encore la moytie ;
Je sçay à quoy sert une ortie[3] ;
Je crois qu'on entend mes menées.   165

   Oultre je sçay lier menées ;
Vendre sel, huille et autre chose ;
J'entre au logis la porte close
Et si dis la bonne adventure ;
Je vend bourses, lassetz, ceinture ;   170
Je sçay renferrer esguillettes,
Faire mirouer pour les tendrettes ;
Rempiéter chausses, et sonner
Et les festes carrillonner ;
Faire balletz, faire vergettes   175
Pour tenir les robes très nettes ;
Je sçay rentraire et regrater[4] ;
Je sçay bien le bon vin[5] taster ;
Tondre brebis en la saison
Et trop mieulx garder la maison   180
Que ne feroient trois chambrières[6] ;
Je dors voluntiers ès bruières.
Je viens de la ville de Reims,
Relier des poilles d'arains ;

---

1. Le *lot* était une mesure de capacité pour les liquides, en usage dans toutes nos provinces du nord ; il contenait deux pintes de Paris. — 2. D : *Tistre* ; B : *coudre*. 3. E : *un mortier*. — 4. Reparer. — 5. E : *les bons vins*. — 6. D : *chamberières*.

Je sçay prendre perdrix, chouettes, 185
Et tendre aux jeunes alouettes ;
Je sçay nettoyer basses chambres
Et enfiller chappelez d'ambres ;
Je sçay housser la cheminée;
Menger pastez de chair venée ; 190
Reinser les verres et godetz[1],
Jouer aux cartes et aux detz ;
Je suis foullon et forgeur d'ain[2] ;
Je sçay courir plus fort qu'ung dain ;
Prendre moinneaulx à la pippée ; 195
Servir aulcuns pour la lippée.
Je suis du pays des grands nains ;
Je sçay faire veu de nonnains;
Gecter couleuvrine et canon ;
Je sçay par cueur mon droit canon ; 200
Fourrer aumuce de chanoine ;
A tout faire je suis ydoine.

Je sçay au trou mettre un tacon[3] ;
Esgoutter bouteille et flascon ;
J'ayme mieulx[4] à très bien disgner ; 205
Je sçay labourer, jardiner ;
Je suis grand avalleur de trippes,
Cousin germain de Frippelippes[5] ;

1. D : les verres, *les* godetz. — 2. *Ain*, ou *hain*, hameçon, lat. *hamus*. — 3. *Tacon*, « pièce, morceau » (Hécart, Corblet). — 4. E : *bien*.
5. Allusion à la querelle de Marot et de Sagon. Frippelippes était le nom facétieux donné au valet de Marot (voy. l'édition de Lenglet-Dufresnoy, in-12, t. VI). — Nous avons déjà dit (voy. ci-dessus, p. 155) que *Maistre Hambrelin* a dû être arrangé pour le théâtre de Rouen, ville où le débat des deux poëtes passionna surtout le

Je sçay mettre à point ung rideau ;
J'ayme mieulx le bon vin que l'eau ;   210
Saulse je fais de toutes guises ;
Je sçay couldre brayes, chemises [1],
Remouldre rasouers et cousteaulx ;
Je sçay faire pour les tonneaulx
Faulcetz fort bons *pre omnibus* ;   215
Faire sçay pouldre d'oribus [2] ;
Mon sçavoir est de grand valeur.

De vin je suis bon avalleur ;
Je sçay abbatre aux boys hallotz,
Faire espinceaulx et bibelotz ;   220
Je sçay esprouver le triacle [3] ;
Bien acoustrer ung tabernacle ;
Paindre crucifix, marmouset [4],
Tesmoing Monseigneur Guilloset ;
Oncques tel serviteur ne fut.   225
Je sçay allumer ung bon feu ;
Mettre la marmite bouillir ;

public, ainsi que nous le voyons par l'intervention de l'Abbé des Conards et de divers poëtes rouennais, tels que Germain Colin. Sagon lui-même était de Rouen. Le nom de Frippelippes, cité par Hambrelin, prouve que la date de 1537, qui termine l'édition A, est bien celle de la composition du monologue. Le seul exemplaire de cette édition que nous ayons rencontré, fait, du reste, partie d'un recueil de pièces sur la querelle de Marot et de Sagon.

1. D, E : *et* chemises.
2. On appelle *poudre d'oribus* la poudre de la pierre philosophale, et, par extension, toute poudre composée par des charlatans, tout remède sans vertu. (Voy. Cotgrave et Littré.)
3. E : *la triacle*. — 4. E : Peindre *très-bien un* marmouset.

Faire les pois du pot saillir
Sans eau ni aultre chose mettre;
Je suis de tout mestier bon maistre, 230
Sans en chose qui soit clocher;
Nombrer sçay le hault d'ung clocher,
La profundeur d'une rivière;
Je sçay faire chasteau de pierre,
Faire bricque, mortier et chaulx; 235
Je sçay crier : « Pastez tous chaulx! »
Chappellier suis, porteur au sac;
Je sçay pillier et mettre à sac,
Faire une nef, une gallée;
Je fais confitures, gelée[1]; 240
Je sçay au mal mettre une[2] emplastre;
Escurer[3] sçay, ouvrer de plastre;
C'est de moy tout sens et tout soing.

Si quelq'ung a de moy besoing,
De le servir je suis tout prest. 245
Je sçay à d'aulcuns faire prest,
Quant ilz m'en viennent requerir;
Je sçay de tous maulx reguerir,
Pour argent et non aultrement,
Car je vous jure mon serment 250
Que beaucoup ont très fort affaire.
Je sçay escripre breviaire;
Reigler papier, entailler lame;
Faire enclume, faire pséaulme;
Faire estrier; aller aux eschace, 255
Et me sçay mesler de la chasse[4]

1. D E : *Confiture et gelée.* — 2. D E : *Ung.* — 3. E : *Escouter.* — 4. E : *à la chasse.*

Après le lièvre et le connin ;
Tesmoing en est maistre Gonin [1].
Je sçay faire bonne chandelle,
Taindre couleur noire et vermeille, 260
Perse, jaulne, verte, morée ;
Je sçay aussi chasser marée
Et tenir ma vaisselle nette ;
Je suis plus saige que vous n'estes,
Vous qui riez ; je vend aguilles ; 265
Je sçay pescher carpes, anguilles ;
Je sçay cueillir cresson, pourpied ;
Faulte d'asne je vois à pied ;
Je suis musnier, avalleur d'œuf ;
Je sçay des mestiers plus de neuf ; 270
Je suis Picard ; je suis Flameng ;
Je sçay ainsi [2] respondre : « Amen » ;
Je sçay chauffer gaide, garance ;

---

1. Maître Gonin, dont Brantôme a raconté les tours, était un farceur qui vivait à la cour de François Ier. Il nous suffira de renvoyer aux notes que lui a consacrées M. Fournier, *Variétés hist. et litt.*, t. III, p. 53 ; V, p. 209. Aux témoignages réunis par M. Fournier, nous ajouterons seulement la petite pièce suivante extraite des œuvres de François Habert (*La Jeunesse du Banny de lyesse* ; Paris, 1541, pet. in-8, fol. 72 b) :

De maistre Gonin, enchanteur subtil et renommé :

La Mort aux grandz et petitz est nuisible,
Quand [prend] le fort comme le foible et tendre ;
Maistre Gonin, si souvent invisible,
Ne s'en est peu aulcunement deffendre.
Pour le deduyt des gobeletz apprendre,
Ne pour son art magicque et cautelleux
N'a sçeu charmer tant la Mort oultrageuse
Qu'il soit vivant ; or, puisque mort est-il,
Prions à Dieu qu'en ceste place heureuse
Soit si heureux qu'il fut çà-bas subtil.

2. E : *aussi*.

Jouer à trois detz, à la chance,
A l'ours [1], au brelent et à table [2]; 275
J'ayme mieulx à disner sans table
Que je ne fais poinct sans viande;
Faire sçay ce qu'on me commande [3];
Je me congnois en pierrerie
Et en toute aultre mengerie, 280
En diamantz et en rubis,
En tailler cristal jaulne et bis,
Colorer pierre crapauldine;
Je sçay venir droit quant on disne,
Affecter [4] vermeil et blanc vins; 285
Je sçay des mestiers plus de vingtz.
Il me fauldroit quatorze ans estre
Pour vous dire de quoy suis maistre;
Je sçay chanter, crier et braire;
Hambrelin suis qui sçait tout faire. 290

Finis [5].

De par le dict maistre Hambrelin.

Sçavoir ne fais à deux n'à ung;
En general c'est à chascun,
Pour chose que ce soit à faire,
Qui a de Hambrelin affaire 295
Pour son sçavoir ou son art gent,
Il est logé au Plat d'argent,
Où se tient son train et sa court

---

1. E : *l'ouche.* — 2. E : *à la* table. — 3. E : *demande.*
4. Préparer le vin rouge et le vin blanc. Voy. ci-dessus, p. 160, n. 12. — 5. E ne donne pas les vers qui suivent.

Avec le seigneur d'Argent Court,
Marchant de beurre et d'aguillettes   300
En la rue des Trois Caillettes.

Finis [1].

Hardy en fortune.

1537.

1. Le mot *Finis*, la devise et la date m. dans D. — Cette édition se termine par deux chansons que nous n'avons pas cru devoir reproduire, mais sur lesquelles nous donnerons quelques renseignements bibliographiques :

1.   Il estoit une fillette,
        Qui vouloit sçavoir le jeu d'amours...

Cette pièce se retrouve avec diverses variantes dans les recueils suivants : *Plusieurs belles Chansons nouvelles* (Paris, Alain Lotrian, 1542, pet. in-8 goth.), n° 4 (p. 5 de la réimpression publiée à Genève, chez J. Gay et fils en 1867) ; *Chansons nouvellement composées sur divers chants tant de musique que de rustique* (Paris, Jehan Bonfons, 1548, pet. in-8 goth.), n° 32 (f. F 5 *a* de la réimpression publiée par Baillieu à Paris, en 1869); *Fleur des Chansons* (Lyon, Benoist Rigaud, 1586, in-16), n° 38 (p. 195 de la réimpression donnée par Techener dans les *Joyeusetez*).

2.   On dict que le mal des dens
        C'est une maladie diverse...

Cette pièce se retrouve dans les *Chansons nouvellement composées* (Paris, J. Bonfons, 1548), n° 33 (f. F 6 *b* de la réimpression). Le recueil d'Alain Lotrian 1542 (n° 5) contient une chanson chantée sur le même air :

        C'est une maladie diverse
        La douleur que mon cœur sent...

Le Credo du commun Peuple,
c[e]lon le temps qui court.

Cette petite pièce est restée inconnue à tous les bibliographes. M. Brunet lui-même n'en a pas cité le titre. Nous la publions d'après l'exemplaire unique dont nous devons la communication à la bienveillance de feu M. Ambroise-Firmin Didot. Elle paraît appartenir aux dernières années du XVe siècle. Le texte qui nous en est parvenu est malheureusement peu correct.

Voici la description de la plaquette :
Le Credo du commun // peuple c lon le temps // qui court. — *Finis. S. l. n. d.* [vers 1510]. Pet. in-8 goth. de 4 ff. de 25 lignes à la page, impr. en petites lettres de forme, sans chiffres, réclames, ni sign.

Au titre, quatre petits bois représentant les sibylles Agrippa, Libyenne, Tiburtine et Delphique; ces quatre bois destinés à orner des coins sont placés, les deux premiers au-dessus de l'intitulé, les deux autres en bas de la page, séparés par une fleur de lis florentine. L'intitulé commence par un grand L encadré; au-dessous, est placé un fragment de bordure, dans lequel on distingue un griffon et une syrène.

Au verso du titre, quatre autres petits bois représentant les sibylles Cumane, Samique, Aspontia, et Persique.

Biblioth. de M. Ambr.-Firmin Didot (exempl. de M. Yéméniz, n° 1700 du *Catal.*).

redo que Dieu nous a en terre
Mis pour [s]oustenir pouvreté,
Et souvent par estrange guère
Nostre estat a bien pouvre esté[1] ;
On nous pille yver et esté; 5
On nous oste robe et séon[2];
Nous prenons, en adversité,
Tousjours reconfort *in Deum*[3].

Patrem[4] se dit on en ce monde
Qui n'est digne d'estre servant, 10
En cuyde aucun bon, pur et monde,
Qui la loy Dieu[5] n'est observant.
Ilz font pis que nous bien souven[t],
Mais portons le faict[6] des enfan[s] ;
Ilz contrefont, soubz pluye, soubz vent, 15
Du Seigneur *omnipotent*[em].

Creatorem n'a point parmis
Que à tort, sans cause ne raison,
Nous soyons ainsi dehors mis
De nostre heritaige et maison, 20

1. Imp. : *estre*. — 2. Comme *sayon* (t. V, p. 152) et *saye* (t. VI, p. 259). — 3. Imp. : Tousjours se *reconforte en* Deum. — 4. L'auteur a en vue les religieux. — 5. Imp. : *de* Dieu. — 6. Il faut sans doute lire : *faix*.

Et qu'i faille, mainte saison,
Estre, sans deserte, terré[1] ;
Plainte en ferons par oraison
Au prince *cœli et terre*.

Et in Jesum Christum fondons
Nostre espoir, tous prestz d'endurer;
Car c'est par luy que ce font dons,
Quant [à] jamais peuent durer.
Çà-bas l'on ne faict que jurer;
L'ung est perdris, l'autre est faulcon;
Contre père on voit murmurer
Filium ejus unicum.

Dominum, le seigneur et maistre,
Qui a souvent pitié des hommes,
Nous vueille loger en son æstre,
Puis que çà-bas pillés nous sommes,
Qu[i n']avons pas vaillantz deux pommes
Et povrement nous accoustrons;
Nous portons de pesantes sommes
Dont ausissions dire : *nostrum.*

Qui conceptus[2] *est* aux espritz[3]
Des avaricieux meschans
Sera augmenté [et] repris[4]
A leurs cris, plains et piteux chans;
Ilz ont noz prés, terres et champs;
Usure est en leur *memento;*
Leurs espritz, qu'ilz dyent saichans,
Sont loing *de Spiritu Sancto.*

---

1. Imp. : *sans deserterez.* — Notre correction n'est qu'une simple conjecture. — 2. Imp. : *conceptum.* — 3. Imp. : *esperitz.* — 4. Imp. : *reprins.*

Natus est pour le populaire.
En povreté pourris serons 50
Et si n'aurons pour tout sallaire[1]
Que povreté que amasserons.
Le père nous delaisserons
. . . .
Si n'est au prince ymaginé ; 55
En l'honneur Dieu le requerons.

Passus est le peuple piteux
En fin, soif, et froit et chault
Et aux responces despiteux ;
De nostre povreté ne chault. 60
Nous payons amande, deffault ;
On prend le nostre *de facto* ;
Au doulx Jesus rendre nous fault,
Mort soubz *Pontio Pilato.*

Crucifixus est et sera 65
Le peuple par larrons, sergens,
Et jamais ne[2] se deffera
De pilleurs et mangeurs de gens ;
Advocatz sont frisques et gens,
De nouz draps et laine vestuz ; 70
Le bruyt de nous povres indigens,
A bas *mortuus et sepultus.*

Descendit tant d'aventuriers,
Lansquenetz[3] et gens amassez,
Cordonniers, tondeurs, cousturiers, 75
Qui nous ont fait des maulx assez ;

1. Imp. : *tous sallaires*. — 2. Imp. : *on*. — 3. Imp. : *De* lansquenetz.

Et, s'il advient qu'ilz soient cassez,
De pires gens en Enfer n'a;
Ilz nous ont batuz, tracassez,
Dont ilz yront *ad inferna*. 80

Tertia die, qu'i naquismes,
Commença à peines avoir;
Jamais bien mondain nous ne aquismes,
Qui nous fuest joyeulx à véoyr;
Mais Dieu qui, à tous veult pou[r]voyr, 85
Chassera malheur de nostre huys;
Lors le peuple croyra pour vray :
Resurrexit a mortuis.

Ascendit porteurs[1] de pardons
Et semblablement de reliques; 90
Visiter nous viennent par dons,
Non par parolles evangeliques,
Mais [on sçait bien que] leurs traffiques
Bruslent plus que feu de faloz;
Il ne leur fault que des pratiques; 95
Monte qui pourra *ad celos.*

Sedet ad dexteram du prince
Bien souvent quelque faux menteur,
Qui est contre quelque province
De malle coustume inventeur; 100
Il est de noz biens detenteur,
Sans nous y estre consentiz[2];
Pugny sera comme attenteur
Dei patris omnipotentis.

1. Imp. : *porterons.*
2. Imp. : *consentuz.*

Inde venturus tant d'oultraiges, 105
Tant d'or, tant d'argent esgaré;
Ilz ont nous blez et labouraiges
Presque aussi tost que avons serré;
Dire n'osons quoy ne *quare*,
Ou prins fummes en leurs gluyaux; 110
Ilz ont premier *judicare*
Jusque¹ à *vivos et mortuos*.

Credo que bourgeois et marchans
Ne nous sçauront plus secourir;
Larrons, pillars sont sur les champs; 115
Aultre train on ne voit courir;
L'ung menace à faire mourir,
L'aultre nous prant par le menton;
Nous ne sçavons où recourir,
Sinon *in Spiritum Sanctum*. 120

Satham sera la créature
Qui pacienment le prandra;
Dieu commande à [la] nature;
Charité ingratz reprandra.
En les prenant, on [nous] rendra 125
Comte du sancg du pellican²;
Ainsi le dit, qui l'antandra,
Ecclesiam Catholicam.

*Sanctorum communionem*³
N'auront pas gens sans charité; 130

---

1. Imp.: *Jusques*. — 2. On sait que le pélican est l'emblème de l'amour paternel. Le « sang du pélican » paraît être pris ici dans le sens de la « sueur du peuple ». — 3. Imp. : *cdnmunionem*.

Leur *quotidianum panem*
N'auront sans l'avoir merité,
Seussent[1] ilz par auctorité
Et *per argentum et aurum*
Avoir [eu] de la verité 135
Remissionem peccatorum.

  Carnis resurrectionem
Au jugement fault comparoistre,
Cherchans *benedictionem*
De Jesucrist, nostre bon maistre. 140
Prions luy que en fin[2] puissions estre
Purs et netz en nostre examen
Et que nous ayons à son aistre
Tous *vitam eternam. Amen.*

  Finis.

1. Imp. : *Sensent.* — 2. Imp. : *la* fin.

*Le Debat de l'Omme mondain
et du Religieux.*

Les deux pièces que nous publions ci-après sont composées sur le même sujet, mais l'esprit en est bien différent. Deux amis, dont l'un est entré dans les ordres, tandis que l'autre est resté dans le monde, énumèrent tour à tour les avantages attachés à leur genre de vie. Le premier de nos débats donne raison au religieux; dans le second, c'est le mondain qui a le dernier mot. L'un et l'autre de ces petits poëmes sont écrits avec esprit; la versification en est aisée et le style élégant.

Le *Debat de l'Omme mondain* a eu une grande popularité, attestée par plusieurs manuscrits et plusieurs imprimés; le *Dyalogue du Mondain et du Celestin*, au contraire, n'est connu que par une édition gothique, dont le seul exemplaire signalé jusqu'ici a figuré à la vente des livres de M. le baron Jérôme Pichon, et appartient aujourd'hui au baron James E. de Rothschild.

Voici la description des manuscrits et des imprimés qui nous ont conservé le *Debat* :

A. Le debat du religieux et de lomme mondain. — *Cy finist le debat du religieux et de lomme mõdain imprime a paris le vingtiesme iour de mars. lan mil quatre cens quatre vingtz et vnze. par le petit Laurens.* Pet. in-4 goth. de 12 ff. non chiffr.

Un exemplaire de cette édition a figuré à la vente des livres du duc de la Vallière (n° 2860 du *Catal.*), où il a été acquis au prix de 12 liv. 19 s., par un amateur ou un libraire appelé Stratman. Nous avons vainement cherché cet exemplaire ou un autre de la même édition. M. Brunet avait été plus heureux que nous; il a eu certainement le livre sous les yeux, car il en donne le titre détaillé, que nous venons de reproduire, et constate la présence, en tête de ce volume, de trois strophes qui manquent aux mss. et aux imprimés qui suivent.

L'auteur du *Manuel* ne cite que le premier vers de ces strophes :

Qui prent plaisir de passer temps à lire....

Il nous a été impossible d'en retrouver le texte.

B. Debat du Religieux et de l'Homme mondain. Biblioth. royale de La Haye, ms. n° 781 (Jubinal, *Lettres sur la Bibliothèque de La Haye*, p. 49).

Le titre donné par ce ms. étant le même que celui de l'édition du Petit Laurens, nous espérions y retrouver les trois strophes dont parle M. Brunet. Le savant conservateur de la Bibliothèque de La Haye, M. Campbell, a bien voulu l'examiner sur notre demande, et nous a fait savoir qu'il ne contient rien de plus que les textes que nous avons eus sous les yeux.

C. Le Debat de l'Omme mondain et d'un sien compaignon qui se vieult rendre religieux. Biblioth. nat., mss. franç., n° 1642 (fin du XV° siècle), fol. 375 v°-383.

D. Debat de l'Omme mondain et du Religieux.

Biblioth. royale de Bruxelles, ms. n° ? (fin du XVe siècle).

Ce texte, généralement très-correct, a été reproduit par M. Douxfils dans le recueil intitulé : *La Dance aux Aveugles et autres Poësies du XV. siècle extraites de la Bibliothèque des Ducs de Bourgogne* (Lille, Panckoucke, 1748, pet. in-8), pp. 299-332.

La singulière méthode suivie pour la rédaction du *Catalogue des Manuscrits de la Bibliothèque royale des Ducs de Bourgogne* ne nous a pas permis de retrouver le n° de ce ms., que M. Douxfils n'indique pas.

E. Le de- // bat de lõme // mondain et du Religieux. — *Cy fine le debat de lõme // mondain et du religieux.* S. l. n. d. [Lyon, vers 1500], in-4 goth. de 12 ff. de 30 lignes à la page, sign. *a* par 8, *b* par 4.

Au titre, dont le verso est blanc, un grand L encadré et orné de rinceaux, puis, au-dessous des trois lignes de l'intitulé, la grande marque de Pierre Mareschal et Bernabé Chaussard. — La pièce finit au milieu du 11e f. verso ; le 12e f. est blanc.

Bibliothèque de M. le baron de La Roche la Carelle (*Catal. Solar*, n° 1081).

F. Le debat de Lomme mondain et de son compaignon qui se veult rendre religieux. S. l. n. d. [Lyon, vers 1500], in-4 goth. de 12 ff.

Catal. Solar, n° 1080. — Le rédacteur de ce catalogue dit que le *Debat* est imprimé avec les caractères gothiques ronds qui ont servi à l'impression d'une édition de la *Danse aux Aveugles*.

G. Le debat de lhomme mondain et du religieux. S. l. n. d. [Paris, vers 1500], pet. in-4 goth. de 12 ff.

Au titre, la marque de Jehan Trepperel.

Au v° du titre, une figure sur bois.

Catal. Yéméniz, n° 1669.

H. Le Debat de lhomme mondain et du religieux.
— *Cy fine le debat de lhomme mondain et du religieux, pour Raulin Gaultier. S. l. n. d.* [Rouen, vers 1520], pet. in-8 goth. de 12 ff.

Catal. Cigongne, n° 657.

---

*Le Debat de l'Omme mondain
et d'un sien[1] compaignon,
qui se vieult rendre religieux.*

L'OMME MONDAIN.

Mon compaignon, que veulx[2]-tu[3] faire
De te rendre religieux?
Jadis souloys aux dames plaire,
Dancer[4] et chanter en tous lieux;
Helas[5]! je t'ay veu si joyeux 5
Et tenir tousjours table ronde;
Attens au moins que soyes[6] vieulx :
Il n'est vie que d'estre au monde.

LE RELIGIEUX.

Amy, de ces joyes mondaines
Ne me chault, et m'en tiens forclus, 10
Car ce sont plaisances soudaines,
Qui se passent[7] et ne sont plus;
Puis la mort si vient au sourplus[8],
Qui abolist ce qu'on demande;
Si veulx vivre et mourir reclus : 15
Celluy vit mal qui ne s'amende.

1. E : *de son.* — 2. *Veulx* m. dans C. — 3. *Tu* m. dans D. — 4. E : *daucer.* — 5. E : *Halas.* — 6. C, D : que *tu* soyes. — 7. E : Qui *s'en* passent. — 8. D, E : *surplus.*

L'OMME MONDAIN.

Frère, chascun en[1] son mestier
Si peut faire son saulvement ;
Il n'est[2] pas besoing ou mestier
Que Dieu le voulust[3] autrement, 20
Mais les ungz, par dueil et torment
Ou autre[4] desplaisir en somme,
S'i fourrent trop legèrement :
Desespoir si fait perdre l'omme.

LE RELIGIEUX.

Sur desespoir ne desplaisance 25
N'est fondée mon intencion[5],
Ennuy, dueil, courroux, indigence,
Ou autre tribulacion,
Mais affin de devocion
Et que le temps perdu recouvre 30
Par digne contemplacion :
Qui fait bien en[6] la fin le trouve.

L'OMME MONDAIN.

Quel prouffit te peult-il venir
De mettre ton cueur en hostaige
Et solitaire devenir 35
Pour finer tes jours en servaige ;
Vivre comme beste sauvaige
Sans parler[7] ne porter effait ?
Helas ! tu poursuis ton dommaige :
L'on doit penser à ce qu'on fait. 40

1. D, E : *d*. — 2. D : *Ne* n'est ; — E : *Ce* n'est. —
3. D : *voulsist*. — 4. D, E : *d'autre*. — 5. E : *entencion*.
— 6. D : *d*. — 7. C : *La* parler.

LE RELIGIEUX.

Le conseil en est desjà prins[1],
Et ayme mieulx cy souffrir peine
Que d'estre perdu et surprins
Es delitz de vie[2] mondaine.
L'on n'a pas joye[3] souveraine   45
Pour estre aise, ne sans pener ;
Il n'est tel que vie[4] certaine :
Servir Dieu[5] est[6] vivre et regner.

L'OMME MONDAIN.

N'est-il harpe, ne tabourin,
Qui te donnast resjoissance,   50
Boucquez de roses, romarin,
Chançons, ou nouvelle acointance,
Cordons[7], couvrechiefz de plaisance[8],
Dame par amours nompareille,

1. D : Le conseil est desjà *tout* prins ; — E : Le conseil est desjà prins. — 2. C, E : de *la* vie. — 3. C, E : pas *la* joye. — 4. C, E : que *la* vie. — 5. E : *à* Dieu. — 6. D, E : *c'est*. — 7. *Cordon* est employé comme synonyme de guirlande. Il a le même sens que *chapeau*. — 8. « Quant Jehan de Paris fut au droit d'elle assez près, elle luy tendit ung couvrechef de plaisance qu'elle avoit en sa main, en le saluant bien doulcement. » *Le Roman de Jehan de Paris*, éd. Montaiglon, 1866, in-16, p. 87. — M. de Laborde, *Glossaire*, v° *Campane*, parle, d'après Châtellain, d'un cheval « couvert de cuevrechief de plaisance ». Dans le récit de l'entrée de Charles VIII à Lyon, le 7 mars 1490 (Dufay, *Jean Perréal*, 1864, p. 23), il est question d' « une Bergerie des filles les plus belles, habillées de taffetas et de toilles de Plaisance ». Là il semble bien qu'il s'agisse du nom de la ville d'Italie, et le même sens est peut-être applicable au passage de l'*Omme mondain* et aux deux autres textes que nous venons de rappeler.

Or et argent à grant puissance? 55
Telz biens si font dresser l'aureille.

LE RELIGIEUX.

Ilec n'ay regret nullement,
Car en telz biens n'y a seurté,
Mais empeschent le sauvement
Et tournent en maleureté. 60
Se y as une joyeuseté,
Tu en auras quinze doleurs;
Pour ung bien, double adversité :
Telles joyes finent en pleurs.

L'OMME MONDAIN.

Or, pleust à Dieu qu'eussiez le cueur 65
Aussi joyeux com est le mien,
Car je ne sens mal ne doleur;
Tousjours gay et jolys me tien;
Autant m'est le mal que le bien;
Tout m'est ung, soit bel temps ou pluye; 70
Je ne me soubcye de rien :
Qui se chagrine fait folye.

LE RELIGIEUX.

Ta jeunesse, force et beauté
Te font telz abuz soustenir,
Mais ostes en ta voulenté, 75
Car autre chemin fault tenir.
Le temps s'en[1] va sans revenir
Et tousjours accroist soing et charge,
Puis fault tous finir[2] et mourir :
Cil qui n'y pense n'est pas sage. 80

---

1. E : *sans*. — 2. D : *finer;* — E : *finist*.

L'Omme Mondain.

Au regard de moy, je ne pense
Fors à¹ vestir robbe nouvelle,
Me trouver en feste ou en² dance,
Puis servir quelque damoiselle.
Ceulx qui ont la puce en l'oreille   85
N'ont soing que de jouer³ et rire,
Car, vente, pluye⁴, gresle ou gelle,
A cueur joyeux riens ne peut nuyre.

Le Religieux.

L'on a veu d'autres vens venter
Qui n'ont pas duré longuement,   90
Et croy que, pour rire et chanter,
L'on ne fait pas son sauvement.
Il ne fault mais qu'un⁵ mouvement⁶,
Une povre fièvre qui vient;
Tu mourras; à Dieu te commant;   95
Regarde que trestout devient.

L'Omme Mondain.

Qui doubte le⁷ boys pour les branches,
Il doit chemin prendre autre part.
Or, sur ma foy, quant les dimenches
J'ay ung soubzris ou ung regard   100
Ou ung brain de romarin vart⁸,
Il me semble que je n'ay garde
De fièvre, de mort, ou de dart :
Ung aimant n'est jamais malade.

1. D : *qu'à*. — 2. *En* m. dans c. — 3. D : N'ont *besoing que jouer;* — E : N'ont *besoing que de jouer*. — 4. D : vent *ou* pluye. — 5. C, E : *qun*. — 6. C : *mouve-mement*. — 7. D : *les*. — 8. C, E : *vert*.

LE RELIGIEUX.

Ton entendement trop labeure   105
En choses qui tost passeront ;
Il fault, amy, que chascun meure :
Joyes, vanitez periront,
Comme[1] fumée s'en yront ;
Mort n'espergne[2] fort ne hardy ;   110
Ceulx qui rient puis ploureront[3] :
Sic transit gloria mundi.

L'OMME[4] MONDAIN.

Hée ! frère, vaulsist-il pas mieulx,
Quant as si belle cognoissance,
Applicquer ton temps et tes yeulx   115
D'estudier[5] en grant science,
Pour avoir nom et excellence,
Estre craint et autorisé[6] ?
Nul n'a des[7] biens s'il n'a[8] science :
Peu vault l'omme qui n'est prisé.   120

LE RELIGIEUX.

Soy congnoistre est ung[9] grant sçavoir
Et je prise ceste science,
Mais ceulx qui deussent plus sçavoir
Et qui ont grant intelligence,
Don de memoire ou de eloquence,   125
En leurs delictz[10] s'esvanoissent
Et laissent[11] Dieu pour leur plaisance ;
Les plus sçavans s'i esblouissent.

---

1. D, E : *Et com.* — 2. D, E : *espargne.* — 3. D : *pleureront.* — 4. C : *Homme.* — 5. D, C : *A estudier.* —6. *Autorisé* est pris dans le sens de « qui a autorité ». —7. D, E : *de.* — 8. D, E : *qui n'a.* — 9. *Ung* m. dans C, E. — 10. E : *deltz.* — 11. E : *laisse.*

L'Omme Mondain.

Je ne te pourroy desmouvoir,
Par quoy plus ne t'en parleray, 130
Mais au seurplus tu dois sçavoir
Qu'au monde ma vie useray,
Où biens et honneurs acquerray,
Tout par tout où en pourray prendre,
Tant que de moy parler feray : 135
Vaillant cueur doit à honneur tendre.

Le Religieux.

A telz honneurs ne metz[1] ta cure,
Mon amy, si feras que sage,
Car ce n'est que vent qui peu dure,
Redondant souvent à dommage. 140
Quant honneur fault laisser, c'est raige
Qui le cueur meurdrist et ternist;
Les grans ne l'ont[2] pas davantaige;
L'onneur des mondains tost finist.

L'Omme Mondain.

Penser[3] d'avoir esté eureux, 145
C'est dur morceau à avaller
Et ung des tourmens[4] douleureux
De quoy l'on sache point parler,
Mais bien sauray dissimuler,
Eschever[5] haines et contendz, 150
Rire, flater, taire, celer :
Il faut vivre selon le temps.

---

1. C : *mect.* — 2. E : *on.* — 3. C : *Pensez;* — E : *Penses.* — 4. E : *tormens.* — 5. Eviter; — C : *Eschevez.*

Le Religieux.

Honneurs sont volans comme[1] oyseaulx,
Et n'est pas asseuré demaine.
As-tu point veu de ces roseaulx   155
Que le vent, puis hault, puis bas, meyne?
Ainsi Fortune les demaine ;
Les ungz fait courcez et joyeux ;
Aucuns ont joye, autres[2], peine :
Riens n'est permanant soubz les cieulx.   160

L'Omme Mondain[3].

S'à honneur ne puis parvenir,
J'essaieré d'avoir richesses ;
C'est la fin où je vueil venir,
Pour prendre toutes mes liesses,
Faire festes, dances, largesses,   165
Acquerir terres à troppeaulx[4],
Nouvelles dames et maistresses :
Qui a argent a des chappeaux[5].

Le Religieux.

Que vault tant de richesse avoir,
Chevaulx, bobans[6] et grante[7] cure,   170
Quant telz biens si font decepvoir
Et faire des maulx sans mesure :
Bouquetz, baings[8], mommerie, luxure,

1. E : *com*. — 2. E : *autre*. — 3. Le nom du personnage m. dans c. — 4. D, E : *trouppeaulx*. — 5. Guirlande, et par extension, faste. Voy. t. X, p. 211, note 7. — 6. On a déjà vu (t. VIII, pp. 245, 255) le mot *bobans*, pour « bombance, luxe, faste, etc. » ; — D : *bombans*. — 7. C, E : *grant*.

8. Il ne s'agit pas ici d'établissements purement balnéaires, de bains de santé ou de propreté, mais

Grever autruy[1], perdre le sien ?
Helas ! tout devient pourriture : 175
Le riche n'en portera rien.

L'Omme Mondain.

Tu scez très mal que cela monte,
Mon amy ; la coustume est telle ;
Qui n'a argent l'on n'en tient compte,
Nemplus que d'une vieille pelle. 180
Huy fault avoir grande vaiselle,
Tresor, tapisserie propice ;
De l'ame sauver n'est nouvelle ;
Tous estudient à l'avarice.

Le Religieux.

L'on n'a pas telz biens sans labeur 185
Et sans dangier. Las ! que feront
Quant le leur lairront[2] à doleur[3]
A ceulx qui s'en gaudisseront ?
Une fois l'eure[4] en mauldiront
Et leur remordra conscience, 190
Mais alors tard y pourvoyront :
Il n'est tresor que suffisance.

L'Omme Mondain.

Se je n'ay richesses à tas,
Maisons, rentes, grans edifices,
Je tacheray à prendre estas, 195

de ces lieux publics où se réunissait la jeunesse galante des deux sexes. On s'y donnait des rendez-vous et l'on y « banquetait ». (Voy. le *Banquet des Chambrières fait aux Estuves*, dans le tome II de ce *Recueil*, pp. 284-295.)

1. Emprunter aux autres, faire des dettes.
2. E : *laironnt*. — 3. C'est-à-dire « à regret ». D, E : *douleur*. — 4. E : *leur*.

Grans¹ seigneuries et offices ;
Il ne m'en chault des² beneffices;
C'est pour ceulx qui vueillent prescher.
Gens qui ne se pourvoient sont nices³ :
En eau trouble fait bon pescher. 200

LE RELIGIEUX.

Au monde n'y a⁴ rien estable
Pour refuge ne seureté;
Puis office si est muable
Et revocable à voulenté.
Le plus seur est d'estre herité, 205
Ou d'avoir pour vivre science,
Car, quant survient aversité,
Art garde l'omme d'indigence.

L'OMME MONDAIN.

Je n'ay point paour de povreté
Tandis que Fortune me dure, 210
Car m'a promis prosperité
Et des biens avant que je meure;
Les plus petiz en moins d'une heure
Si les⁵ fait plus hault qu'oncques mais;
Rien⁶ ne fait qui ne s'aventure; 215
Les chetifz n'auront riens jamais.

LE RELIGIEUX.

De telz gallans et compaignons,
Qui si haulx biens non d'eulx obtiennent,
C'est ainsi que des champaignons⁷,

1. C : *Grandes*. — 2. D : *de*. — 3. Ignorants, sots, insensés, du latin *nescius*. — 4. D : *il n'y a*. — 5. E : *Si fait les*. — 6. Imp. : *rieus*. — 7. E : *compaignons;* — C : *C'est ainsi comme des glaczons*.

Qui à coup en une nuyt viennent ;
L'on ne sçet après qu'ilz deviennent,
Et est Fortune tant mauvaise
Qu'elle consent qu'à ce parviennent[1]
Pour leur faire plus grant mesaise.

L'Omme mondain.

Quant le bien vient, il le fault prendre
Sans tant de scrupulles querir ;
Et si doiz savoir et entendre
Que, quant ne pourray conquerir,
J'ay bien entencion d'acquerir
De grans amys, vueille qui vueille,
Pour me ayder[2] et me[3] secourir :
Ung bon amy pour l'autre veille.

Le Religieux.

De seurs et de loyaulx amys
Au monde peu en trouveras ;
S'en prosperité tu es mys,
Beaucoup d'amys avoir pourras
Et de parens, tant que voulras,
Qui te suivront de lieu en lieu,
Mais au besoing ung n'en auras :
Il ne se fault fier qu'en Dieu.

L'Omme mondain.

J'en sçay qui se viennent offrir,
Pour moy soustenir et deffendre[4],
Voire jucq[5] à la mort souffrir,

---

1. E : *perviennent*. — 2. D, E : *m'aider*. — 3. Me m.
dans E. — 4. E : *Ains* soustenir et *bien* deffendre. —
5. D, E : *jusques*.

Que n'est pas signe de mesprendre ;
Je croy bien que par trop contendre   245
En amytié viennent des troubles,
Je ne l'ay pas huy à aprendre :
C'est grant dangier que d'amys doubles.

LE RELIGIEUX.

De telz gens te fauldra garder,
Car, combien qu'ilz te salueront,   250
S'ilz te voyent riens amander,
En cueur pas[1] joyeulx n'en seront,
Et en mengeant te trahiront
Et en feront leurs mocqueries ;
Pour bien faire mal te rendront ;   255
Sont amys de Pasques flories[2].

L'OMME MONDAIN.

A telz flateurs et gabuseurs[3]
Crains fort avoir à besongner,
Et aussi à faulx accuseurs,
Que l'on ne doit acompaigner,   260
Si que vueillez moy enseigner
Et donner sur ce reconfort
Pour en vivans les esloigner :
Conseil en tous cas ayde fort.

---

1. D : *point*. — 2. On appelle *Pasques fleuries* le dimanche des rameaux, mais ici les mots « amys de Pasques flories » sont employés pour dire des compagnons de fêtes et de divertissements, et aussi des amis d'un jour.

3. *Gab*, « plaisanterie, moquerie, dissimulation ». M. Burguy fait dériver ce mot du suédois *gabb*, qui a le même sens. Le mot *gabegie* s'est conservé dans la langue populaire.

Le Religieux.

Il te fault, pour seurement vivre, 265
Servir Dieu de cueur et¹ couraige,
Aimer ton prochain, les biens² suivre,
Pourter paciemment dommaige,
N'ajouster foy à tous langaige,
Ne parler pas trop de legier, 270
Clasmer autruy sans dire oultrage,
Ne nulle personne juger.

L'Omme mondain.

Comment fuiray-je³ ces bilingues,
Plaisans à mesdire et dresser
Languages picquans comme espingles, 275
Ainsi qu'ilz voyent le temps verser?
En riant viennent embrasser,
Faignans d'amer perfaictement,
Puis après ne font que farcer
Et parler des gens meschamment. 280

Le Religieux.

Bonnes gens parlent de bonté,
Riffardeurs de riffarderie⁴,
Les meschans de meschanceté,
Le bergier de sa bergerie;
C'est honte quant langue⁵ varie; 285
Farceurs, à mesdire applicquez,
Ne meurent point sans farcerie :
Les mocqueurs sont tousjours mocquez.

---

1. E : *et de*. — 2. D : *le bien*. — 3. *Je* m. dans E.
— 4. *Riffards* ou *Riffardeurs*, voleurs, accapareurs, de *riffer*, ou *riffler*, arracher (bas-all. *riffen*, *rauffen*). — 5. D, E : *la* langue.

L'Omme Mondain.

Que pence-tu qu'i[1] me fait mal,
Quant je voy meschans gens charger
Et mesdire amont et aval,
Pour autruy blasmer et juger?
C'est ung grant mal, pour abreger,
Mais plusieurs si n'en tiennent compte,
Ains en font leur boire et menger :
Au fort, la fin fera le compte.

Le Religieux.

Mon compaignon, tu ne sçauroys
Tenir les oyseaulx de voller;
Semblablement tu ne pourroys
Pas garder les gens de parler.
Laisse tous languages aler,
Car bien peu en vault l'usufruit;
Bien ou mal ne se peut celer :
Tel est l'arbre[2], tel est le fruit.

L'Omme Mondain.

Laissons à tant ceste matière.
Que diras-tu d'un amoureux,
Qui est tombé d'une goutière
En allant repaistre ses yeulx?
Parlons du temps passé joyeux
Et des faitz d'amours, je t'en prie,
Sans tant souvent parler des[3] cieulx :
De menger pain blanc l'on s'ennuye.

Le Religieux.

Folye faire et ne la congnoistre,

---

1. D, E : qu'*il*. — 2. D, E : *abre*. — 3. C : *de*.

Ce sont deux paires de folyes;
Jeunesse sans guydon ou¹ maistre 305
Mect l'omme en grans² melancolies,
Qui sont, quant à moy, abolies;
Plus ne m'en convient enquerir,
Mais, pour nouvelles bien jolies,
Il fault tous penser à mourir. 310

L'Omme mondain.

Il ne m'en chault pas d'un nicquet³
De la mort et ne la crains goute,
Fors d'estre prins au sault briquet⁴,
Tout à coup⁵, que point ne m'en doubte;
Celluy qui y pense redoubte; 315
Dieu serviray quant seray vieulx;
Il ne fault des biens qu'une goute
Pour voller⁶ aussitost ès cieulx.

Le Religieux.

Dieu fait grace à qui⁷ luy plaist,
Selon ce qu'on l'a deservye, 320
Mais mal et peché luy desplaist;
Si n'ait nul de meffaire envie.
La personne sera servie
Selon les⁸ faiz à la parfin;
Faisons des biens en nostre vie : 325
Bonne vie attraict bonne fin.

---

1. D : *sans* maistre; — E : *ou sans* maistre. — 2. E : *grant*. — 3. Petite monnaie de cuivre valant trois mailles, qui n'eut cours que de 1421 à 1424. Voy. *Journ. des Savants*, avril 1858, p. 206. — 4. D, E : *sobriquet*. — 5. C : *Tout à point*. — 6. E : *vouler*. — 7. D, E : *où il* luy plaist. — 8. D, E : *ses*.

L'OMME MONDAIN.

Or, mon amy, je te diray,
En brief parler, tout mon courage.
Il est vray que deliberay [1]
Jadis me mectre en mariage, 330
Mais je doubte fort le[2] passaige
Et de rencontrer femme dure,
De sot maintien ou sens vollaige;
L'on doit craindre telle adventure[3].

LE RELIGIEUX.

Une foys convient estat prendre, 335
Et je ne tiens pas l'omme saige
Qui vieult tousjours vivre et actendre
Tant qu'il a[4] jà passé en eage;
Pour oster peril et dommaige,
Requiers à Dieu q'une t'en donne, 340
Car cela vault mieulx que heritaige :
Il est bien eureux qui l'a bonne.

L'OMME MONDAIN.

De tous estaz le plus entier
Et qui me revient à merveilles
C'est la vie de Franc Gontier[5] 345
Qui vit entre ses[6] pastourelles
Au chant des oyseaulx, soubz ces[7] fuelles,
Ayans pain bis et gras[8] fromaige,

---

1. C : que *ay* deliberé; — E : que *me* deliberay. — 2.
E : *la*. — 3. E : *venture*. — 4. D, E : *ayt*. — 5. Cf. t. X,
p. 203; — D, E : *Gautier*. — 6. E : *ces*. — 7. D : *les*;
— E : *ces*. — 8. D, E : *gros*.

Glic¹ de jambons et de bouteilles² ;
Telz gens ont bon temps et font raige.   350

LE RELIGIEUX.

Pauvres et riches, qui vivront
Selon desir³ et volupté,
Já à mourir n'en laisseront⁴ ;
Nul n'est de la mort exempté ;
L'yver si vient après l'esté   355
Et le doulx se tourne en amer⁵ ;
Au monde n'a que vanité :
Tout se passe fors Dieu aimer.

L'OMME MONDAIN.

Si ay-je encor intencion⁶
De vivre tout à ma plaisance   360
Et prendre consolacion
Es biens mondains et⁷ en chevance,
Es convis et en affluence
De viandes à grant montjoye ;
Puis penseray à ma⁸ conscience :   365
Qui la mort craint jamais n'a joye.

LE RELIGIEUX.

Tu n'as pas le temps en ta main :
Tel fait aujourd'huy bonne chère
Que l'on enterrera demain ;

---

1. Les derniers éditeurs de Richelet (*Dictionnaire de la Langue Françoise*; Lyon, 1759, in-fol.) citent ce mot, d'après notre poëme, et lui donnent le sens de « provision ». — 2. D, E : *boteilles*. — 3. E : *le* desir. — 4. D : *ne* laisseront. — 5. C : en *l'aer*; — E : en *lait*. — 6. D, E : *entencion*. — 7. *Et* m. dans E; — D : Es biens mondains, en *grant* chevance. — 8. C : *en sa*.

Helas! l'omme n'y pense guère ; 370
L'ame si demeure derrière,
Ne n'en chault du mal qu'elle endure
Mais que le corps son aise quière,
Et si n'est que terre et ordure.

L'Omme mondain.

Quant j'auray beaucop amassé, 375
Et eu mes plaisirs longuement,
Et tout mon jeune temps passé,
Je ordonneray[1] mon testament,
Et feray des biens largement
Pour sauver mon ame au sourplus[2] ; 380
Et le donner presentement,
Il n'en souviendroit à Dieu[3] plus.

Le Religieux.

Fais des aumosnes de tes biens
Quant le temps le peut supporter,
Car à la mort n'y auras riens ; 385
Tu ne les peuz pas emporter,
Sans t'en actendre ou rapporter
Aux hoirs, qui de liger[4] s'en passent,
Car tu peuz huy veoir et noter
Que l'on fait pour ceulx qui trespassent. 390

L'Omme mondain.

Je prendray bons executeurs
A qui j'ay parfaicte fiance,
Mes bons amys et serviteurs,
Qui y feront en[5] mon absence

---

1. D, E : J'ordonneray. — 2. D, E : surplus. — 3. D,
E : plus à Dieu. — 4. D, E : legier. — 5. D, E : à.

Tant que se j'estoye en presence; 395
Doubte n'en fais quant à ce point,
Aussi greveroient leur conscience :
L'amour au besoing ne fault point.

Le Religieux.

C'est simplesse de presumer
Et cuyder que autres[1] t'ameront, 400
Puisque tu ne te veulx aymer,
Car à grant peine le feront;
Eulx et tes hoirs se combatront
Chascun à prendre çà et là,
Dont pletz et procès sortiront, 405
Et ton ame trempera là.

L'Omme mondain.

Mon amy, tu te romps la teste
Et nous debatons follement,
Car ne desire qu'estre en feste
Et de vivre joyeusement, 410
Avoir nouvel abillement,
Saillir, saulter, fringuer, dancer,
Et passer le temps plaisamment,
Ne je ne vueil ailleurs penser.

Le Religieux.

Las! considère, créature, 415
Comment Dieu tant d'œuvres a faictes
Pour toy et pour ta nourriture :
Les elemens et les planectes,
Oyseaulx, poissons et bestellectes,
Vin, blé, à toy servir et paistre, 420

---

1. D, E : *que* autres.

Fruictz odorans, fleurs nouvellectes;
Au moins remercye en le Maistre.

L'OMME MONDAIN.

Je vouldroys, pour ma volunté[1],
Entre les choses qui sont faictes,
Qu'il ne fist[2] autre temps que esté[3], 425
Pour cuillir ces belles violettes,
Esglantier, armeries[4], fleurectes,
Herbe rejouyssant nature,
Rouses[5], soucies, amourettes[6] :
Tout noble cueur ayme verdure. 430

LE RELIGIEUX.

Amy, quant bien tu penseras[7]
Qu'il te fault une foiz mourir,
Ces folyes toutes oblyras[8].
La mort si nous vient tous querir,
Et lors ennemys[9] de courir 435
A grans ardans barreaux de fer ;
Il se fault sauver ou perir :
Paradis y a et Enfer[10].

L'OMME MONDAIN.

A bien entendre ce sermon
Et les motz que tu viens de dire, 440
Ilz me font trembler le poumon;
Ce sont piteux verbes pour rire.

---

1. D, E : *voulenté*. — 2. D, E : *fust*. — 3. D, E : *qu'esté*.
— 4. Voy. sur cette plante t. VII, p. 22. — 5. D, E :
Roses. — 6. C : *amoureus*. — 7. D, E : *bien digereras*. —
8. D : Ces follies *tu* obliras ; — E : Ces follies *oblieras*. —
9. Les démons. — 10. D : *Y a Paradis*; — E : *Il y a
Paradis*.

Mon amy, ton parler m'inspire
A congnoistre la verité;
Si tascheré¹ à moy reduire 445
Sans estre tel que j'é esté.

LE RELIGIEUX.

Ceulx sont maleureux et mauldiz,
Qui pour ceste vie miserable
Perdent joye² de Paradis
Et ce beau manoir delectable, 450
Avec la joye pardurable³
De veoir Dieu en sa magesté,
Qui est plaisir insaciable
Et parfaicte felicité.

L'OMME MONDAIN.

C'est bien au rebours de la gloire 455
De ceste basse mansion
Où l'on ne trouve que misère,
Ennuy, courroux, affliction,
Maladie, persecucion,
Pleurs, larmes, chagrin, desplaisance, 460
Torment et tribulacion;
Quant l'un cesse, l'autre commence.

LE RELIGIEUX.

Qui est celluy qui, ung seul jour,
Soit en nopces ou en plaisance,
Sans avoir ennuy ou doulour⁴, 465
Mouvement de concupiscence,
Despit, apetit de vengeance,

---

1. D : *tacheray-je*. — 2. C, E : *la joye*. — 3. D, E : *perdurable*. — 4. C, E : *douleur*.

Ire, orgueil, soubzdaine¹ destresse²,
Ou quelqu'autre male meschance ;
Brief, il n'est³ joye sans tristesse. 470

L'Omme mondain.

Je suis trestout esmerveillé
Des peines et de la durté
Dont l'omme si est travaillé,
Qu'est assailly de pouvreté⁴,
Perte de biens, maleureté, 475
Fain, soif, desespoir, desconfort,
Batu, flagellé, tormenté,
Et puis au dernier mys à mort.

Le Religieux.

N'ayez doncques regret à peine,
Pour avoir lassus tel repaire, 480
Où est l'issue souveraine
Et joye innarrable à croire,
Desir parfait⁵, longue⁶ victoire,
Plaisir sans fin de mieulx en mieulx ;
Helas ! ne perdons telle gloire ; 485
Ayons tousjours le cueur aux⁷ cieulx.

L'Omme mondain.

Je voy bien que demourras cy ;
Jà plus ne t'en destourberay⁸ ;
Adieu, mon amy, grant mercy ;
Jà ton conseil n'oblieray⁹ ; 490
Vivre au monde retourneray,

---

1. E : *soubdain.* — 2. D, E : *tristesse.* — 3. E : *il n'y a.* — 4. D : *povreté.* — 5. E : *perfait.* — 6. D, E : *louenge.* — 7. D, E : *ès.* — 8. D, E : *destourneray.* — 9. E : *n'oublirlay ;* — D : *point n'oublieray.*

218 L'OMME MONDAIN ET LE RELIGIEUX.

Posé que j'auray fort affaire ;
Par quoy ici te supplieray
Que de mon fait ayes memoire.

LE RELIGIEUX.

Adieu, mon bon seigneur et frère ; 495
Ne t'en chault, Dieu nous aidera ;
Grace et confort en luy espère ;
Au besoing point ne te lairra ;
Aussi ton cueur se tirera
Tousjours envers la bonne Dame, 500
Car quiconques la servira
Dieu aura pitié de son ame.

Cy finist[1] *le Debat de l'Omme mondain
et du Religieux*[2].

1. E : *fine*. — 2. La souscription m. dans D.

Dialogue du Mondain et du Celestin.

Nous avons déjà dit que cette pièce est une réponse à la précédente. Le style, à la fois clair et élégant, nous dispense de tout commentaire. Nous relèverons seulement un détail curieux. Le religieux auquel le Mondain s'adresse paraît avoir été un personnage réel; on voit au v. 51 qu'il s'appelait Jehan Bourdois. Ce Bourdois, qui est d'ailleurs inconnu, devait être poëte. Il est remarquable, en effet, que la première strophe mise dans la bouche du Celestin contienne le commencement de son acrostiche : *Jehan Bou.* Cette strophe, qui est en vers de dix syllabes, est écrite dans un style très-différent de celui du reste de la pièce; on ne peut guère douter que le Mondain, c'est-à-dire l'auteur, n'ait inséré dans son petit poëme un morceau emprunté à Bourdois lui-même. Comme il écrivait en strophes de huit vers, il aura dû sacrifier la fin de l'acrostiche.

Voici la description de la plaquette qui nous a conservé le *Dialogue;* on n'en connaît jusqu'ici qu'un seul exemplaire :

Dyalogue du mõdain ꝯ du celestin // Auec le dit des pays. — *Amen. S. l. n. d.* [*Paris?, vers* 1500], pet. in-8 goth. de 4 ff. de 28 lignes à la page, sans chiffres, réclames ni signature.

Le texte commence immédiatement au-dessous du titre, sans que l'imprimeur ait ménagé une seule ligne de blanc. Le *Dit des Pays* commence à la 8ᵉ ligne du 3ᵉ f., recto. L'édition, qui paraît reproduire une édition plus ancienne, puisqu'elle réunit deux pièces très-différentes, ne contient aucun bois.

Bibliothèque du baron James E. de Rothschild.

Le *Dit des Pays*, qui termine la plaquette, est le même que celui qui figure dans le t. V de ce *Recueil*, pp. 106-119. Nous avons jugé inutile de le reproduire.

———

Dyalogue du Mondain et du Celestin.

LE MONDAIN.

Vuyde[1] de ce lieu fleumaticque[2],
Mon compaignon et mon amy,
Retourne-toy à la praticque
Et n'arreste pas ne demy[3] ;
Si tu chantoys ou *fa* ou *my*,   5
Je ne dis pas ; viens-t'en au monde,
Ainsi qu'avant ier je t'y vy,
Car la vie y est aussi monde.

LE CELESTIN.

J'ay entreprins, de pensée et courage,
En delaissant du monde vanitez,   10

---

1. Imp. *Vuuyde*. — 2. Comme flegmatique, froid humide. — 3. Ni un pas, ni un demi-pas.

Helas! pour moy oster hors de l'orage
Auquel je voy que tous sommes invitez ;
Nous nous perdons par les felicitez ;
Bouter nous font en une mer parfonde ;
Or n'est-il dont tel que les evitez,   15
Voire bien tost, car vie[1] y est immonde.

LE MONDAIN.

Souvienne toy de ces[2] gambades,
Où [tu] employas corps et amme ;
Recorde-toy des doulces aulbades
Que tu as veu donner aux dames.   20
Veulx-tu laisser deduit de femmes,
Lesquelles tu souloys[3] aimer ?
Reviens les veoir ; oste ces[4] games[5] ;
Trop longtemps dure ung lieu amer.

LE CELESTIN.

Regarde moy tous les humains,   25
Qui vont tousjours en decadance ;
Les ungs perdent les bras, les mains,
Les autres toute leur chevance,
Puis chéent en desesperance,
Ou vont mourir subitement.   30
Helas ! piteuse sera la chance
Quant ce viendra au jugement.

LE MONDAIN.

Pense-tu point qu'au monde vivre
On ne face son sauvement ?
Cuyde-tu que Dieu ne deélivre   35

---

1. Imp. : *la* vie. — 2. Imp. : *ses*. — 3. Imp. : *sonloys*.
— 4. Imp. : *ses*. — 5. Ne chante pas cette gamme-là.

Ung grand mondain de dampnement,
Pourveu qu'il vive en amendement[1],
Aussi bien qu'en religion ?
Saille dehors de ce couvent,
Car ce n'est tout qu'abusion. 40

LE CELESTIN.

Helas! les pechez et les maulx
Qui se commettent jours[2] et nuys,
A grans peines et grans travaulx,
En prenant au monde desduiz !
Les delices du monde fuys, 45
Lesquelles font les gens dampner,
Si tu veulx avoir Paradis
Et avec Dieu ès cieulx regner.

LE MONDAIN.

J'ay veu le temps que tu souloys
Dancer, chanter, plaisamment dire, 50
Mon très cher frère Jehan Bourdois,
Jamais marry, mais tousjours rire.
Maintenant entres[3] en martire
Quand tu deusses[4] suyvir Bon-Temps ;
Saille dehors, l'on te desire ; 55
Plus que jamais, viens veoir les champs.

LE CELESTIN.

Ung vent soudain te viendra prendre
Qui te fera tout contrefect ;
Tel cuyde bien mestier aprendre :

---

1. Le poëte prononce sans doute *amend(e)ment ;* de même qu'il prononce *s(e)ra* au v. 31.
2. Imp. : *et* jours. — 3. Imp. : *entrer.* — 4. Imp. : *L'heure que* deusses.

Dans demain de luy sera fait ; 60
Penses tousjours quelque bien fait
En recordant que tu es cendre,
De terre ville, tout infect,
Et que de mort fault tribut rendre.

LE MONDAIN.

Cela sçay-je qu'il fault mourir ; 65
Tu ne m'aprens rien de nouveau ;
Tous les jours on y voit courir,
Aussi tost vache comme veau.
Mais, quant j'auray ung vert manteau
En ce moys de may sur l'herbette, 70
De la mort ne donne ung naveau,
En disant doulce chansonnette.

LE CELESTIN.

Tes mondanitez tourneront[1]
Une fois en grant amertume,
Quant trompes[2] du ciel corneront 75
Pour venir au feu qui s'alume ;
Ton corps est vert, qui dedans fume ;
Penses y, tant com es vivant ;
C'est ung brouet qu'il fault qu'on hume ;
A tous humains mourir convient. 80

LE MONDAIN.

Autres fois t'ay veu si plaisant
Complaire à tous sans point desplaire ;
De toy sortoit en complaisant
Plaisir sans ply, maintenant haire[3]

---

1. Imp. : *te* tourneront. — 2. Imp. : *les* trompes. — 3. Cilice. « Laurent, serrez ma haire avec ma discipline. » Molière, *Tartuffe*.

Sentir sur toy à grant misère, 85
Que jeunesse si deust tollir ;
Helas ! mon amy et mon frère,
Cest abit là vueille abollir.

Le Celestin.

Helas! Jesus, qui tant souffrit
De peines, de maulx et martire, 90
Lequel son ame au Père offrit
Pour nous oster hors du satire[1],
Ung lieu d'Enfer, où ceulx plains d'ire
Yront, s'ilz n'en ont souvenance,
Pour nous fut[2] un souverain mire[3] : 95
Tel meurt ennuyt que point n'y pense.

Le Mondain.

Si tous humains religieux
Estoyent, qui labourroit les champs,
De terre[4] habiteroit les lieux ?
Qui orroit des oyseaulx les chans ? 100
Que feroient laboureux, marchans,
Justement menant marchandise?
Et vous, Messieurs les Mendiens,
Qui vous feroit la robe grise?

---

1. La demeure du démon. — 2. Imp. : *il ut.* — 3. Médecin. — 4. Imp. : *Qui de terre.*

La Remembrance du mauvais Riche.

Cette pièce paraît être fort ancienne ; elle doit remonter au commencement du XVe siècle, sinon même à la fin du XIVe. Il est permis de l'induire de la forme de divers adjectifs ou participes passés, qui ont conservé la trace de l's du nominatif singulier : *trespassez* (v. 20), *faitiz, mignotz, gens* (v. 26), *negligens* (v. 29), *laiz, deffaiz* (v. 70), *misericors* (v. 90).

On pourrait objecter que Villon a volontairement employé cette forme archaïque au milieu du XVe siècle, mais les strophes de dix vers sur deux rimes que nous rencontrons ici appartiennent à une époque antérieure.

La *Remembrance* n'est connue que par l'édition suivante :

La // remembrance du // mauuais riche. — *Cy finist la remembrance // du mauuais riche.* S. l. n. d. [Lyon, vers 1500], in-4 goth. de 4 ff. de 22 lignes à la page, imprimé en gros caractères, sans chiff., réclames, ni sign.

Le titre, dont le vº est blanc, est orné d'un grand L grotesque.

Les caractères paraissent être ceux de *Pierre Maréchal et Barnabé Chaussard*.

Biblioth. de M. Ambr.-Firmin Didot (exempl. de M. Yéméniz, nº 1642 du *Catal.*).

*S'ensuit la Remembrance
du mauvais Riche.*

E ntre vous qui par cy passez,
Pour Dieu, en voz cueurs compassez
Ceste piteuse remembrance ;
Ayez memoire et si pensez
Comment mes biens ay dispensez 5
En vanité et en bobance.
Helas! pourquoy a l'on fiance
Au Monde? Ce n'est pas assez ;
On acquiert peine et grevance
Aussitost qu'on est trespassez. 10

Pour quoy povez apparcevoir
Se le Monde peut decevoir
Par son faulx semblant maintes gens[1].
Je fus jadis, à dire voir,
En grant honneur, riche d'avoir, 15
Jeune, faitiz, mignotz et gens ;
Helas! comment j'euz peu de sens
Qui ne me peuz apparcevoir
Qu'estre à bien faire negligens
Me feroit peine recevoir. 20

Helas! seigneurs, veez cy la Mort
Qui me tourmente, point et mort
Et me met à desconfiture ;
Je suis arrivé à dur port,
Car je cuidoy avoir confort 25

1. Imp. : *mainte gent.*

Par la force de ma nature ;
Or me tourne en pourriture ;
Aussi fera foible et fort,
Selon ce que dit l'Escripture ;
Or voy-je doncques se j'ay tort.   30

 Ben apparçoy, mais c'est trop tart ;
Ma doulente ame brule et art,
Et mon corps est ro[n]gé de vers ;
De griefz tormens ay bien ma part,
Car la flambe de part en part   35
Me brule d'estez et d'ivers,
Puys l'Ennemy faulx et divers
Tourne vers moy son faulx regart
Et me fiert de chascune part,
A droit, à tort et à travers.   40

 Le Monde me monstroit amys
Et de long temps m'avoit promis
Que je vivroye longuement ;
Or veez-vous en quel point m'a mys,
Car je n'ay parens ne amys   45
Qui me facent alegement.
Ainsi languis amèrement
Car ès mains suis des Ennemys,
Où demourray sans finement.
Prenez sur ce point vostre avis.   50

 Long temps ay vescu en ordure,
En glotonnie et en luxure
Et en trestous charnelz desirs,
Mis mon temps et toute ma cure
En vanité qui n'est pas seure,   55

Affin d'estre cointz[1] et joliz ;
Pour tant en suis enseveliz
Au grant Enfer, qui tousjours dure ;
Tu feras que fol si eslis
Habitacion si très dure.   60

Helas ! pourquoy fuz oncques faiz
Quant porter me fault si dur faiz ?
Hée, Mort, tant es fière et amère,
Jamais n'auray ne bien ne paix,
Car perdu suis à tout jamais.   65
Las ! pourquoy fuz-je né de mère,
Puys qu'il convient qu'ainsi compère
Les grans pechez et les meffaiz ?
Pouvre pecheur, or considère
Comment j'en suis laiz et deffaiz.   70

Tant qu'il n'est langue qui peust dire,
Ne clerc qui sçeust tant bien escrire,
N'engin humain qui sçeust comprendre
Comment mon corps pleure et souspire
Pour le torment et grief martyre   75
Que soir et main me convient prandre ;
Exemple povez cy aprandre ;
Celluy qui est sage s'y mire.
Pourquoy ne le peuz-je surprandre
L'Ennemy qui est remply d'ire.   80

Esveille-toy, Monde qui dors,
Prens en toy aucun bon remors,
Tant es paresseux à bien faire ;
Pourquoy espargnes-tu ton corps,

---

1. Imp. : *coiutz.*

Qui est si puant et si hors 85
Et à ton sauvement contraire ?
Tu le devroyes tousjours retraire
De peché, où¹ il est amors² ;
Ou tu ne pourras à Dieu plaire,
Combien qu'il soit misericors. 90

 Puys que tu as temps et espace
Pour impetrer de Dieu la grace,
Penser tu dois à bien ouvrer,
Car vrayement le temps se passe,
Et ta vie sera tost casse, 95
Et ne la pourras recouvrer.
Il vault mieulx rire que plourer
Et vivre en règle qu'en espace.
Or vueilles donc considerer
Quel broit³ le Monde si te brasse. 100

 Se tu veulx faire desplaisance
A l'Ennemy, fais penitence
Et pense d'amender ta vie ;
Soyes de belle contenance
Et viz⁴ tousjours en esperance, 105
Sans vanité et sans envie,
Et prie la Vierge Marie,
Que par tout a si grant puissance,
Qu'à son benoist Filz te marie
Et te doint vraye repentance. 110

*Cy finist la Remembrance
du mauvais Riche.*

---

1. Imp. : *ont*. — 2. Imp. : *amort*. — 3. C'est-à-dire
« brouet ». — 4. Imp. : *vifz*.

*Les Erreurs du Peuple commun,
Qui prenostiquent la famine
De l'an mil cinq cens vingt et ung,
Comme le saige determine.*

La petite pièce que nous publions à été écrite à l'occasion de la famine qui désola la France en 1521, et dont le *Journal d'un bourgeois de Paris*, publié par M. Ludovic Lalanne (Paris, Jules Renouard, 1854, in-8, p. 96) nous a conservé le souvenir dans les termes suivants :

« Au dict an 1521, commencement de may jusques à long temps après, fut quasi à Paris une famine, tellement qu'on ne pouvoit trouver bled ne pain en la ville de Paris pour argent. Et fut le bled si cher que, pour vray, il vallut de six à sept livres le septier, mesure de Paris ; dont, par la provision de la cour de Parlement, le prevost de Paris, le lieutenant criminel et aultres furent envoyez en Picardie, en la France et en la Beaulce et aultres lieux, avec les archers et arbalestiers de la ville de Paris et grand nombre de gens de pied, pour deffendre le bled qu'ils en ameneroient par la rivière de Seyne, après qu'on en auroit achepté.

« Et le vendredy, lendemain de la Feste-Dieu,

furent faictes unes belles processions generalles à Paris, où y furent portées plusieurs chasses et reliques en gros nombre, et entr'autres les chasses de madame saincte Geneviefve et de sainct Marceau, très honnorablement; et fit le service, en l'absence de monsieur de Paris, monsieur l'evesque de Tournay.

« Et, pendant qu'on faisoit les dictes processions, arrivèrent à Paris cinq grandz batteaulx chargez de bled, où il pouvoit avoir quatre centz muidz de bled, mesure de Paris; dont, à cause de la dicte venue, par les bonnes prières de la glorieuse Vierge Marie et de madame saincte Geneviefve, ne cessa depuys le bled d'amender et diminuer du prix d'argent, tellement que, le dict jour mesmement, y fut donné et vendu le septier que quatre livres huict blancs et quatre livres dix solz. Et néantmoins depuys, il fut tout du long de la dicte année fort cher, au moyen des grandes pluyes qu'il fist tout du long de l'esté, tellement que, jusques au bout de l'an ensuyvant, au mesme moys de may, vallut à Paris six livres quinze solz, par l'espace de plus de quatre [*lis.* quatorze] mois.

« Et l'année mesme, il fut encores plus grande famine et necessité de bledz et de pain par tout le pays de Normandie, tellement que le septier de bled valloit dix livres. »

La *Cronique du roy Françoys, premier de ce nom,* publiée par M. Georges Guiffrey (Paris, vᵉ Jules Renouard, 1860, in-8, p. 29), dit de même à l'année 1521 : « Ce dict an fut par toute France si grant cherté, que le pain valloit vingt deniers tournois par l'espace de quatorze mois, et continua puis après à seize deniers tournois jusques à la sainct Jehan, qui fut l'an mil Vᶜ XXIII. »

L'auteur de notre pièce lui a donné la forme d'un sermon dramatique, comme l'attestent le texte latin qui la précède et l'adresse aux spectateurs qui la termine ; elle était peut-être destinée à être récitée avant la représentation d'un mystère ou d'une moralité.

Voici la description de la plaquette qui nous a été gracieusement communiquée :

Les erreurs du // peuple commun // Qui prenostiquent la famine // De lan mil cĩq cẽs vingt et vng // Comme le saige determine. — *Finis. S. l. n. d.* [*Paris?*, 1521], pet. in-8 goth. de 8 ff. de 20 lignes à la page pleine, sign. A.

Au titre, un bois grossier représentant une foule de personnages qui se pressent les uns contre les autres. Le même bois est répété au v°.

Le r° du 7ᵉ f. contient 9 vers et le mot *Finis*. Le v° est blanc, ainsi que le 8ᵉ f.

Biblioth. de M. le comte de Lignerolles, dans un recueil provenant du duc de la Vallière (*Catal. de Bure*, n° 3071), et, en dernier lieu, de M. le baron Jérôme Pichon (*Catal.* n° 485).

Maledictus homo qui abscondit frumenta in populo. Benedictio autem super caput vendencium[1].

Consideré[2] le temps qui est divers
Et que chascun si s'en va à l'envers
En declinent[3] de bien et de raison,
Suyvent erreur, je croy qu'il est saison
De declarer le proverbe du saige   5
Roy Salomon, qui descript ce[4] passaige

---

1. Prov. XI, 26. — 2. Imp. : *considerer*. — 3. L'auteur, ou plutôt l'imprimeur de cette pièce écrit la plupart des participes présents par un *e: declinent* (v. 3), *determinent* (v. 37), *mescroyent* (v. 54), *suyvent* (v. 4, 33).
4. Imp. : *se*.

Aux usuriers et gens de mal affaire,
Desquelz certes present ne me puis taire
Que je ne dye par inspiration
Que sur telz gens la malediction
Sempiternelle ne descende et l'ire
De Dieu, aussy sa vengeance, qu'est pire.

Or, entendez, gens remplis de tout vice,
Est-il possible que Dieu vous soyt propice,
Qui desservez que Dieu son glaive estande
Et sa vengeance sur voz testes respande ?
S'on vous demande du blé septier ou myne,
N'avez-vous pas espoir que la famyne,
Qui povres myne, vous fera enrichir ?
Oyez que dit le saige sans flechir ;
Ne dit-il pas que l'homme est mauldit
Du Créateur et si est interdit
Des vrays fidèles, qui cache[1] le fromment
. . . .
S'il ne le vent, quant il voit indigence
Au povre peuple soustenir et grevance ?
. . . .

Dont vient qu'en France, en la ville royalle
Et capitalle, sur toutes renommée,
Famine prent ceste année destinée
Combien qu'y soyent des biens à grant foison,
Que chascun cache et musse en sa maison,
Et par fallace on dit et decepvance
Que n'en est point, suyvent l'outrecuydance
D'erreur, qui dit qu'il y a ung hermite,

1. Imp. : *cachent*.

Ou ypocrite qui a prenostiqué, 35
Ceste famine, disant pour verité
Que ou moys de may, determinent ung jour,
Le peuple auroyt en France mal sejour,
Car tous les biens, par la force et puissance
De Jupiter, auroyent grande souffrance, 40
Car fulminez[1] par Vulcain ilz seront
Et par l'oraige d'icelluy periront,
Et que Serès perdra sa renommée ;
Aussy Bacchus ne donnera vinée
De ceste année, qui nous puisse bien faire ? 45

Je vueil present ung argument parfaire
Contre telz gens, proffettes faulx et traistres.
Où ont-ilz prins telz propos hereticques,
Ou par quelz tiltres usurpent le sçavoyr
Du souverain Dieu, aussi son pouvoir ? 50
Sont pas[2] erreurs qu'ilz sèment en tous lieux,
Ausquelz font croyre tant les jeunes que vieulx ?
Telz furieulx font le peuple ydollatre
Et mescroyent ; pour ce dy que combatre
L'ung contre l'autre se veult et sans propos. 55
Qui ne mettra à telles gens repos,
Aussi sillance, par justice esgalle,
Ceste erreur croystra, et sera malle
La destinée, qu'ilz disent arruner[3],
Et le soustiennent, se voullans diruner[4] 60

1. Imp. : *fulminer*. — 2. Imp. : *par*. — 3. « Ranger, assortir, mettre en ordre ». COTGRAVE. — 4. Cotgrave ne cite que la forme *desruner*, qu'il traduit par « mettre en désordre, disjoindre, pervertir, etc. » On trouve un exemple de ce mot dans la sottie du *Jeu du Prince des Sotz* (Œuvres de Gringore, t. I, p. 220) :

Et se fonder, sellon l'art du grant Dyable,
Sur l'an sollaire, aussi sur l'astralabe
Et les planettes, èsquelles ont recours
Telz lunatiques, quant Phebé en decours
Est et que passe Sol ou Capricornus   65
Le Zodiaque. Lors telles gens cornus
Disent qu'auron quelque signe ou esclipse,
Prenostiquant follement dont tout vice
Et tout habus procède, non propice
Au Peuple humain, qui croyt trop de legier.   70
Pour quoy je dy, present, pour abreger,
Que leurs raisons, je ne sçay où fondées,
Fault qu'elles soyent assoppyes et souldées
Et deffalquées par foy et oraison.

Aultres gens sont qui fondent leur raison   75
Sur les trois seurs, nommez Perces fatalles,
Lesquelles dist que ceste année esgalles
Elles seront et tant elles filleront
De leurs fisseaulx qu'elles enfilleront
Plusieurs humains en leurs filletz mortelz,   80
Lesquelz feront estre semblables et telz
Que sont noz pères gisans ès cymetières,
Dont pour entendre brefvement leurs matières[1]
Est assavoir que la dame Atropos
A jà predit à Clotho tel propos,   85
Et Lachesis que Mort universelle
A prins ses armes, son pic, aussi sa pelle,

Je voy que chascun se *desrune.*
On a vu des exemples du mot *desrun,* t. VI, p. 132, et t. XI, p. 224 de ce *Recueil.*

1. Imp. : *martires.*

Pour guerroyer les mortelz ceste année,
Vingt et uniesme après mille donnée
En noz kallandes, aussi ou nombre d'or, 90
Et que les riches usuriers leur tresor
Lairont [1], qu'ont pris ceste année de leurs bledz
Sur povres gens, lesquelz ont fait doublez
En tel façon que ilz en font leurs dieux,
Qui au besoing ne leur vauldroit jà mieulx 95
Que firent ceulx du riche malheureux
Qui est dampné, comme dit l'Evangille [2].
Aussi seront des usuriers cent mille,
Qui ont regné et règnent à present,
Desquelz sera au Dyable fait present; 100
Aussi de ceulx qui ferment leurs greniers
Et povres gens exposent aux dangiers
De mort cruelle et d'extrême famine.
Par quoy convient que Dieu si determine
Faire justice juste et raisonnable 105
De telles gens; c'est verité sans fable,
Car autrement ne pourroyt que vengence
Ne fust donnée de Dieu, car la ballance
Des boullangers a esté presentée
En sa presence et aussi visitée, 110
Qui est injuste, et le poix trop petit,
Desquelz a dit que il a appetit
De condampner et en faire justice
Comme appartient et sellon son office,
S'ilz n'amandent leurs erreurs et forfaitz. 115

 Faulx usuriers et boullangiers infaitz,
Qui contrefaitz avez vostre mestier

---

1. Imp. : *laisseront*. — 2. Luc. XVI.

Et n'estes dignes d'estre ou sainct moustier
Ne ou sainct temple de Dieu non plus que chiens,
Car par voz arcs subtilz et faulx moyens 120
Vous usurpez et prenez plus que à force
Les biens des povres, desquelz Dieu se courrousse
Et vous menasse, si ne vous amandez ;
Pour ceste cause, si vous me demandez
Raison de ce et de cest argument, 125
Je vous respons que David point ne ment,
Lequel a dit et escript ou Psaultier,
Que à ce propos je lisoys d'avant hyer,
Que si bien tost ne vous convertissés
Et de voz maulx ne vous divertissez, 130
Que jà Dieu a evaginé[1] son glaive,
Et aussi a son arc tendu de mesme[2]
Pour vous pugnir par vengeance de mort
Pour voz forfaitz, desquelz ne vous remort,
Comme il me semble, en rien la conscience ; 135
Pourquoy vous pry, gardez que la vengeance,
. . . .
. . . .
Car, tout ainsi que mesuré avez,
De tel[3] mesure mesurez vous serez 140
Et à tel poix, soyt juste ou injuste,
Pesez serez, car Dieu est juge juste[4] ;
Sachez qu'il est à chascun droicturier
Et qu'il fera jugement singulier
A ung chascun selon qu'il aura fait ; 145
Pour ce chascun corrige son meffaict.
N'oppressez[5] plus la povre veufve femme
Ne l'orphellin, car c'est chose infamme

---

1. Degaîné. — 2. Psalm. XXXV, 14. — 3. Imp. : *telle*.
— 4. Imp. : *juste juge*. — 5. Imp. : *N'oppresser*.

D'avoir à tort les biens des povres gens.
Je vous supply que soyez dilligens, 150
Non negligens, d'aviser à voz faitz,
. . . .
Qui vous seront plus griefz à supporter,
Sy à mes diz vous voullez raporter,
Car Mars apreste ses armes et bombardes, 155
Et ses chevaulx bardez de fières bardes,
Pour faire guerre et esmouvoir les princes
Et les seigneurs de chascunes provinces
A guerroyer les ungs contre les aultres
Et prendre jours pour exercer leurs joustes[1] 160
Et leurs assaulx et cruelles rencontres.
Il n'y aura ne roys, ne ducz, ny comptes,
Qui ne querelle[nt], ou par droyt ou par tort,
L'ung contre l'autre, dont s'ensuyvra la mort
De plusieurs gens et tant pour les pechez 165
Qui present règnent, desquelz sont entachez
Grans et petis, jeune et vieulx, riche et povre.
L'experience tous ces faitz-cy approuve,
Parquoy ne fault autres tesmoings produire,
Mais seullement convient chascun induyre 170
A demander à Dieu vraye allegeance.

Pour quoy concludz que on face penitence
Des grans forfaitz, ung chascun endroit soy ;
Voylà le point final, duquel ne sçay
Comme en sera si Dieu n'y met remyde 175
Et s'il ne donne au povre peuple ayde

1. Il manque peut-être ici deux vers, le premier rimant avec *aultres*, le second rimant avec *joustes*, mais la phrase ne présente pas de lacune, et comme le poëte est d'ailleurs peu exigeant pour la rime (cf. v. 131-132, 161-162, 167-168), on peut admettre qu'il s'est contenté ici d'une simple assonance.

Que de ses verges bien tost ne nous pugnisse
Pour le peché detestable et le vice
Qui present règne, dont le monde est pollu.
Or, fayson donc tous ainsi que j'ay leu. 180
Que fist David; cryons misericorde,
Affin que Dieu son yre ne recorde
Et dessus nous n'estande sa justice.
Prion Marie qu'el[le] nous soyt propice
Et tous les Sainctz aussi de Paradis, 185
Car, tout ainsi que Dieu donna jadis
Au temps Jacob à Joseph, habondance
De blez et vins, nous donnera, se pence,
Ceste année, si nous le supplion;
Et, si sa grace humblement deprion, 190
Nous acquerron sa benediction
Et si fuyron la malediction
Qui est present[1] donnée aux usuriers
Et à tous ceulx qui ferment leurs greniers.
Soyez donc larges aux povres estrangiers 195
Et familliers entre vous qui avez
Des bledz assez, car subvenir debvez
A voz prochains par œuvre charitable,
Affin que Dieu voz fais ayt agréable,
Lesquelz regarde, dont à tous vous supplye 200
. . . .
Qu'on multiplye le bien et qu'on delaisse
Le mal à faire, et erreur qui tous blesse
Sera destruycte, ce croy, en chascun lieu.
Pardonnez moy, en vous disant adieu. 205

Finis.

1. Imp. : *presente.*

Le Giroufflier aulx Dames.
Ensemble le Dit des douze Sibilles[1].

Chacun connaît l'immense autorité que le *Rommant de la Rose* avait acquise au XVe siècle. Ce qui séduisait surtout nos pères dans ce long poëme, c'étaient les traits malicieux sans cesse décochés contre les femmes. Ces attaques ne restèrent pas sans riposte : Christine de Pisan et Martin Franc entreprirent de venger le beau sexe. Les petits poëtes du XVe siècle prirent parti, les uns pour Guillaume de Lorris et Jehan de Meun, les autres pour les auteurs du *Tresor de la Cité des Dames* et du *Champion des Dames*. Une étude des imitateurs du *Rommant de la Rose* et des réponses auxquelles ce poëme a donné lieu serait curieuse et intéressante, mais elle nous entraînerait en dehors des limites imposées à notre travail; nous nous bornerons donc à dire quelques mots du *Giroufflier*.

L'auteur nous apprend lui-même à la fin de son ouvrage (v. 598-599) qu'il l'a composé pour obéir

---

[1]. Tel est le titre de l'édition de Jehan de Channey, que nous avons suivie. On trouvera plus loin dans nos descriptions bibliographiques le titre des autres éditions.

aux ordres d'une princesse de sang royal ; au Rosier, symbole des vices attribués aux femmes, il veut substituer une autre plante allégorique, le Giroflier[1], d'où Raison s'élance pour défendre le sexe faible. C'est Raison qui fait le procès aux auteurs du *Rommant de la Rose*. Le poëte établit pourtant une grande distinction entre Guillaume de Lorris et Jehan de Meun. Guillaume de Lorris, qu'il fait parler sous le nom d'Entendement, proteste du respect qu'il a pour les dames et déclare que, s'il avait pu terminer son œuvre, le dénouement en eût été tout différent :

> La fin seroit que en dame parfaicte
> N'eut oncques mal, ne villanie faicte.

Ces protestations lui méritent l'indulgence de notre auteur, qui réserve toute sa colère pour Jehan de Meun. Afin de le réfuter, il nous entraîne dans une allégorie où figurent Malle-Bouche, Envie, Jalousie, Jeunesse et d'autres personnages qui leur font cortége. Le principal mérite du *Giroufflier* est celui de la brièveté. Le poëte commence une énumération des femmes vertueuses, analogue à celles que nous avons vues dans la *Vraye disant Advocate des Dames* (t. X, pp. 225-268) et dans le *Monologue fort joyeulx sur les Dames* (t. XI, pp. 176-191), mais il abandonne assez promptement ce sujet et laisse la parole aux Sibylles, qui, à l'honneur de leur sexe, ont reçu du ciel la mission d'annoncer la venue du Christ.

Parmi les traditions chères au moyen-âge, il n'en est guère qui se retrouvent sous des formes plus nombreuses et plus variées que celle des Sibylles. Dès les premiers temps du christianisme, des écrivains religieux appartenant, à ce que l'on croit, à l'école d'Alexandrie, voulurent exploiter, au profit de la foi nouvelle ou d'une réforme du judaïsme, la

---

1. M. Littré remarque que, dans l'ancienne langue, le nom de *giroflier* désignait une sorte d'œillet.

haute autorité dont les livres sibyllins avaient joui dans toute l'antiquité, et composèrent les recueils de prophéties que nous possédons encore aujourd'hui. Des fragments empruntés à des oracles payens ont été encadrés dans des morceaux beaucoup plus modernes, composés, pour les besoins de la cause, dans une langue remplie d'obscurités calculées[1]. Les nouveaux oracles eurent le succès que leurs auteurs avaient pu souhaiter ; le moyen-âge, qui ne les connut guère que par les écrits des saints pères[2], leur témoigna de confiance une véritable vénération et rangea les Sibylles parmi les prophètes du Christ, à côté d'Adam, d'Ève, d'Abraham, de Moïse, de Gédéon, de David, d'Isaïe, de Jérémie, etc.

Au moyen-âge, les oracles des Sibylles ont été mis en langue vulgaire sous plusieurs formes. Il existe une pièce en prose dans laquelle sont indiqués sommairement les noms et les prophéties de ces « femmes chrétiennes » (voy. Biblioth. Nationale, ms. fr. n° 375, fol. 27), puis un *Dit des Sibilles* en vers de six syllabes (voy. l'abbé de la Rue, *Essais historiques sur les Bardes, les Jongleurs et les Trouvères normands et anglo-normands*, t. II, pp. 280-284 [3]), mais ce

---

1. Voy. *Oracula sibyllina*, curante C. Alexandre (Parisiis, 1841-1856, 2 vol. gr. in-8); — J. H. Friedlieb, *Die sibyllinischen Weissagungen, vollstændig gesammelt, nach neuer Handschriften-Vergleichung, mit kritischem Commentare und metrischer deutscher Uebersetzung* (Leipzig, 1852, in-8), et Ferdinand Delaunay, *Moines et Sibylles dans l'antiquité judéo-grecque*, Paris, Didier, 1874, in-8. Cf. Renan, *Les Evangiles* (Paris, 1877, in-8), pp. 161-172.

2. Pour les passages des saints pères relatifs aux Sibylles, voy. Lecanu, *Dictionnaire des Prophéties et des Miracles*, dans la Nouvelle *Encyclopédie théologique*, publiée par M. l'abbé Migne, v° *Sibylles*. M. Lecanu a transformé plus tard cet article en une thèse pour le doctorat en théologie, intitulée : *Les Sibylles et les Livres sibyllins* (Paris, 1857, in-8).

3. Ce poëme, qui ne compte pas moins de 2496 vers,

n'est ni de l'une ni de l'autre de ces deux compositions que dérive le *Dit des douze Sibilles* que nous reproduisons plus loin.

Ce dit n'est certainement pas du même auteur que le *Giroufflier*. Notre poëte, il est vrai, après avoir parlé des Sibylles et de leurs oracles (v. 443-456), s'exprime ainsi :

> Dont les hystoires seront à fin du livre,
> Se je puis tant ceste matière ensuivre ;

mais, à notre avis, ce passage signifie simplement qu'après le poëme devront être placées les figures, les images des Sibylles[1] ; il ne veut pas dire que l'auteur du *Giroufflier* a lui-même composé le texte accompagnant les « hystoires ». Le *Dit des douze Sibilles* est, en effet, plus ancien que l'allégorie qui le précède. Il se trouve à la fin du *Mistère du Viel Testament*, réunion de drames bibliques formée par un compilateur inconnu vers le milieu du XVe siècle, et il est très-probablement antérieur à cette date. Ce qui montre jusqu'à l'évidence que l'auteur du *Giroufflier* y est resté étranger, c'est que les deux éditions que nous avons eues sous les yeux donnent un texte fort différent. Celle de Michel le Noir reproduit, sans autres variantes que des suppressions dues au manque d'espace, la rédaction que nous a conservée le *Mistère du Viel Testament* ; celle de Jehan de Channey, au contraire, donne deux ou trois strophes d'après une autre source. Nous croyons que les imprimeurs ont tiré tout à la fois des livres d'heures[2] ou des livrets

---

ne parle que de dix Sibylles. L'abbé de la Rue en attribue la composition à Guillaume Herman, mais M. Th. Wright (*Biographia britannica litteraria*, t. II, p. 337) émet sur cette attribution des doutes probablement fondés.

1. Le mot *ystoire* ou *hystoire* a fréquemment le sens d'« image » ou de « figure ». Voy. t. XII, pp. 347-414, la *Vie de sainct Mathurin de Larchant hystoriée*.

2. Parmi les livres d'heures ornés de bois représentant

populaires qui se débitaient alors les bois représentant les Sibylles et les vers qui les accompagnent. L'auteur du *Girouflier* est resté étranger à leur choix.

Plusieurs poëtes du XVIe siècle ont composé des vers sur les Sibylles.

Un ouvrage célèbre de Symphorien Champier, la *Nef des dames vertueuses* (à Lyon sur le Rosne, par Jaques Arnollet, s. d., in-4 goth.[1]), se termine comme le *Girouflier* par les prédictions des Sibylles. Champier les a traduites en strophes de huit vers, en les accompagnant d'une glose beaucoup plus développée que le texte lui-même. Cette traduction n'a d'ailleurs aucun rapport avec notre dit, car l'auteur ne fait parler qu'une Sibylle. A la suite des vers de Champier se trouve, au contraire, un dit des douze Sibylles par Jehan Robertet, « en son vivant notaire et secretaire du Roy nostre sire et de monseigneur de Bourbon, greffier de l'Ordre et du Parlement Dalphinal », puis vient une concordance des dits des Prophètes et des oracles des Sibylles, en latin[2].

Vers la même époque, Jehan Bouchet a composé les *Dictez des dix Sibilles, contenant leurs vaticinations*. Dans ce petit poëme les prédictions de chacune des prophétesses sont réduites à une strophe de sept vers; la pièce compte en tout 70 vers décasyllabiques. Voy. *Les Généalogies, Effigies et Epitaphes des Roys de France, recentement reveues et corrigées par l'autheur mesmes, avecques plusieurs aultres opuscules*

---

les Sibylles nous citerons les grandes *Heures* de Simon Vostre à l'usage de Rome.

1. Bibliothèque Nationale, Y 6166, Rés. (vél. 1972).
2. *Les Propheties, Ditz et Vatinations* [sic] *des Sibilles translatez de grec en latin par Lactance Firmian, et de latin en rhetorique françoise par maistre Simphorien Champier, avec le comment dudit maistre Simphorien; desdyé et envoyé à très noble et très vertueuse princesse Anne de France, dame et duchesse de Bourbon et d'Auvergne*, fol. p2-t4.

(Poitiers, Jaques Bouchet, 1545, in-fol.), fol. 141 c-142 a.

Un demi-siècle plus tard, Jean Dorat mit les oracles sibyllins en vers latins et les fit paraître avec d'élégantes figures et une seconde traduction en vers français de Claude Binet, de Beauvais. Voy. *Les Oracles des douze Sibylles, extraits d'un livre antique mis en vers latins par Jean Dorat, poëte et interprète du Roy, et en vers françois par Claude Binet, avec les figures des dites Sibylles pourtraictes au vif et tirées des vieux exemplaires, par Jean Rabel* (Paris, Rabel, 1586, in-fol.).

Deux des éditions du *Giroufflier*, l'édition B, que M. Brunet croit lyonnaise, et l'édition C, se terminent par un hors-d'œuvre, que nous n'avons pas cru devoir reproduire, la lettre bien connue de Sénèque à Lucilius au sujet de l'incendie qui détruisit Lyon l'an 811 de Rome (59 après J.-C.[1]). Il paraît qu'on voyait encore des traces de cet incendie au XVIIe siècle (voy. le P. Ménétrier, *Histoire de la ville de Lyon*, 1696, in-fol., p. 112); on comprend donc fort bien qu'à la fin du XVe siècle et au commencement du XVIe, les imprimeurs lyonnais aient eu l'idée de reproduire une pièce qui était un document précieux pour l'histoire locale. Le texte imprimé à Paris par Michel le Noir (nous n'avons pas eu sous les yeux l'édition C) est tronqué comme celui du *Giroufflier;* nous aurions pu lui substituer un texte fort correct qui se trouve dans un ms. de la Bibliothèque Nationale (Fonds franç., n° 2473), mais il nous a semblé que l'épître de Sénèque n'était guère à sa place dans un recueil de poésies françaises.

Voici la description des éditions du *Giroufflier* qui nous sont connues :

---

1. L. Annæi Senecæ ad Lucilium Epistolæ, n° xci.

A. ¶ Le giroufflier aulx // dames. // Ensemble le dit des // douze sibilles. — ¶ *Cy finist la pro-//phetie des douze si-//billes nouuellement // imprime en Auignõ.* S. d. [vers 1510], pet. in-8 goth. de 24 ff. de 26 lignes à la page pleine, impr. en lettres de forme, sign. A-C.

Au titre, un bois représentant un homme et plusieurs dames dans un jardin. — Au v° du titre, l'acteur offrant son livre à un grand personnage.

Au r° du 3e f., l'acteur et Raison, figure qui se retrouve au v° du 5e f.

Au v° du 6e f., l'acteur assis dans une chaire gothique devant un pupitre.

Au v° du 7e f., Raison et la Princesse des Fayes.
Au v° du 8e f., Raison et Envie.
Au v° du 9e f. (B 1), Raison et Fortune.
Au v° du 10e f. (B 2), Raison et Malle-Bouche.
Au v° du 11e f. (B 3), Raison et Jalousie.
Au v° du 12e f. (B 4), Raison et Prudence.
Au r° du 14e f. (B 6), Raison et Noblesse (même bois que Raison et Prudence).
Au 15e f. (B 7)   ?
Au r° du 16e f. (B 8), Patience et Jeunesse.
Au r° du 17e f. (C 1), l'acteur dans une chaire gothique (même bois que ci-dessus).
Au v° du 18e f. (C 2), la Sibylle Persique.
Au r° du 19e f. (C 3), la Sibylle Libyque.
Au v° du même f., la Sibylle Erythrée.
Au r° du 20e f. (C 4), la Sibylle Samienne.
Au v° du même f., la Sibylle Cumane.
Au r° du 21e f. (C 5), la Sibylle Cimmérienne.
Au v° du même f., la Sibylle Européenne.
Au r° du 22e f. (C 6), la Sibylle Tiburtine.
Au v° du même f., la Sibylle Agrippa.
Au r° du 23e f. (C 7), la Sibylle Delphique.
Au v° du même f., la Sibylle Aspontienne.
Au r° du 24e f. (C 8), la Sibylle Phrygienne[1].

---

1. Les attributs des douze Sibylles sont indiqués par

Au v° du même f., au-dessous des quatre lignes de souscription, la marque de *Jehan de Channey* (Brunet, *Manuel*, t. II, col. 1616).

Biblioth. munic. de Versailles, E. 428. c. (exemplaire incomplet du f. B7).

Cette édition, qui en reproduit peut-être une plus ancienne, est la plus complète que nous ayons rencontrée.

B. Le Giroufflier aux dames. ensemble le dit des Sibiles. Epistre de Seneque a Lucille cõsolatoire de liberal leur amy q̃ estoit triste pour ce q̃ la cite de lyon dont il estoit¹ estoit arse ꝯ brulee : Par ceste epistre on peut clerement cognoistre quāt et cõment la cite de lyon fut dernierem̃t destruite. Et en quel lieu elle estoit fondee et quelle elle estoit et les ans de sa durée. S. l. n. d. [*Lyon?, vers* 1510?], pet. in-4 goth. de 16 ff. à longues lignes, sign. a-d.

Cette édition, décrite par M. Brunet (*Manuel du Libraire*, t. II, col. 1616), est ornée de 23 figures sur bois ; le titre est imprimé en rouge et en noir ; le v° du dernier f. est blanc.

C. Le girofflier aux dames // Ensemble le dit des sibiles. // Epistre de seneque a lucille consolatoire de liberal leur // amy qui estoit triste pource q̃ la cite de lyon dont il estoit // estoit arse et bruslee. Par ceste epistre on peult clerement // congnoistre quant et comment la cite de lyon fut derniere // ment destruicte. Et en quel lieu elle estoit fondee : et quelle // elle estoit et les ans de sa duree. — ¶ *Cy finist lespistre de senecque a lucille.* // Imprime a paris par Michel lenoir. S. d. [*vers* 1510], in-4 goth. de 12 ff. de 38 lignes à la pagne, sign. A-B.

Didron (*Manuel d'iconographie chrétienne*, Paris, 1845, in-8), pp. 152-153, et par Guénebault, *Dictionnaire iconographique* (Paris, Leleux, 1845), t. II, p. 336.

Au titre, un grand bois qui représente deux femmes dans une voiture conduites par un postillon à cheval; l'une de ces femmes tient un luth.

Au v° du titre, trois bois allégoriques superposés : le premier représente un pèlerin chargé de sonnettes ou de cliquettes, qui s'avance vers une dame entourée d'étoiles et de rayons lumineux, qui paraît être la Vérité; derrière cet homme, on aperçoit une femme qui tient un marteau et des tenailles; — le second représente le même personnage dans trois attitudes différentes : agenouillé aux pieds du pape; armé chevalier par la dame aux étoiles; se tenant près d'elle, revêtu de son armure, pour la défendre; — le troisième le montre encore conduit par la dame auprès d'une source magique et se prosternant devant sa protectrice.

Au v° du 2ᵉ f. (A 2), deux bois placés côte à côte : Dieu apparaissant à l'acteur et Raison.

Au r° du 3ᵉ f. (A 3), les deux mêmes bois sont répétés.

Au r° du 4ᵉ f. (A 4), deux bois placés côte à côte : Raison une fleur à la main; une femme tenant un enfant.

Au v° du même f., l'acteur, conduit par Raison, s'avançant vers dame Fortune (Fortune porte ici les étoiles et les rayons lumineux qui nous ont paru être ci-dessus les attributs de Vérité).

Au r° du 5ᵉ f. (A 5), deux bois placés côte à côte : une femme tenant un enfant (répétition de la figure indiquée au 4ᵉ f.), et une femme tenant un verre.

Au v° du 6ᵉ f. (A 6), l'acteur, conduit par Raison et par Vérité, aperçoit Jalousie.

Au v° du 7ᵉ f. (B 1), deux figures placées côte à côte : Jeunesse tenant une fleur (même bois que celui qui a servi au 4ᵉ f. pour Raison), et Raison (répétition de la figure des 2ᵉ et 3ᵉ ff.

Au v° du 9ᵉ f. (B 3), Dieu apparaissant à l'acteur (répétition de la figure qui orne les 2ᵉ et 3ᵉ ff.).

Au v° du dernier f., la grande marque de *Michel le Noir*, dont Silvestre (*Marques typographiques*, n° 60) a donné une réduction.

Biblioth. nat. Y. 4389. A, Rés.

Cette édition, fort incorrecte, est entièrement tronquée. Sans parler de plusieurs transpositions, elle ne supprime pas moins de 250 vers : savoir : les vers 21-40, 114, 205-206, 209-234, 261-268, 291-306, 319-334, 347-358, 365-374, 385-404, 421-442, 473-494, 545-568, 651-686, 699-710, 736, 740, 744.

Ces défauts graves n'ont pas empêché M. Adam Pilinski d'en faire, vers 1860, une reproduction en fac-similé, tirée, dit-on, à cinquante exemplaires.

A l'ombre basse d'ung giroufflier vermeil,
Cueillant pencées deux à deux à pareil
Et maintz soulciz, dont je suis tant fourny,
Par maintz matins tout seul me contourny
Pour oblier[1] mon douleureux[2] amer, 5
Où j'ay cuydé par maintes fois pasmer,
Après que j'eu la loyalle perdue
Que maulgré moy la Mort a confondue
Et à grant tort, et sans droit ne raison,
Devant beaucoup droicturière saison. 10
Moy pourmenant entour ces giroufflées
Et mes pensées par maintes fois doublées
Avec soulciz et maintz divers herbaiges[3],
J'ouy bien près en ung bas fenestrage
Ung escuyer lire ung nouveau songe 15
Par maintz brocars, et par mainte[4] mensonge

---

1. c : *oublier*. — 2. c : *douloureux*. — 3. A : *hergaiges*. — 4. A, c : *maintes*.

Attribuant aux dames grand malice,
Dont qui le croit feust raison qu'il pallice,
Et le nommoit le *Livre de la Rose*,
Disant en luy toute l'amour enclose[1].
Bonne et maulvaise aussi le determine
En blasonnant le secse feminine,
Don[t] j'ay au cueur aulcunement douleur
D'ouyr blasmer la haultaine couleur
Des nobles dames en touchant à reprouche,
Faignant parler comme sil qui n'y touche.
Si j'eusse ousé mettre le pied avant
Pour le reprendre, g'eusse comme savant
Luy remonstré ung peu son ignorance;
Mais celle-là, qui a toute science
Et le regard sur toute[2] créature
Si l'escoutoit autour de la clousture
Du giroufflier pour ouyr sa replicque
Et pour respondre à sa langue rustique,
Dont volentier voulus veoir le deduyt
En escoutant et sans mener grand bruyt.
Tousjours lysoit par grand devotion
En demonstrant sa divulgation
Et, en narrant sa legende faulsayre,
Faysoit aux dames vehement vitupère[3];
Dont, quant j'ouys d'amours tel parlement
Et que ainsi les alloit blasonnant,
Je me mussay par derrière ung buisson

1. Le titre du *Rommant de la Rose* porte en effet :

Cy est le Rommant de la Rose,
Où tout l'art d'amour est enclose.

2. A : *toutes*. — 3. Les vers 21 à 40 m. dans c.

Pour escouter plainement sa raison.
Quant le *Roumant*[1] je eu bien entendu 45
Et que il eut sa fierté destendu,
Je vy tantost d'ung giroufflier saillir
Dame Raison, qui le vint assaillir
En luy disant :

Comment Dame Raison reprent le facteur du Romant de la Rose.

« Très maulvais mensongier,
« Comment as-tu jamais ousé[2] songer 50
« Que dames soyent, ainsi que tu as dit,
« Toutes infames, en ton livre mauldit.
« Il appert bien, et est[3] chose visible,
« Que tu n'as pas bien regardé la Bible,
« Là où Dieu fist Adam le premier père 55
« Et le forma du lymon de la terre
« Et en forma la femme de ses mains,
« De quoy yssirent après tous les humains
« Et tout créa, chose saincte et pure
« Et à tous deux[4] il donna sa figure, 60
« L'ung comme l'aultre et comme l'autre l'ung,
« Et l'ung de l'aultre et tous deux de chascun,
« Et tous ensemble les fist de terre naistre,
« Et puis les mist en Paradis terrestre,
« Dont il est cler, comme tu voys en somme, 65
« Qu'il a formé la femme comme l'homme
« Et à tous deux fist une mesme grace,
« Puisque tous deux les mist en une place.
« Et, quant tu ditz qu'elle est commencement

---

1. c : *Rommant*. — 2. c : *osé*. — 3. c : *et c'est*. —
4. *Deux* m. dans c.

« Et fut motif de leur exillement 70
« Du noble lieu où Dieu les voult[1] logier,
« Pource qu'elle fit[2] la pomme mengier,
« Je te respond que la iniquité
« Saillit d'ailleur premier en verité,
« Car cela fut par l'instigation 75
« Du faulx serpent et par tentation ;
« Et ce pourtant ne l'a pas Dieu haye,
« Car tu voys bien que la Vierge Marie,
« Qui fut après une pucelle vierge,
« Tient, après Dieu, le plus souverain siège 80
« Et est au ciel après luy la plus digne,
« Dont n'est-il pas en nulle façon signe
« Qu'il voulcist[3] femmes moins que hommes[4] priser,
« Comme tu fais, qui les veulx mespriser,
« Toutes ensembles sans comparation ; 85
« Cela te vient de grant presumption,
« Car tu sçez bien, se tu es homme saige,
« Que, pour sauver trestout l'humain lignaige
« Et pour l'amour de l'humaine nature,
« Il s'encarna en celle vierge pure 90
« Et en son ventre il print humanité,
« Dont il est cler assez en verité
« Qu'il ayme femme sus toulte créature,
« Car il en fist sa doulce nourriture ;
« Et, puisqu'il a souveraine puissance, 95
« Tu cognois bien, se tu as de science,
« Qu'il povoit naistre de l'air ou de la mer
« Et à son gré les femmes diffamer

1. A, C : *voulut*. — 2. C : *que fist*. — 3. C : *voulsist*. — 4. A : *homme*.

« Et les jecter du ciel ou de la terre,
« Puis qu'il est roy et grand souverain père ; 100
« Mais il a fait autant de sainctes femmes
« Comme de sainctz et en corps et en ames,
« Et autant sont de sainctes celestiques
« Comme de sainctz communs et angeliques.
« Et, se tu veulx regarder les malices 105
« Qui sont aux femmes, regarde bien les vices [1]
« Qui sont aux homes, et ne diras plus rien,
« Ne jugeras les femmes fors que bien.
« Car, se j'ousoye [2] de Lucifer retraire,
« Si croy-je bien, femme ne fist pas faire 110
« Le grand meffait pourquoy il fut mauldit
« Et exillé du ciel et enterdit [3] ;
« Si n'eust-il pas oncques tentation
« D'aulcune femme ou instigation [4]
« Qui le méust à si hault surmonter, 115
« Mais il vouloit par orgueil tant monter
« Qu'il cheut tout bas, comme fera ton livre,
« Qui en fierté finablement t'en yvre,
« Et ne crains pas les femmes diffamer
« Toutes ensemble pour toy faire louer ; 120
« Mais trop haultesse maintes fois petit vault,
« Car qui plus monte trop plus tumbe de hault.
« Et au surplus, ne te souvient-il pas
« Du grant meffaict que fist le faulx Judas ?
« Femme fut-elle de tel [5] trahyson cause ? 125
« Je croy que non ; et pourtant je suppose [6]
« Qu'i vauldroit mieulx ta faulte recongnoistre

---

1. C : *aux* vices.
2. C : *j'osoye*. — 3. C : *entredit*. — 4. Le v. 114 m.
dans C. — 5. A, C : *telle*. — 6. C : *si expose*.

« Que ta malice faire partout congnoistre.
« Et, se tu fusses de tous maulx despeché,
« Lors pourroys-tu nommer aultruy peché ;   130
« Mais je [ne] croy que homme corporel
« Soit plus que femme sans peché mortel,
« Et moins dobtées[1] sont malices[2] de[3] femmes
« Que de fiers hommes, orgueilleux et infames,
« Car plus de maulx feroit ung maulvais homme   135
« Que toutes femmes qui sont d'icy à Rome,
« Et mieulx vauldroit estre maulvaise femme
« Serve à homme de bon corps et bonne ame
« Que maulvais homme en domination
« De[4] nulle femme de grand condition.   140
« Et se tu es esmerveillé comment
« Toute raison les maintient[5] tellement,
« Je te respons que c'est plus de noblesse
« Maintenir droit par raison et humblesse
« Que de sercher rudesse et escorce[6]   145
« Bien follement par souveraine force.
« Mais toy, qui es de tel livre facteur
« Et as esté en maintes loix docteur,
« Fais asçavoir de ton cueur la malice,
« Car il convient que le bien ou mal[7] ysse   150
« De là où est et a esté nourry ;
« Or appert-il que tu es jà pourry
« Et as hanté lieux villains et tavernes,
« Ou s'acoustument à donner telz lanternes.
« Se tu eusse hanté avec Noblesse   155
« Tu n'eusses dit chose que[8] honneur blesse ;

1. c : *doubtées.* — 2. A, c : *les* malices. — 3. c : *des.*
— 4. A : *Da.* — 5. A : *le maintien.* — 6. c : *escorche.*
— 7. A, c : *le mal.* — 8. c : *qui.*

« Mais se tu as Villenie¹ suivy²,
« Dont tout ton cueur en³ est jà assouvy,
« Et l'as trouvé⁴ en ton villain rosier,
« Pas n'as serché en nostre giroufflier,   160
« Où est enclos honneur et gentillesse,
« Qui en vertus de bien⁵ servir ne cesse. »

Comment parla à Dame Raison Entendement⁶.

A celle foys parla Entendement
Et respondit moult amyablement :
« Dame Rayson, singulière maistresse,   165
« Celle c'on tient en terre la déesse
« Entre les preux et gens de sapience,
« Se j'ay failly, s'a esté ignorance
« Qui m'a conduyt, au *Livre de la Rose*,
« Faire ainsi ; dont pas je ne propose   170
« Dyre des dames chose que honneur blesse,
« Mais, seullement pour ensuyvre Noblesse
« Et me garder de vicieux affaire,
« L'ay commencé et ne l'ay peu parfaire
« Pour la cause de la fragilité   175
« De tout mon corps qu'est à debilité,
« Et me convint⁷ devant heure mourir
« Et plus n'ay peu ma matière suyvir.
« Et, quoy que on⁸ mist à l'achevement,
« Je ne fis fors que le commencement.   180
« Jamais ma vie je n'entreprins reprouche,
« Ne ditz parolle qui contre honneur touche

---

1. C : *Villanie.* — 2. A : *suvy.* — 3. *En* m. dans A. —
4. A : *trouver.* — 5. C : *biens.* — 6. C : *Comment Entendement parla à dame Raison.* — 7. C : *convient.* — 8. A, C : *qu'on.*

« Et, se après que j'eu finé ma vie,
« On y a mis reprouche par envye,
« Le reprocher[1] seroit à l'achevant, 185
« Selon tout[2] droit, non pas au commençant,
« Car, se Nature m'eust comporté tant vivre
« Que j'eusse mis jusque[3] à la fin mon livre
« Et à loysir acomplir[4] mon emprise,
« On n'y eut jà trouvé une reprise 190
« Par le moyen de mon commencement ;
« Mais, à conclure selon mon sentement,
« La fin seroit que en dame parfaicte
« N'eut oncques mal ne villanie faicte.
« Et Dieu sçet bien comme j'en eu remort, 195
« Après que fu de cestuy monde mort,
« Que je ne l'eu de[5] premier commencé
« Affin que l'eusse aultrement avancé
« Et declairé à quoy j'avoye tendu ;
« Mais, Dieu mercy, devant Dieu ay rendu 200
« Le jugement de mon intention
« Et devant luy est l'absolution. »

Comment Entendement se perdit, et comment l'acteur escripvyt tout ce qu'il veit et qu'il ouyt.

A celle foys celluy s'evanouyt
Que oncques puis nul de nous ne le vit,
Car Attropos le tenoit soulx la lame 205
D'ombre de mort ; Jesu-Christ en ayt l'ame[6] !
Mès moy, qui suis des dames serviteur

---

1. C : *reproucher*. — 2. A : *ton*. — 3. A, C : *jusques*. — 4. A, C : *acomplir*. — 5. *De* m. dans A. — 6. Les v. 205-206 m. dans C.

Pour acquerir en tous lieux leur honneur
Et pour ouyr les haulx faitz de Raison¹,
Estant mussé² derrière ce³ buisson,   210
Je vitz des dames une grant quantité⁴
Chascune appart tenant grant gravité
Et me sembloit, à veoir leur⁵ apparance,
Que g'y conus madame Pacience,
Que pleust à Dieu qu'eusse esté papillon   215
Pour me tenir desoubz son pavillon,
Pour mieulx ouyr la doulceur de sa langue
Quant à Raison elle fit son harangue.
En aultre lieu g'y apperçeu Noblesse
Et Villenye, qui d'ung dart si la blesse;   220
Dame Jeunesse estoit d'aultre cousté
Que Malle-Bouche avoit fort escouté;
Envie estoit mussé[e] à ung coing,
Et Jalousie, qui ne se monstroit point;
Fortune estoit aussi d'ung aultre part   225
Et Prudence, qui avoit son regart
Tendant aulx cieulx comme saige et discrète,
Pour myeulx dire de la chose secrète.
Sus les creneaulx estoient les Sybilles,
Pronostiquant les œuvres très subtilles   230
Du Dieu d'en hault, qui print humanité
En une vierge de grand humilité;
Puis d'aultres dames en si grand habondance
Je vis venir que souldain je m'avance
De prendre plume et papier pour escripre⁶   235

---

1. Ce v. et les 26 vers suivants m. dans c. — 2. c :
mussée. — 3. A : se. — 4. A : quantitate. — 5. A : leurs.
— 6. c, qui supprime les v. 209-234, modifie ainsi ce vers :
  Ay prins ma plume et commençay d'escripre.

Tout ce que vitz et que leur[1] ouy dire.

Comment Dame Rayson trouva la Princesse des Fayes.

Après tantost que celluy se perdit,
Dame Raison, qui oncques ne perdit
Sens ne advis, sercha par le jardin
Tout à l'entour, et jusques à la fin,   240
En revirant par l'ombre de ses hayes,
Elle trouva la Princesse des Fayes,
Qui moult estoit de diverse fasson
Et se dormoit par derrière ung buysson.
Là racomptoit de moult merveilleux songes,   245
Qui ne sont pas à tous propos mensonges
Et maintes fois ne sont pas veritables,
Pourquoy je dy qu'ilz ne sont pas créables.
En son[2] dormant elle se print à rire,
A haulte voix à elle mesmes dire :   250
« Celluy qui fist le *Roumant*[3] *de la Rose*
« N'eut pas espace de rymoier la glose,
« Car il vouloit, suyvant Philosophie,
« Par motz couvers demonstrer[4] son amye,
« Car ce estoit la plus haulte richesse   255
« Que peust avoir ne prince ne princesse;
« Ce fut la pierre qu'on dit philosophale
« Qu'il sercha tant par chambre et par salle
« Que à la fin la trouva à sa guise ;
« Par quoy il fist alors son entreprinse.   260
« Mais puis qu'ainsi avoit fait son plaisir[5]

1. A : *leurs*. — 2. A : *sont*. — 3. C : *Rommant*. — 4. C : *demonstre*. — 5. C supprime ce v. et les 7 v. suivants.

« Ne pouvoyt-il aultre party choysir
« Pour demonstrer sa fouleur de couraige
« Que de blasmer les dames par oultrage?
« Se fust mal fait à luy par mesprison 265
« Qu'il ne parloyt à vous, Dame Raison,
« Premièrement que semer sa parolle;
« Par quoy je ditz que ce¹ n'est que frivolle
« De resprimer les travaulx qui y sont²
« Et les monstrer à ceulx là qui y vont, 270
« Faignant parler aulx dames en ce point;
« C'est au contraire, car il n'y pence point
« Et je sçay bien où ses parolles tendent,
« Mais je croy bien que peu de gens l'entendent,
« Fors je, qui suis la Déesse des Songes, 275
« Et en songeant pronostique les songes. »

Comment Dame Raison trouva Envie.

Ung peu plus oultre elle trouva Envie
De poignans dars toute sa main garnie³;
Joye avoit de l'autruy adversité
Et desplaisance de sa felicité. 280
Comme ung chien ronge les os mordant,
Ainsi rongoit sa vie fort desplaisant
Et comme ung serpent très envenimé
Dont meintes serpentines sublimé
Saillent⁴ [dehors] et souvent sont nourries 285
De hayne et de detraction pourries.
Avec Murmur et Simulation,

---

1. A : *se*. — 2. c, qui omet les v. 261-268, porte :
    De blasmer les travaulx qui y sont.
3. *Garnie* m. dans c. — 4. c : *Saillant*.

De Faulx-Semblant, aussi[1] Sedition
Acompaignée[2] estoit ; Malignité[3],
Adulation, Perverse Voulenté[4],   290
Suspition estoit avecques elle[5] ;
Ingratitude la suivoyt et Cautelle ;
Accusation d'elle n'estoit pas loing
Pour esmouvoyr sa langue au besoing
S'il eust falu dire mal de quelc'ungne   295
Ou de quelc'ung, car la vieille rancune
Sy les menoit toutes au parlement
De Faulx-Raport tellement quellement
Chescune estoit preste à decliquer
Sur ung, sur aultre, sans espée ny bouclier,   300
Et mesmement entre les gens d'Eglise
Souvent s'i mesle pour y estre en franchise ;
Elle ne craint ny neige ny froidure,
Car les cheveulx de sa cruelle hure
Sont endursis plus que corne de buffle   305
Par Desespoir, qui de son vant la souffle.
Ainsi forment elle[6] estoit tormentée[7]
Que hors du sens estoit et surmontée
Pour dire mal et pour mettre discorde
Où bonnement y[8] avoit jà concorde[9].   310
Mais de cecy plus nous ne parlerons,
Car nulle joye d'elle avoir ne pourrions[10].

Comment Dame Raison trouva Dame Fortune.

Tantost après elle trouva Fortune,

1. A, C : *et aussi.* — 2. C : *Acompaigné.* — 3. A, C :
de Malignité. — 4. A : *D'Adulation et* Perverse Voulenté ;
C : *De sedition.* — 5. Ce vers et les quinze vers suivants
m. dans C. — 6. *Elle* m. dans C. — 7. C : *tourmentée.* —
8. A, C : *il y.* — 9. C : *discorde.* — 10. A : *ne peult-on.*

Qui ne tenoit ordonnance aulcune,
Toute couverte de mutabilité ; 315
Oncques ung point n'eust de stabilité
Dessus sa robe et dessus sa chemise,
Mais en tous cas maintes fois sé deguise,
Tournant sa roue impetueusement
De sà, de là, et ne luy chault comment 320
Elle voyse, de droit ou de traverse,
Pour maintes gens mettre à la renverse,
Car homme humain, tant soyt-il bien huppé,
Ne se peult dire d'elle estre escappé.
Ainsi tournant, courant et sà et là, 325
Ses yeulx bendés, elle ne scet[1] qu'elle a
Jusqu'elle tient le chetif à sa poste
Pour le faire ung peu compte[r] à l'hoste ;
Pouvre ou riche, soit homme de noblesse,
Tout luy est ung ; l'ung pinse, l'autre blesse ; 330
L'aultre desmet dehors son[2] territoire
Et l'autre advance en la mondaigne gloire ;
Sans advise[r] ny à fol ny à saige,
Par tout chemin elle prent son passage[3]
Et affolle le nom et bonne fame[4] 335
De maintz preudons et de maint bonne dame,
Car bien souvent faict du pouvre le riche
Et le prodigue fait contrepenser ciche
Tant que c'est raige que de la regarder ;
Mais en ses faitz je ne vueil plus[5] penser. 340

Comment Dame Raison trouva Malle-Bouche.

Quant fut au bout, elle tourna[6] arrière

---

1. A : *cest*. — 2. c : *sont*. — 3. B omet les vers 319-334. — 4. *femme*. — 5. c : *pas*. — 6. A, c : *trouva*.

Et rencontra Malle-Bouche la fière ;
Dieu sçet comment dames et damoiselles
Va blasonnant en parolles cruelles.
De sa bouche yssoit une grand flamme 345
Que tant de gens attise et enflamme.
Sa langue estoit enflée comme ung crappault,
Plus flamboyant qu'ung fer ardant tout chault,
Envenimée comme dant de lesart ;
De babiller elle savoyt bien l'art, 350
Car Genglerie la tenoyt à l'escolle
Et Faulx-Blason luy aprint l'epistolle
Que l'on doibt dire quant l'on veult mespriser
Haultruy, mouquer et son honneur briser,
Car on ne vit oncques roue de moulin 355
Aler si viste au soyr ny au matin
Comme sa langue luy tournoyt par la bouche,
Semant parolles sur aultruy à reprouche[1],
Que toute l'eau qu'est dedans la marine
Ne souffit pas, quant el[2] se determine, 360
A amortir sa langue venimeuse
Tant poignante[3] et si fort angoysseuse
Que seullement de penser en icelle
De grand frayeur[4] tout le cueur me chancelle ;
Il vauldroyt mieulx recepvoir coup de lance 365
Que ung declic de sa langue à oultrance,
Plus dangereuse que[5] boucon de Lombart
Quant elle liève ung peu son estandart.
Auprès d'elle estoit Faulx-Escoutant,
Qui les oreilles avoit larges d'autant ; 370
Je ne sçauroys vous monstrer la mesure ;

1. Les vers 347-358 m. dans c. — 2. A : *elle* ; — c :
il. — 3. c : *poignant*. — 4. c : *douleur*. — 5. A : *qua*.

Regardez le comme il est en figure.
Faulx-Escoutant luy souffloit en l'oureille,
Et Malle-Bouche de dire fait merveille[1],
Car la[2] fumée seullement de sa bouche 375
Feroit mourir une bien grosse souche;
Je croy qu'il n'est point de pires[3] poisons,
Mais Dieu nous gart d'escouter ses raysons.

Comment Dame Rayson trouva Jalousie.

Après venoit Jalousie, la sotte,
Plus rassottée[4] que n'est une marrotte, 380
Et avoit d'ieulx plus de cent millions
Et d'oreilles plus de troys legions,
Menuz propos dont je n'en sçay le nombre;
Mais Dieu nous gart que ne nous face encombre,
Car mieulx vauldroit avoir bien mal aux dans 385
Que de sentir ung peu ses ongnemens.
De ses cheveulx sembloit une soursière,
De son visaige une louve chimière,
Descoulorée comme ung drap blanc bué;
Dieu cest comment elle avoit sué. 390
Gresles jambes avoit et mesgre dos;
En sa vie ne rongyst ung bon os,
Ne prin[t] repas qui luy donna substance,
Tant estoit preste de courir par la danse
Et luy sembloit, quant quelc'une parloit, 395
Que s'estoit fait; ou à tort ou à droyt
Se despitoit, eschauffant sa servelle;
Il n'y avoit ny rue ny ruelle

1. Les v. 365-374 m. dans c. — 2. *La* m. dans c. —
3. c : *pire*. — 4. *rasoutté*.

Qu'elle ne vist par grand devotion,
Suivant la faulce vieille Suspicion   400
Qui la mourdoit et rongeoit l'estomac,
Rendant son cueur et son foye tout mac
En luy mettant le feu entre les piedz
Pour mieulx courir s'il estoient liez[1].
A mon semblant elle[2] tiroit grand peine,   405
Et si la vitz presque dehors d'alaine
Cinq ou six foys de sa grand frenasie[3]
Ains qu'elle peut avoir Rayson saisie
Par son manteau, qui la reconforta,
Mais à Raison guières ne s'arresta,   410
Car quelc'un vint luy sibler à[4] l'oreille.
Lors eussiez veu demener à merveille
Les yeulx, les piedz, courant et çà et là ;
Mais je n'entendz de parler[5] de cela,
Car ce seroit chose trop ennuyeuse   415
De raconter sa peine merveilleuse.

Comment Dame Rayson trouva Prudence, acompaignée
de plusieurs aultres belles dames.

Tant retourna qu'elle trouva Prudence,
Acompaignée de bonne Patience,
Et ung grand tas de dames bien aprises,
Dont je ne sçay où tant en avoit[6] prises.   420
Dame Prudence vint acouller Rayson,
Et Pacience ne disoit mot ne son,
Mais escoutoit très moderéement
Comme les dames faisoient leur parlement

---

1. Les v. 385-404 m. dans B. — 2. c : *Car m'est advis qu'elle.* — 3. c : *frenaisie.* — 4. c : *en.* — 5. c : *d parler.* — 6. c : *en furent.*

De Malle-Bouche, qui les avoit blasmées, 425
En plusieurs lieux maintes foys diffamées,
Par le conseil de celle faulce Envie,
Que pleust à Dieu que jà ne fusse en vie,
Mais n'est possible de la mettre affin ;
Trop a regné dès le temps de Caïn 430
Et règnera jusqu'à la fin du monde.
Quoy qu'elle die, il fault c'on luy responde
En soustenant nostre bon bruit et lox,
Car Patience luy fait ronger les os ;
Par quoy la fault tousjours mettre devant 435
Pour nous deffendre d'elle aulcunement
Et ne se peult contre elle revencher
Et si la fait souventes foys marcher,
Prendre la fuite par villes et par champs,
Maulgré ses dars qu'elle a si tranchans. 440
Tant d'aultres dames estoient là assemblées
Qui devisoient des fortunes passées
Et mesmement les notables Sibilles
Qui moult estoient propisses et habilles[1]
Et de sagesse si très fort aournées[2] 445
Que les fortunes qui estoient ordonnées,
Non pas venues, mais encor à venir,
Jusques[3] aux cieulx les alloyent querir ;
Et bien paroist qu'ilz virent clèrement
Le ciel ouvert à leur entendement, 450
Car elles dirent, avant que Jesus vint

1. c supprime les vers 421-442, et remplace les vers 443, 444, par les suivants :
    Mais bien congneu entre elles les Sibilles
    Qui estoient moult perspices et abilles.
2. c : *aornées.* — 3. A, c : *Car* jusques.

Plus de dix ans et voire plus de vingt,
Prophetisant plainement sa venue,
Dont Nature leur est assés tenue;
D'aultres beaulx faitz et[1] de si grand substance 455
Pronosticoient au temps de leur enfance,
Dont les hystoires seront à fin du livre,
Se je puis tant ceste matière ensuivre.

Comment Dame Noblesse s'apparut à Rayson et de leurs langaiges et devises.

Et ensuyvant venoit dame Noblesse,
Que Villanye si très durement blesse, 460
Bien courrosscée[2] contre Maulvais-Raport
Et commença dire[3] tout hault et fort :
« Dame Raison, conduyte de Justice,
« Faictes nous droit en faisant vostre office;
« Vous sçavez bien la grand perversité 465
« Contre tout droit et toute verité
« Que Malle-Bouche a fait contre les Dames,
« Malles parolles, deshonnestes et infames
« Et grandz reprouches que Male-Bouche faict
« Errogamment et par voye de fait, 470
« Sans soy tenir ne à droit ne justice,
« Mais seullement par sa grande[4] malice.
« Condamnés la d'avoir parsé la langue[5],
« Affin que plus ne face son harangue
« Contre les dames qui sont en se verger; 475
« En se faisant, vous nous verrés changer
« Tristesse en joye sans avoir nul reprouche
« De Faulx-Raport, qui si fort nous approuche;

1. *Et m. dans* A. — 2. C : *courroucée*. — 3. A, C : *à dire*. — 4. C : *grant*. — 5. *percé*.

« Encontre nous il vient faire ses tours
« Pour abbatre les bastillons et tours   480
« De Renommée, la bonne vaillant dame,
« Pour imposer sur elle aulcung blasme ;
« Par quoy Bon-Cueur, que nous avons en main,
« Si une foys dessus luy mest la main,
« Il congnoistra sa faulte de conseil   485
« Et luy rompra trestout son appareil,
« Car vaillamment soustiendra nostre cas.
« Il ne vouldroyt pour cent mille ducas
« Faire aulx dames aulcune lacheté ;
« Par luy sera le Fault-Raport bouté   490
« A saquement, bruslé et mys en sandre :
« S'il veult aulx dames querelle entreprendre
« En aultre lieu voyse estandre ses draps
« Ou les laver s'il sont salles et gras[1].
. . . .   495
. . . .
« Pourtant ces dames, qui sont cy assemblées,
« De si hault lieu et grandes renommées,
« Contre lesquelles elle a faulcement dit
« Et, si briefment de ce ne se desdit,   500
« Luy mescharra comme faulx mensongier
« Et le fauldra couchier pour mieulx songier. »

Comment Dame Jeunesse s'apparut à Dame Raison et de ses lamentations.

Tantost sortit Jeunesse la joyeuse

---

1. Les vers 473-494 m. dans c. — Après le v. 494, l'exemplaire d'A que nous avons sous les yeux est incomplet d'un f. (B7). En tenant compte du bois qui devait représenter Jeunesse et Raison, le f. manquant contenait 34 ou 36 vers.

Avec sa face doulce et gracieuse,
Et dist : « Nous sommes toutes injuriées 505
« Par Faulx-Raport et trop vituperées ;
« Mais seurement nous sommes sans offence,
« Pour declairer avec experience
« Tout au contraire de ce Maulvais-Raport,
« Mais que Justice ne nous face point tort[1]. 510
« Souviengne vous de ma dame Nature,
« Que Dieu forma si belle créature,
« Et tous les hommes, fors que ung, en partist,
« Et tant de biens en cestuy monde fist
« Que encor est clèrement apparant ; 515
« Si en demande Lucresse pour garant,
« Qui se tua pour garder son honneur
« Et Assionne, qui encores fist meilleur,
« Qui fut contente de mourir en prison
« Ains que souffrir à sa seur mesprison, 520
« Et d'aultres tant, de quoy ne sçay le nombre,
« Que pour honneur souffrirent tant d'encombre.
« Et, se l'on veult racompter les biens faitz
« Et les vertus et des ditz et des faitz
« Par grans effors que à droit se soutiengne, 525
« Je vous prie, Dame, que bien il vous souviengne
« De la vaillante dame Panthasillée,
« Qui maintes fois en guerre est allée
« Pour soustenir une bonne querelle,
« Dont devant Troye fut mainte dame belle 530
« Mise[2] à mort avec elle ensemble ;
« Pour quoy je dis et vrayement il me semble
« Que ce *Roumant*[3] soy mesme se desment

1. C : *de* tort. — 2. A, C : *Mises*. — 3. C : *Rommant*.

« Se il ne garde celles expressément. »

Comment Patience respondit à Dame Jeunesse.

   Adoncques vint ma dame Pacience,   535
Qui respondit de très grande prudence :
« Endurer fault, ma fille, bien grans cas
« De Faulx-Rapors[1] et de maintes brocars
« Pour advenir à plus grand esperance,
« Car par les faulx a l'on la congnoissance   540
« Des aultres bons plus evidentement;
« Et qui vouldroit corriger prestement
« Folles-Parolles, il conviendroit boucher
« Plusieurs grandz bouches et langues arracher.
« N'av'ous[2] pas veu, au temps de Jesu-Christ,   545
« Puisque les Juifz le sçavoient par escript
« Que seurement il estoit vray prophète,
« Et toutes foys, cela est manifeste,
« Il imposoient sur luy merveilleux cas?
« Le bon Jesus il n'eust point d'advocas   550
« Sinon que moy, qui de près le suivoye.
« Il me metoyt tousjours enmy sa voye
« En quelque lieu qu'il fust mys au destroys,
« Et mesmement à l'arbre de la croys
« Me suporta si très benignement   555
« Et me promyst qu'au jour du jugement
« Que tous seu-là qui sont soux ma banière
« De leur donner vision et lumière
« En son royaulme, qui est si passifique.

---

1. A : *Rapours*.
2. Voy., sur la forme *Av'ous*, Gaston Paris, *Chansons du XVe siècle*, p. 41.

« Dame Susanne n'eust-elle point la picque 560
« De Malle-Bouche encontre son honneur ?
« Et toutesfoys la dame de valeur
« Le supportoit moult passientement.
« Et d'aultres tant, dès le commencement
« De se monde jusque¹ à l'heure presente, 565
« Ont enduré de la langue meschante
« De Malle Bouche ; car, qui vouldroit tout dire,
« Il n'y a langue qui à ce peult souffire²,
« Pour quoy³ ne fault de cela tenir compte,
« Car à chescun⁴ la fin fera le compte. » 570

Comment les Dames se partirent et l'acteur fait la fin.

A celle foys les dames se partirent
Et non pourtant oncques là ne me virent ;
Et puis après tout seul⁵ à ma plaisance
Cueilly des fleurs à toute ma puissance
Tant que tout plain en mis à ma fourcelle⁶, 575
Et me souvint à celle foys de celle
Pour qui mon cueur estoit tant regretant.
Si commençay lors, en moy lamentant,
Prendre congé de Soulas et de Joye,
Sans moy trouver jamais en lieu ne voye 580
Où nul Esbat ne Plaisance demeure.
Sy me partis du jardin à celle heure,
Jectans souspirs et les plus piteux cris
Que furent oncques recitez ne escriptz ;
Mais à la fin de mon darrain⁷ ouvraige, 585

---

1. *jusques*. — 2. Les vers 545-568 m. dans B. — 3. c : *Par quoy*. — 4. c : *chascun*. — 5. A : *seur*. — 6. Dans le creux de ma poitrine. — c : *forcelle*. — 7. c : *derrain*.

Pour descouvrir aulx dames mon couraige
Et pour servir à la¹ haulte Princesse,
A qui mon livre et mon servir adresse,
Tant que pourray les dames honnorant ;
Et, fussé-je au darrain jour mourant, 590
Emploieray² mon sens et mon pouvoir³
Dire bien d'elles en ensuyvant le veoir,
Car par les dames suis au monde venu
Et par leur bien en bien entretenu.
Sy leur supplye que mon petit ouvraige, 595
Lequel ay fait de très humble couraige
Prengnent en gré comme plus excellent,
Car je l'ay faict par le commandement
D'une princesse yssue du hault lys,
Et à la fleur des aultres fleurs de Lys 600
La dresseray selon mon appetit⁴ ;
Mais me desplait quant il est si petit.

Cy finist le Giroufflier aulx Dames.

S'ensuit le Dit des douze Sibilles⁵.

SIBILA PERSICA, *.xxx. annorum, de futuro Salvatore:*

1. *Là* m. dans A c. — 2. c : *Emploiray.* — 3. c : *povoir.* — 4. A : *appatit.*
5. c : *S'ensuyvent les Ditz des Sibilles.*
Ainsi que nous l'avons dit ci-dessus (p. 243), le *Dit des Sibilles* se retrouve dans le *Mistère du Viel Testament.* Nous avons relevé les variantes de ce texte d'après l'édition imprimée par Pierre le Dru, à Paris, vers 1490, pour Geoffray de Marnef et Anthoine Verard ; nous les indiquons par M.
Le *Mistère de la Passion* en vingt journées, dont la

Ecce, bestia, conculcaberis, et gignetur in orbe terrarum et gremium Virginis erit, etc.[1].

    Ung roy viendra
    Qui court tiendra
    Imperialle;   605
    Enfer fendra
    Et confundra
    La beste malle.
    Sa noble salle,
    Chambre royalle,   610
Sera geron d'une pucelle,
Duquel par grace especialle[2]
Viendra la fleur premicialle[3]
De gloire et de paix eternelle.

SIBILA LIBICA, .xxiiij. *annorum, de adventu Christi: Ecce veniet Deus et illuminabit condempsa tenebrarum et solventur nexus Synagoge et designent labia hominum et videbunt Regem*[4].

    Une chandelle   615
    Vient, par laquelle
Tenèbres en lueur seront;

Bibliothèque municipale de Valenciennes possède un ms., contient également un Dit des Sibylles (4ᵉ journée, fol. 75 a-99 a). Nous n'avons pas été à même de collationner ce passage, mais les nombreux emprunts au *Mistère du Viel Testament* que nous avons constatés dans les premières journées nous font croire que les couplets récités par les Sibylles doivent être à peu près identiques.

1. C : SIBILLA PERSICA, *de l'aage de trente ans.* — 2. C : *specialle.* — 3. C : *primicialle;* — M porte par erreur :
    Qui est voye primicial
    Et cueur noble especialle.
4. SIBILLA LIBICA, *de l'aage de vingt-quatre ans.*

Tant sera belle
Que, pour veoir[1] celle[2],
Tous yeulx humains s'esbaïront[3] ; 620
Ceulx qui ouront[4]
Ou qui verront
Sa beaulté splendide, immortelle[5],
Par admiration diront :
« Voicy les jours qui gueriront 625
« Adam et toute sa sequelle. »

SIBILLA ERICHEA, *annorum .xv., de annunciacione Christi :*

De excelso celorum habitaculo prospexit Deus humiles suos, et nascetur in diebus novissimis de Virgine hebrea filius in unabilis terre[6].

Dieu de son hault habitacle,
Pour nostre captivité,
Par hault et divin miracle,
A eslu son tabernacle 630
Avecques humanité ;
Charité en pitié[7]
A fait son oueil déiphique
Tourner à benignité,
Ainsi qu'il fust recité 635
Par ung herault angelique,
Regardant l'humilité[8]
D'une pucelle hebraïque.

1. M : *de veoir*. — 2. M : *telle*. — 3. M : *esbahiront*. — 4. C : *osreont*. — 5. Les vers 622-623 m. dans M. — 6. C : SIBILLA ERICA, *de l'aage de xxv ans*. — 7. M : *Car pitié et charité*. — 8. M : *humilité*.

SIBILA SANNE, *annorum .xxiiij., de reclinatione Christi in presepio* :

Ecce veniet dies, et nascetur puer de paupercula; bestie terre adorabunt [1].

  D'une pouvrète [2]
  Jeune fillète
Ung petit enfant se naistra [3],   640
Que toute povre bestellète
  Adourera [4]
  En la creschète
  Sus sèche herbète;   645
L'asne rude le salura,
Le beuf vers luy s'enclinera [5];
  Adont sera
  Le Dieu des Dieulx,
Loué en terre et aulx cieulx.   650

SIBILA CUMEANA, *annorum .xviij., de nativitate Christi* [6] :

Ultima Cumei venit nunc carminis etas;
Magnus ab integro seclorum nascitur ordo;
Jam redit et Virgo; redeunt Saturnia regna [7].

  Roy est venu
  Sur terre nu
  Plain de tous biens;
  A luy, connu,

---

1. C : SIBILLA SANNE, *de l'aage de vingt-quatre ans*. — 2. C : *povrète*; — M : *De pucelette*. — 3. C : *y naistra*; — M : *naquira*. — 4. C, M : *adorera*. — 5. C : *s'inclinera*. — 6. C omet la Sibylle Cumane, la Sibylle Cimmérienne, et la Sibylle Européenne. — 7. Virg. *Ecl.* IV. Cf. Rossignol, *Virgile et Constantin* (Paris, Delalain, 1846, in-8).

Sommes tenu[1] ; 655
Tous biens sont siens ;
Aulx passiens,
Aulx mendiens
Est espoir de bien revenu,
Car les règnes saturniens 660
Retournent aulx celestiens
En nouveau salut advenu.

SIBILA CYEMERIA, *annorum .xviij., quomodo Virgo lactat puerum :*
Ascendit Virgo quedam nutriens puerum, dans ei ad come[dendum].

Je voy la face
Plaine de grace
D'une fillette ; 665
Sans estre lasse[2],
Son filz embrasse
La pucellette[3] ;
Sa mamelette
En sa bouchète 670
Tient l'enfant, qui est Dieu et homme ;
Pour sa peine et sa souffrète

---

1. M remplace les vers 654-655 par les suivants :
   A qui tenu
   Est gros, menu.

2. M : *Je voy la face*
   D'une fillette
   Belle et doulcette,
   Plaine de grace,

3. M aj. : *Et sans espace*
   Elle l'alaicte.

Nature en sera refaicte[1];
Aucune gent[2] Jesus le nomme.

Sibilla Europa, *annorum .xxj., de fuga pueri :*
Veniet ille et transiliet colles et montes et latices Olimpi, etc.

Jesus, le filz de Dieu le Père 675
S'en fuyra avecques sa mère
Devers Egypte
Pour eviter fureur amère
Et pour acomplir le mistère ;
La mort evite, 680
Dont n'est pas quitte,
Car le merite
De sa très dure passion
Si nous sera très fort licite,
Rendant l'humain genie tout quitte 685
D'infernale damnation[3].

Sibilla Tiburtina, *annorum .xx., vaticinatur de Christi alapatione*[4].

Celluy qui peult le ciel destruire
Du tout, s'il veult, comme vray sire,

---

1. Les vers 372-373 m. dans M. — 2. A : *Aucunes gens*.
3. M : Jesus entre les bras de sa mère
Devers Egipte s'en fuira ;
Par le vouloir de Dieu son père
En icelle part tournera ;
Ce vitupère
Eviter pourroit sans main maistre,
Mais par mistère
Ainsi luy plaist de le permettre.
4. C : Sibila Tiburtina, *de l'àage de vingt ans*.

Buffes, soufflets endurera [1]
Et, en endurant se martire,   690
Sans ung mot aulcunement dire
Passientement souffrira;
Au visaige on luy craschera,
Et à celle foys le verra
Sa très-piteuse et doulce mère;   695
Dieu cest quel douleur souffrira
Quant son[2] très doulx enfant verra
En celle passion amère.

SIBILA AGRIPA, *annorum .xxx., de flagellatione Christi* :

Invisibile Verbum palpabitur et germinabit ut radix et siccabitur :

Le Dieu d'en hault, sans macule entaché,
Comme rempli de criminel peché   700
De fouez, de verges on le flagellera,
Estroit lié, à l'estache estaché ;
Et se pourroit [très] bien d'eulx depesché,
Mais pour amour tout il endurera.
Sa grand beaulté l'on defigurera   705
Et destranché sa noble cher sera

---

1. C M remplacent les vers 689-698 par les suivants :
> Sans ung mot dire
> Buffes, souffletz endurera
> Et n'en sera,
> Se semblera,
> Aulcune seulle mencion ;
> Au visaige on lui crachera ;
> Mot ne dira
> En celle dure passion.

2. A : *sont*.

Si très menu que gresle de tempeste,
Et briefvement rient ne demourera
Sur luy d'entiers, car playes pourtera
Depuis les piedz jusque au bout de la teste[1].   710

SIBILA DELPHICA *annorum .xx., de coronatione Christi* :

Nasci debere propheta absque maris coitu nomine Jesus, qui coronat[ur].

  Celluy c'on dit le fruit de vie
  Dedans le ventre de Marie
  Prendra son corps et chair humaine
  Du plus pur sang de sa partie,
  Sans avoir d'homme compaignie   715
  Par quelque apparance villaine;
  Cela est chose très certaine.
  Jesus, filz de Dieu, tant de paine
  Aura entre les infidelles,
  Pourtant sur son chief pour estraine   720
  Une couronne, toute plaine
  De poignantes espines cruelles[2].

---

1. Le dit de la Sibylle Agrippa m. dans c. — M remplace cette strophe par la suivante :
  Jesus naistra de Vierge sans peché,
  Mais des courgez on le flagellera;
  Est[r]oist lya [lis. *lyé*], *à l'estache estaché;*
  Sa grant beaulté se deffigurera;
  Tant portera de martire et tempeste
  Qu'il n'y aura du pié juc à la teste
  Membre en lui sain, tant de mal portera.

2. C : SIBILLA DELPHICA, *de l'aage de vingtz ans.* — C et M donnent ainsi la strophe :
  Le prophète, qui de Marie
  Prendra son corps et chair humaine,

SIBILLA ASPONCIA, *annorum .l., de futura Christi crucefixione* :

Jesus Christus nascetur de casta; felix ille Deus, etc.[1].

    En une croys hault eslevée[2]
Sera le fils de Dieu pendu
Entre deulx larrons estendu,   725
Et sa noble chair conclavée
Pour[3] l'erreur faulce et resprouvée
De ses ennemis envieulx ;
Là souffrira le Dieu des Dieulx
F'andre son cousté precieulx,   730
Dont sourtira celle journée
Sang et eau, c'est cas merveilleux,
Et là sera du roy des cieulx
La grand passion achevée[4].

SIBILA FRIGEA, *vetula, de resurrectione Christi* :
Suspendunt illum in ligno et occidunt, et nihil eis valebit quod tertia die resurget[5].

        Sans avoir d'homme compaignie
        Par quelque apparence villaine,
        C'est Jesu-Crist, qui tant de peine
        Aura entre les infidelles
        En portant d'espines cruelles
        Une couronne toute pleine.

c porte au 5ᵉ vers : *Jesus, filz de Dieu tant de peine.*
1. B : SIBILLA ASPONTIA, *de l'aage de cinquante ans.* —
2. C : *eslevé.* — 3. C : *Par.* — 4. C remplace les vers 728-734 par les trois vers suivants :
        Des envieux,
        Et là sera du Roy des cieulx
        La grant passion achevée.
M porte :   *Des mauldis Juifz envyeux,*
        Et là sera le Roy des cieulx
        Sa grant passion achevée.
5. C : SIBILLA FRIGEA, *de l'aage de septente ans.*

> O[1] benoistes mamelles, 735
> Si doulces et si belles[2],
> Dont le Dieu de nature
> Prendra sa nourriture,
> Moult serés solennelles.
> Les grandz peines cruelles 740
> Que les Juifz luy feront
> Tout le pis qu'il pourront
> Il les supportera
> Sans nulle fiction;
> A leur confusion 745
> Il ressuscitera[3].

1. *O m. dans* c. — 2. Les vers 736, 740 et 744 m. dans c. — Le v. 736 m. également dans M. — 3. M remplace les v. 742-746 par les suivants :

> *Peu leur prouffiteront ;*
> *Bien les supportera,*
> *Car au tiers jour verront*
> *Qu'il ressuscitera.*

A ajoute ici : *Cy finist la Prophetie des douze Sibilles. Nouvellement imprimé en Avignon.*

Ensuit le Mireur des Moines.

Cette petite pièce n'offre par elle-même qu'un intérêt assez médiocre, et nous ne l'aurions pas choisie parmi plusieurs autres poëmes moraux dont nous avons la copie entre les mains, si elle ne nous permettait de relever un détail curieux. Composée à la fin du XVe siècle ou au commencement du XVIe, elle paraît avoir été publiée par le Seigneur du Rouge et Noir, personnage inconnu qui est l'auteur, ou tout au moins l'éditeur du *Monologue des Sotz joyeulx de la nouvelle bande* (t. II, p. 11), et dont le nom se retrouve dans une des éditions de la *Reformation des Dames de Paris faicte par les Lyonnoises* (t. VIII, p. 244).

On trouve à la fin du *Miroer des Moines mondains* un anagramme qui contient sans doute le nom de cet auteur. Il est probable que les mots : *Je croy que le seur bien verray* renferment le prénom Jacques, mais nous n'avons pu découvrir le nom de famille.

Le texte primitif du *Mireur des Moines* nous a été conservé par un ms. de la Bibliothèque Nationale (Fonds franç., n° 24315 ; *olim* La Vall., 65, fol. 38 a-39 b). Le remaniement dû au Seigneur du Rouge et Noir nous est au contraire connu par une plaquette dont voici la description :

Le // Miroer des // Moines mondains, // et le Gouuernement // d'iceux. // Nouuellement Imprime reueu & recor- // rigé de nouueau. // *A Rouen, // Chez Theodore Rainsart, pres la porte du // Palais, à l'Homme armé. S. d.* [vers 1600], pet. in-8 de 6 ff. de 23 lignes à la page, sign. A.

Le titre, orné d'un encadrement, contient un petit bois qui représente un homme vêtu d'un manteau, courant après une femme qui gagne une porte. Ce petit bois est signé : A. M. R.

Au verso du titre, le *Rondeau du Seigneur du Rouge et Noir*.

Au verso du 5e f., un fleuron contenant trois lignes de texte : *Moines tenés vous bien*, etc.

Le 6e f., qui manque à l'exemplaire que nous avons sous les yeux, doit être blanc.

Bibl. municipale de Versailles : E 712. c.

---

*Rondeau du Seigneur du Rouge et Noir
aux Moines mondains.*

Selon raison, justice et equité,
Celuy qui a plaisir mondain quité
Doit à la fin recevoir son loyer ;
Mais, s'il vouloit comme apostat voyer[1],
Seroit confit en toute iniquité. 5

J'ay ces propos devant[2] vous recité,
Moines pervers, pour la diversité
Qui ne devroit si fort vous guerroyer
   Selon raison.

En ce livret me suis exercité 10
De vous monstrer[3] vostre perversité,

---

1. Marcher. — 2. Imp. : *devat*. — 3. Imp. : *mostrer*.

Afin qu'à bien vous vueillez employer
Et au Seigneur vos esprits octroyer
Pour en avoir ce qu'aurez merité
    Selon raison.

   Ensuit le Mireur des Moines[1].

  Retirez-vous, noirs emplumez[2],
Qui avez fait à Dieu les veuz
D'estre en lieu obscur enfermez[3],
Sans menger chair, n'estre repeuz
D'aucuns morceaux delicieux,
Pour mieulx tenir[4] vie angelicque,
Et vous estes, jeunes et vieulx[5],
Tenans[6] vie diabolique.

  Saint Benoist petit vous aimez[7],
Duquel portez l'abit et nom ;
Si ses serviteurs vous clamez[8],
Quant est de moy, je dy que non[9],
Car en droit civil et canon
Jà ne voirrés que debvez[10] estre
En rue carrée ne quignon[11],
Mais toujours boutez dans ung cloistre[12].

  Voire convient, portant la haire,

---

1. Rainsart : *Le Miroer des Moines mondains.* — 2. R : *Moines nommez.* — 3. R : *En vos couvents bien enfermez.* — 4. R : Pour *maintenir*. — 5. R : *Car autant* jeunes *comme* vieux. — 6. R : *Tenez.* — 7. R : *jeunes* vous *aimiez*. — 8. R : *nommiez.* — 9. R : *Meilleur bruit auriez et renom.* — 10. R : *dêviez.*

11. R ; En *coin de rue*, ne quignon. — 12. R : Mais *enfermez dedans* un cloistre.

Et par termes la chair mater[1],
A deux genoulz oraison faire,
Le chef tout nud, pour militer 35
Contre Sathan et resister
A son faulx art [2] plain de malice
Sans vouloir par ville tropter
Comme matins apprez la lice [3].

Quand au premier feustes fondez 40
Des empereurs, roys, ducz et contes,
Affin que bien vous l'entendez,
Pas ils ne cuidoyent que telz contes
On feist de vous, ny [4] en telz hontes
Leurs très belles [5] fondations 45
Feussent par vous mises en fontes [6]
Par voz grandz [7] dissolutions.

Moines, moines, prenez exemple
A vos beaulx pères anciens ;
Ne soiés plus frères du Temple 50
Où se tiennent ces [8] rufiens ;
Soiez à Dieu humilians ;
Prenez bottes, laissez pantoufles
Sans plus estre Dieu [9] renians
En jeux de cartes, glic, ne roufles [10]. 55

De voz chausses de brodequins,

---

1. R : *Voire je dy pourtant la hairé,*
   Afin de vostre chair matter.
2. R : *art faux.* — 3. Une chienne. La Fontaine a employé ce mot dans sa fable de *la Lice et sa compagne.* — 4. R : *ne.* — 5. R : *devotes.* — 6. R : *pompes.* — 7. R : *Par grandes.* — 8. M : *ses* ; — R : *les.* — 9. *Dieu* m. dans R.
10. R : *Et jeux de cartes ou de roufles.*

Qui se ferment à aiguillètes [1],
De taffetas ne de satins
Faire pompes [2] ne sont honnestes,
Chapeaulx aussy ayans cornettes [3]   60
De drap de soie ou de velours ;
Trop plus sont pour vous deshonnestes
Que s'elles estoient d'un vieil ours [4].

    Vueillez retenir et sçavoir
Que vous estes au monde mors ;   65
Pour ce n'est-il besoing d'avoir
Telz paremens sur vostre corps ;
De bien gros drap, tissus et fors
Deussés [5] couvrir vostre charongne
Pour garder qu'aux derrains [6] effors   70
Le grand Diable ne vous empongne.

    Plus escourtez, plus dissolus,
Plus l'œil au boys, plus troptereaux [7].
Là où deussez [5] estre reclutz,
Vous courez comment font chevaux [8] ;   75
Je ne croy pas que les grans maulx
Que chacun jour on veoit venir
Ne viennent par les grands deffaulx
De telle vie maintenir.

---

1.   *Chassez de vous habits si fins,*
    Consideré l'estat où estes.
2. R : *vos frocs.* — 3. R : *Ne robes ne* cornettes.
4. R : *Ostez les façons deshonnestes,*
    Qui aux mondains ont bruit et cours.
5. R : *Deussiez.* — 6. R : *derniers.*
7. R : Plus *sont mondains,* plus dissolus,
    Plus *desreiglez,* plus trottereaux.
8. R : *comme jeunes veaux.*

Pour eviter à telz diffames [1]   80
Soiés en maintien plus rassis
Sans vous trouver avec ces femmes [2]
Dessus ung banc public assis ;
Ung seul de vous plus qu'aultres six
Monstre ce lieu estre polu [3],   85
Combien que d'or soiez [4] massis ;
Mal on y pense, ou j'ay pou [5] leu.

Vivez comme religieux [6] ;
Laissez ceste orde vie [7] oblicque
Et vous monstrez fort vertueux [8]   90
En evitant telle replique [9] ;
Vostre mal fait en [10] mal triplique
Plus que celuy des seculiers ;
Suivez le chemin déifique [11] ;
Ne vous monstrez plus si houliers [12].   95

Si les femmes bien entendoient
Quelz orribles pechez ilz font [13]
De hanter moines, quelz qu'ilz [14] soyent,
Pour trihori danser en rond [15],
Mieulx aimeroient faire un grand bont [16]   100

---

1. R : Pour eviter *telles* diffames. — 2. M : *ses* femmes ; — R : *avecques* femmes.
3. R :   *Maintenant un, puis deux, puis six*
        Dont le lieu demeure pollu.
4. R : *fussiez.* — 5. R : *peu.* — 6. R : *en bons* religieux. — 7. R : *Delaissant ceste vie.* — 8. R : *gens vertueux.* — 9. R : *En place couverte ou publique.* — 10. R : *est.* — 11. R : *Suivez, suivez chemin daïque.*
12. R : Ne vous monstrez *si familiez.*
13. R : *L'herreur du peché qu'elle font.*
14. R : *qu'i.*— 15. R : *Pour avec eux jouer au ront.*—
16. R : *Mieux ils aimeroyent estre au fond.*

Dedens la mer [1], n'en faictes doubte,
Car aussy bien au plus parfond [2]
D'Enfer, avec eulx on les boute [3].

Entre les autres sont doubtables [4]
Les Moines noirs comme corbins; 105
Les aultres sont espouvantables [5]
Comme Carmes ou Jacobins [6],
Cordeliers, aussi Augustins;
Pas ne laisse ceulx de Citeaulx [7].
Se femme n'ayme les lopins [8], 110
Chassée elle doit estre aux veaulx [9].

Si bien n'entendez les articles
Cy dessus ditz et proposez [10],
Prenez lunettes ou besicles
Et bien [11] à plain les exposez, 115
Car, se bref [12] ne vous reposez
D'estre en vos faictz ainsi lubriques [13],
Selon les vers cy composés,
Piteuses seront vos croniques. 119

Je croy que le seur bien verray [14].

---

1. R : *De la grand mer*. — 2. R : *profond*. — 3. R : *ont lieu où on les boute*.
4. R : *Entr'autres sont fort redoutables*. — 5. R : *Jaçoy qu'autres ne soyent mettables*. — 6. R : *Fussent Carmes ou Jacobins*. — 7. R : *Les Premonstrez, et de Citeaux*. — 8. R : *Si femme n'aime bien loppins*. — 9. R : *Elle doit tout chasser aux veaux*. — 10. R : *composez*. — 11. R : *plus*. — 12. R : *Si tost*. — 13. R : *si très lubriques*.
14. On pourrait lire : *Jacques le Roy, sieur en Berry, Jacques Yver, le roy bien reçeu*, etc. — Le Ms. porte simplement : *Fin dudict Miroir*.

Aux Dames.

Beautez, royne[s] d'amour, l'aliment de ses flames,
Qui des rais de vos feux faictes bruiller nos ames,
Allentez maintenant nostre cuysante ardeur;
Nostre petite royne, honneur de vostre empire
En conjure vos yeux nostre commun martire, 124
Duquel despend nostre heur, ou bien nostre malheur.

Aux Dames.

Dames, laissez tous ces villains à part
Et vous servez de discrets honorables
En quelque lieu secret et à l'escart
Vous serviront s'il vous sont agréables.

QUATRAIN.

Cent mil ecus d'or au soleil, 130
Dans une bource de velours,
Puis dormir quand on a sommeil
Avec sa Dame par amours.

Moines tenés vous bien clos et cerrez tous au couvent, et gardez bien.

[*Invective contre les Angloys, les Flamans et les Espaignols.*
Avec le Sermon joyeulx de sainct Faulcet.]

Les deux pièces que nous reproduisons ci-après ne nous sont connues que par une plaquette incomplète du titre (Bibliothèque munic. de Versailles, E. 308. c.; pet. in-8 goth. qui devrait avoir 8 ff.); elles n'ont entre elles aucun lien et appartiennent même à des époques très-différentes. Nous serions heureux que notre réimpression permît à quelqu'un de nos lecteurs de retrouver le titre de l'original.

La première pièce, l'invective contre les ennemis de François Ier, contient des allusions historiques qui permettent d'en fixer la date; elle se rapporte à l'invasion des Anglais et des Impériaux en France, en 1522. Tandis que les Espagnols tentaient de reprendre Fontarabie, l'amiral anglais Surrey fit une rapide incursion sur les côtes de Bretagne, où il pilla Morlaix, puis vint débarquer à Calais des forces imposantes et se joignit aux Impériaux pour envahir la Picardie. Heureusement pour la France, les places fortes du nord avaient été mises en état de résister.

Les coalisés furent obligés de se replier, après avoir perdu six semaines au siége d'Hesdin. Le poëte écrit au moment où les armées françaises sont dans toute la joie de leur victoire.

Nous avons publié dans le t. II de ce *Recueil* (pp. 253-269) une pièce qui se rapporte aux mêmes événements et qui offre de grands rapports avec notre invective, *La Folye des Angloys, composée par maistre L[aurens] D[esmoulins]*[1]. Cette dernière pièce ne contient cependant pas d'allusions aussi précises que celles que nous relevons ici, et, comme il y est question d'une descente des Écossais en Angleterre (voy. t. II, pp. 258, 259), nous avions cru pouvoir la dater du règne de Louis XII, dont le fidèle allié, Jacques IV, fut tué à la bataille de Flodden, en 1513. Ici aussi, il est question de la lutte des Écossais et des Anglais (voy. v. 155); c'est que, en effet, le duc d'Albany, à peine rentré en Écosse (1521), embrassa la querelle de François Ier contre Henri VIII, convoqua l'armée du royaume dans les champs de Rosline et se mit en mesure de passer la frontière à Solway-Frith. L'opposition de la noblesse écossaise, des Gordon en particulier, empêcha pourtant la continuation des hostilités. Albany fut obligé de conclure une trêve avec lord Dacres, gardien des marches occidentales de l'Angleterre, et partit pour la France[2]. Laurens Des Moulins et l'auteur de l'Invective ignoraient encore l'issue de la campagne quand ils menaçaient les Anglais d'une attaque des Écossais. Malgré les ressemblances qui existent, nous l'avons dit, entre les deux compositions[3], on ne peut

---

1. Nous ferons remarquer, en passant, que le nom de DESMOULINS, qui avait échappé au premier éditeur de ce *Recueil*, est contenu en toutes lettres dans un acrostiche de l'auteur (t. II, p. 267). Au 9e vers, il y a lieu de lire *noz* au lieu de *vos*. — 2. Hume, *History of England*, éd. de 1841, t. III, pp. 36-37. — 3. Voy. le rondeau : *Vuidés Angloys*, etc.

y voir l'œuvre du même auteur. Laurens Des Moulins appartenait au diocèse de Chartres [1] ; notre auteur, au contraire, était de Lyon, comme il nous l'apprend lui-même (v. 92-93) :

> [Fut] faict et dit à Lyon sur le Rosne,
> Où je fus né et y faictz mon sejour.

C'est surtout la seconde pièce contenue dans la plaquette de la bibliothèque de Versailles qui nous a déterminés à la réimprimer en entier. Le *Sermon joyeulx de sainct Faulcet*, qui n'a été cité par aucun bibliographe, est une spirituelle facétie que l'on peut rapprocher des *Grans et merveilleux Faictz du seigneur Nemo*[2]. Saint Faulcet a eu le privilége de faire et de dire des choses aussi extraordinaires que saint Nemo.

Nous ne serions pas surpris que, sous les traits de saint Faulcet, l'auteur inconnu du *Sermon* eût voulu personnifier Louis XI. Quelques allusions, assez obscures, du reste, nous permettent de hasarder cette supposition. Tristan, que l'auteur fait ironiquement figurer parmi les saints (v. 36), pourrait bien être Tristan l'Hermite, grand-maître de l'artillerie et le trop célèbre compère de Louis XI [3]. D'Argenton (v. 37) ne serait autre que Commines, sieur d'Argenton. Plus loin, il est question des « filz » de sainct Faulcet,

> Dont l'ung est plus rouge que sang,

ne serait-ce pas La Ballue? Olivier le Daim ne serait-il pas celui qui

> sert d'ung entremectz
> La joue d'ung faitiz varletz?

---

1. Voy. Gouget, *Bibliothèque françoise*, t. X, p. 96.
2. Voy. t. XI, pp. 313-342.
3. Tristan l'Hermite, nommé grand-maître de l'artillerie en 1436, vivait encore en 1475. Voy. le P. Anselme, 3ᵉ éd., t. VIII, p. 132.

Enfin la mention de Cambrai, à propos d'une dette non payée (v. 79), ne se rapporte-t-elle pas au prêt de 40,000 écus d'or que les Cambrésiens avaient fait au roi? Commines[1] dit bien que Louis XI les remboursa, mais Thomas Basin[2] prétend que Louis Maraffin, seigneur de la Charité, ne rendit à la ville qu'une somme de 30,000 écus d'or destinée, non pas au payement de la dette contractée par le roi, mais à indemniser l'église des déprédations commises dans le trésor de la cathédrale.

Malheureusement les obscurités de notre *Sermon* sont augmentées encore par de nombreuses incorrections typographiques, résultat évident de réimpressions nombreuses.

Que pensez vous, seigneurs, barons, vassaulx[3],
Que ne mettez en vos meffaits souffrance?
N'est-ce pas faict de subjectz desloyaulx
De guerroyer la grant Maison de France,
Vostre mère? C'est grant mescongnoissance, 5
Mais jà pour ce n'aurez jà la couronne :
Entre tous cas c'est la fin qui couronne.

On s'esbahist que c'est que vous voulez ;
Le commun dit qu'estes mal advisez
Et qu'en dangier estes de vous deffaire 10
Quant ung tel corps par membres divisez ;
En ce faisant[4] vous mesmes destruysez,
Qui est ung cas que[5] moult debvez doubter :
Division faict tout à redoubter.

---

1. Ed. de Mlle Dupont, t. II, p. 108.
2. *Histoire des règnes de Charles VII et de Louis XI*, publiée par J. Quicherat, t. III, p. 30.
3. Imp. : *et* vassaulx. — 4. Imp. : *lisant*. — 5. Imp. : *qui*.

Si vous cuydez que le roy très chrestien, 15
Françoys nommé, vostre roy souverain,
Jeune de temps, ne vous entende bien,
Vous abusez, car sachez pour certain
Qu'il a du sens et l'espée en la main
Pour vous remettre au point où debvez estre : 20
Tousjours bon droit revient devers son maistre.

Oultre plus dis[1], mais[2] qu'il ne vous desplaise :
Se vous tenez soubz luy des biens assez,
Que vous fault-il ? Vous demandez mesaise
. . . . [ez] 25
Et aultres biens advenir dechassez,
Quant ne voullez en bonne paix durer :
Trop grant ayse est fort à endurer.

Benignement vous avoit recongneuz
Si tost qu'il vint à prendre sa couronne, 30
Ne jamais [droitz?] ne furent mescongneuz,
N'onc ne fist tort à aulcune personne ;
Sa renommée est si grande et si bonne
Q'on ne la peult par falace estaindre :
. . . . [aindre] 35

Mais de tout ce vous faictes[3] le contraire.
En encourant vice d'ingratitude,
Et, que pis est, vous efforcez de traire
Maintz complices à grande multitude
. . . . [ude] 40
Pour consommer voz entreprises folles :
Bons escolliers suivent bonnes escolles.

1. Imp. : *dist*. — 2. Imp. : *mois*. — 3. Imp. : Mais de tout ce *faict*.

O ennemys et mal veillans de France,
Qui jour et nuyt ne cessent de miner,
Cuydant avoir quelque peu d'aliance, 45
Qui vous fera dolentement finer[1] ?
L'on vous fera tellement cheminer
Que vous layrez voulentiers ceste chasse :
Mal luy advient qui contre droit pourchasse.

Où trouvez-vous par livres ou croniques 50
Que jamais roy[s] très crestien[s] de France
Fussent foullez par telz voyes oblicques
De leurs vassaulx? Il n'y a apparance,
Car ne par eux ne leur faulce alliance
Dieu n'a souffert fouller la Fleur de Liz : 55
. . . . [iz]

Or sachez donc qu'ainsi sera de vous ;
Pas ne fauldrés d'avoir la discipline
Deue de droit esgallement à tous,
Et, jaçoit ce que pas ne soye digne, 60
D'en deviser, du tout mon cueur s'encline
A reciter ce qui est tout notoire :
Long escript tout deviser en memoire.

Le grant crime de lèse-majesté
Advisez bien se[2] vous l'avez commis ; 65
Tant avez faict et yver et esté
Que l'on vous tient de France ennemys,
Dont debvriez en justice estre mis
Que vous pourroit estre mal gracieuce[3] :
Rigueur de droit est de soy dangereuse. 70

1. Imp. : *fuir*. — 2. Imp. : *ce*. — 3. Imp. : *gracieulx*.

De convoiter cela qui n'est pas vostre
Laissez le¹ nous, vous n'y avez nul droit ;
Ce que querez il est et sera [nostre],
Dont en la fin n'aurez du pire endroit ;
L'on vous fera charier si à droit   75
Que laisserez voulentiers la querelle :
Mal luy advient qui injustement querelle.

Et, pour la fin, j'ay grant peur qu'il en faille
Dedans brief temps grant sang humain respandre
Par grant rencontre ou par dure bataille,   80
Car l'on peult bien par la raison entendre
Qu'on ne pourroit pas longuement attendre
Sans frapper sus à tort et à travers :
Les jugemens advenir sont divers.

Combien que j'ay en ferme esperance   85
Que Dieu sera nostre vray capitaine,
C'est le pasteur et gardien de France ;
Sa mère aussi, la royne souveraine,
Nous conduira, que² sans trop griefve paine
Vengeance aurons sur tous noz ennemys :   90
Tousjours bon droit a bon besoing d'amis.

[Fut] faict et dit à Lyon sur le Rosne,
Où je fus né et y faictz mon sejour,
En attendant quelque bonne nouvelle
Qui adviendra, se Dieu plaist, en brief jour ;   95
Et cependant l'on chauffera le four,
Où cuyrez tous en une grant fournée :
Dure pour vous sera celle journée.

Le tout vostre, qu'aultrement ne se nomme,

---

1. Imp. : *les.* — 2. Imp. : *qui.*

Se raison veult qu'à vous se deust donner, 100
Aultrement non, vous priant tous en somme
Qu'à ceste foys luy vueillés pardonner
S'il a rien dit, sans aulcun surnommer,
Qu'il vous puisse [plaire] ou vous desplaire :
L'on ne peult pas à ung chascun complaire. 105

Rondeau aux Angloys[1].

Vuidés, Angloys, ployez vos estandars,
Veu que la chasse avez de toutes pars;
Il fault vuider le pays de Bretaigne
Sans plus attendre au secours d'Allemaigne,
Car pour ce faire ilz ont tous les piedz ars. 110

Ne faictes plus icy des papelars,
Ne les Flamans qui sont voz compaignons,
Sans oublier les galopins d'Espaigne;
 Vuidés, Angloys!

Aller vous fault comme recreuz souldars[2]
Diligemment au pays de Cocquaigne, 115
Où par bribes chascun sa vie gaigne,
Sans y porter ne patars ne lyar[s];
 Vuidés, Angloys!

Aultre Rondeau.

Vuidez, Flamans, Espaignolz et Angloys;
Faictes place au noble roy Françoys, 120
Le très puissant des Bretons souverain;

---

1. Cf. *Recueil*, II, p. 268.
2. Avant ce vers, l'imprimé répète :
 Sans oublier les galopins d'Espaigne.

Vuidez, plus tost aujourd'huy que demain,
Car les Bretons sont devenus Françoys[1].

Se ne vuidez, vous aurez sur les dois
Et, n'eussiez vous ne maille ne tournoys, 125
Querez pour Dieu, en allant, vostre pain.
    [Vuydez Flamans]!

. . . .
. . . .
. . . . 130
. . . .
    [Vuydez Flamans]!

AULTRE RONDEAU.

Se ne vuidez, Angloys, se ne vuidez,
L'on vous donra si [très] estroictement
Qu'à peine aurez de desloger l'espace, 135
Et[2] ce sera plus tost que ne cuidez.

Et fussiez vous trop plus oultrecuydez,
. . . .
Villainement fauldra qu'on vous [de]chasse,
    Se ne vuidez. 140

Au grand secours qu'avoir vous attendez
Ne vous fiez que jà se[3] treuve en place,
Et, s'il advient qu'aucune emprinse[4] on face,
La fin sera aultre que n'entendez,
    Se ne vuidez. 145

  1. L'imprimé ajoute ici : *Vuydez Flamaas*.
  2. Imp. : *En*. — 3. Imp. : *ne se*. — 4. Imp. : *en prinse*.

Aultre Rondeau aux Angloys.

Adieu, Angloys, adieu; soyez godons,
Triste[s], dolens, comme bien l'entendons;
Vous en allez ronflans en Angleterre;
Se là trouvez quelque nouvelle guerre,
Aux Escossoys nous vous recommandons. 155

Lassés harnoys, estandars et guidons;
Des pellerins empruntez les bourdons,
Au departir de ceste noble terre;
    Adieu, Angloys!

En vous allant, acquerez grans pardons, 160
Bien confessez sans querir aultre don
Et sans espoir de plus sur nous acquerre,
Car qui quiert souventes foys il erre
Et pour la fin aultre ne vous mandons :
    Adieu, Angloys! 165

Cy fine les dictz Blasons.

Rondeau ausdictz Ennemys.

Ne vous souvient-il pas de voz ancestres,
A quelle fin les a failluz venir,
Qui du franc Liz cuydoyent estre maistres?
Jamais à ce ne peurent advenir.
Ne vous souvient-il pas de voz ancestres, 170
A quelle fin les a failllu venir?

AULTRE RONDEAU.

Quant serez mors, plus ne porterez lance[1]
Et si lairrez voz biens mal amassez;
De voz gaiges serez à coup cassez
Et ung aultre aura vostre puissance.   175

Helas! Seigneur, bien est fol qui n'y pense;
. . . .
Aller vous fault avec les trespassez,
    Quant serez mors.

Les povres gens qui sont plains d'innocence
Sont à grant tort pugnis par vos excès   180
Il me semble qu'en avez faict assez;
Laissez à Dieu en faire la vengeance
    Quant serez mors.

Sermon joyeulx de sainct Faulcet.

Ubi paly coquaris,
Maxillarium in vanis
Familliarum constringe;
Ce que Dieu a dit et juré
C'est bien raison que il soit faict.   5
En la legende sainct Faulcet
Ay trouvé ce que vous ay dit,
Et le jugement que Dieu fist,
Le jour qu'il trouva sainct Faulcet

---

1. Imp. : *de* lance.

Lassus ès cieulx en ung anglet, 10
Là où il avoit prins son lieu,
Maulgré les sainctz et maulgré Dieu.
Sainct Faulcet dit premièrement
A Dieu : « J'ay regné faulcement
« Et ay esté tousjours pecheurs. » — 15
Dit Dieu : « Quant tu es tel pecheurs,
« Doibs-tu doncques demourer cy¹ ? »
— « Ouy, se² vous aviés menti »,
Dit sainct Faulcet, « car c'est mes droitz.
« Le jour que fustes mis en croix, 20
« Où souffristes moult grant doulleur,
« Ne fusse pas pour le pecheur ?
« Ouy, ce nous dit l'Escripture.
« Convient-il que Dieu soit parjure ?
« Quant pour le pecheur voult mourir, 25
« Dois-je de Paradis issir ?
« Nenny, se vous me faictes droict. »
Lors luy dit Dieu qu'il demouroit,
Car son procès avoit gaigné.

Trestous ceulx qui sont en peché 30
Et qui sont faulx parfaictement
Seront saulvez au jugement ;
Ce³ nous racompte sainct Faulcet,
Qui contre Dieu en fist procès,
Ainsi que j'ay dit cy-devant : 35
Maris, Dinat⁴, Warin, Tristant,
Furent sainctz, aussi⁵ Argenton.

1. Imp. : *icy*. — 2. Imp. : *ce*. — 3. Imp. : *Se*. — 4. Imp. : *Diuatus*. — 5. Imp. : *et Argenton*.

Se[1] acquerre voulez le pardon
De sainct Faulcet, qui tant est gens,
Entendez les commandemens   40
Que je vous diray aujourd'huy.
Bonnes gens, ne croyez nulluy;
On voit les gens si varieux,
Qu'à peine croit-on, ce m'ai Dieux,
Et, ce vous devez argent grans   45
Soit à preudhommes ou marchans,
De bledz, d'avoines, ou de draps,
Si leur jouez de blanc harnoys[2] :
C'est de courtoysement parler,
De promettre sans riens donner   50
Et luy dictes : « Souffrés de moy ;
« Vous serez payé, par ma foy,
« Avant que hors soit la sepmaine,
« Car on le me doit de ma peine. »
Mais ne vous monstrez plus à luy,   55
Et, s'il advenoit que au lundy
Vous allast argent demandant,
Si respondez appertement :
« Dyables m'ont faict par cy passer ;
« Doit-on au lundy demander   60
« Argent à ung bon compaignon ?
« Jhesus, qui souffrit passion,
« Me gecte du jour à honneur. »
Vecy la vie du docteur
Sainct Faulcet, vostre bon amy.   65

   Encores de rechief vous dy
Que, se[3] vous n'estes assez faulx,

---

1. Imp. : *Ce*. — 2. Prononcez *harnas*. — 3. Imp. : *ce*.

Hantez moy courretiers de chevaulx,
Procureurs, advocatz, seigneurs,
Cordeliers et frères prescheurs, 70
Car ilz sçavent l'estat du monde;
Contrefaire veullent la ronde;
Ilz se meslent du bas voller[1];
En preschant sçavent bien parler;
Ainsi est [sainct] Faulcet parfaict. 75
Et, se[2] vous debvez une debte,
Qu'on ne peust prouver nullement,
N'en faictes jamais payement,
Car les tesmoings sont à Cambray.

Sainct Faulcet le mande par moy, 80
Que se[2] faisoit paier[3] deux foys
D'une debte, fust tort ou droit;
S'il debvoit riens d'aulcun mestier,
Prouvoit qu'il n'en debvoit denier
Par celuy qui n'en sçavoit riens; 85
Il n'avoit de foy ne qu'ung chien.

Il fut longtemps marchans d'anneaulx,
Et puis après fut macquereaulx;
Douze ans fut marchant de poisson,
De vins et puis il fut larron, 90

---

1. Il faut lire sans doute *bavoler*, mot qui paraît avoir le sens de « bavarder » :

> Tout beau ; m'en voys sans *bavoler*
> Cheulx mon compère le surgien.

(*Le Medecin et le Badin*, ap. Le Roux de Lincy et Michel, *Recueil de Farces, Moralités et Sermons joyeux*, t. II, n° 38, p. 12.) L'explication que nous avons donnée d'après Cotgrave (t. XI, p. 74) doit probablement être rectifiée.

2. Imp. : *ce*. — 3. Imp. : *prier*.

Par sa femme, qui tant fut belle ;
Monta ès cieulx en une eschelle [1]
Lors dist : « *Consummatum est.*
« *Rotumaris trotus* tout prest. »
Ce fut sa dernière oraison.   95
Mais, depuis que pendu l'eut-on,
Ressuscita en propre forme,
Soy monstrant au pape de Romme.

Il a sept filz trestous vivans,
Dont l'ung est plus rouge que sangs ;   100
L'autre est aussi blanc qu'un corbeau ;
Le troisiesme est *Placebo* [2],
Et le quart sert d'ung entremetz
La joue d'ung faitiz varletz,
Qui n'entend rien ; qui ne dit : « Tien » [3] ;   105
Le VIe est homme de bien ;
Il use à l'art de Toliette ;
Là joue et [sonne] la trompette ;
C'est ung trompeur, je vous ay dit.
Sainct Faulcet, chascun vendredy,   110

---

1. Il fut pendu.
2. L'une des farces du ms. du duc de La Vallière est un Sermon joyeux en 94 vers, qui a pour titre : *Dialogue de Placebo pour un homme seul*, c'est-à-dire pour un seul acteur. Placebo, c'est le complaisant adroit qui ne recule devant aucune flatterie pour arriver à ses fins, et nous n'avons qu'à répéter la note de Tyrwhitt sur un passage des *Canterbury Tales* de Chaucer, vers 7657 : « Allusion à une antienne de l'Eglise romaine, prise du psaume CXVI, verset 9 : *Placebo, Domine, in regione vivorum;* de là le nom de *Placebo* donné au frère complaisant dans le conte du Marchand. »
3. Qui ne lui dit pas : « Tiens » et qui ne lui donne rien.

Jeusne quant il n'a que menger;
Il se confesse à ung musnier,
Car le musnier a grant science
Et si est plain de grant puissance,
Après Dieu ; c'est la verité,   115
Car Dieu si faict croistre le blé,
Qui est une vertu moult digne,
Et le musnier faict la farine,
Dont pert-il qu'il est [très] sainct homs.

  J'octroye à tous ceulx grans pardons   120
. . . .
Qui veullent exaulcer le tort,
Que jamais ne puist esveiller,
Ne droit aller par nul sentier,
Et, affin que mieulx en priez,
Je vous donne tous mes pechez.
C'est assez dit pour une foys;   125
A Dieu vous command, je m'en vois.

*Le piteux Remuement
des Moines, Prestres et Nonains
de Lion,
par lequel est descouverte leur honte
et la juste punition de Dieu sur
la vermine papale.
Avec un' Epistre au Lecteur fidèle
et le Departement des Parroisses.
Plus un Cantique d'action de graces
au Seigneur, pour l'heureuse delivrance
de son Eglise,*
Par E. P. C.
M. D. LXII.

Nous avons déjà publié dans ce *Recueil* plusieurs pièces composées par les protestants contre l'église romaine, le pape et les Guise en 1562 et 1563 :

La Desolation des Frères de la robe grise pour la perte de la marmite qu'est renversée (t. VII, pp. 140-147); *Discours de la Vermine et Prestraille de Lyon, dechassée par le bras fort du Seigneur* (t. VII, pp. 24-45); *Deux Chansons spirituelles, l'une du siècle d'or avenu, tant desiré, l'autre de l'assistance que Dieu a faicte à son Eglise* (t. VIII, pp. 270-281); *La Poly-*

machie des Marmitons ou la Gendarmerie du Pape (t. VII, pp. 51-65). La période qui correspond à la première guerre de religion et dont les points extrêmes sont le massacre de Vassy (1er mars 1562) et la bataille de Dreux (19 décembre 1563) est très-riche en satires, en pamphlets rimés et en chansons. Ces petites pièces de circonstance, qui jettent une certaine lumière sur les événements de l'époque, contiennent des détails négligés par les historiens et qu'il est aujourd'hui curieux de relever, mais elles sont surtout intéressantes parce qu'elles offrent l'image colorée et vivante du sentiment des partis et présentent l'expression sincère de la passion religieuse, qui a toujours été l'élément le plus violent de nos discordes civiles.

Nous complétons aujourd'hui cette série par la reproduction de six pièces de la plus grande rareté, dont les titres, il est vrai, ont été cités par les bibliographes, mais qui, sauf une seule, n'ont jamais été réimprimées.

Le piteux Remuement des Moines, Prestres et Nonains de Lion se rapporte à la prise de Lyon par le baron des Adretz (30 avril 1562); il est signé des lettres E. P. C., initiales que nous trouvons également en tête du *Discours de la Vermine et Prestraille de Lyon*, satire composée à l'occasion du même événement. Nous ignorons quel est le poëte auquel appartiennent ces initiales; malgré les grossièretés éparses dans ses deux compositions, le style de l'avis *Aux Lecteurs fidèles* permet de penser que c'était un ministre; en tout cas, il est certain qu'il écrivait mieux en prose qu'en vers.

Les deux poëmes d'E. P. C. ont pour commentaire naturel une relation en prose, intitulée : *La Prinse de Lyon par les fidèles au nom du Roy*, qui figure dans les *Mémoires de Condé* (éd. de 1743, t. III, p. 339-344) et qui a été reproduite par Cimber et Danjou (*Archives curieuses*, 1re sér., t. IV, pp. 175-

183)[1]. Nous avons joint du reste au *Piteux Remuement* quelques notes topographiques.

Le second poëme, les *Cantiques* d'Antoine du Plain, nous fait connaître le nom d'un auteur que nous n'avons pas encore eu l'occasion de citer et nous fournit quelques détails sur la prise de Lyon.

Les trois pièces qui suivent : *Le Blason du Gobellet, Le Blason du Platellet* et l'*Adieu de la Messe*, sont de petites pièces satiriques empreintes du même esprit que le *Noël nouveau de la description ou forme de la Messe, sur le chant de Hari, bouriquet* (t. VII, pp. 46-50); que *La Legende veritable de Jean le Blanc* (t. VIII, pp. 105-125) et que le *Passe-temps de Jean-le-Blanc* (t. VIII, pp. 126-138). On devine sans peine que le « gobellet » n'est autre chose que le calice, et que le « platellet » est le nom donné à la patène. Les trois pièces sont donc également destinées à tourner en dérision les cérémonies de la messe.

Le Blason du Platellet figure déjà dans le grand recueil de Méon, mais comme il forme, en quelque sorte, la contre-partie du *Blason du Gobellet*, nous n'avons pas cru devoir l'en séparer.

La dernière pièce, l'*Avertissement à Messieurs du Puy*, fera l'objet d'une notice spéciale.

Voici la description de la plaquette d'après laquelle nous reproduisons la première composition :

Le piteux // Remuement des // Moines, Prestres, et // Nonains de Lion, // par lequel est descouuerte leur // honte, & de la iuste punition // de Dieu, sur la ver- // mine Pa- // pale : // Auec un' epistre au lecteur // Fidele. // Et le departement des par- roisses. // Plus vn cantique d'action de // graces

---

[1]. Voy. aussi le *Catalogue de la Bibliothèque lyonnaise de M. Coste* (Lyon, 1853, in-8), n°° 3660-3684.

au Seigneur pour // l'heureuse deliurance de son // Eglise. // Par E. P. C. // M. D. LXII [1562]. S. l. [Lyon], in-8 de 22 pp. et 1 f. blanc.

Le v° du titre est blanc.

Biblioth. Méjanes, à Aix, n° 15073 (exempl. du duc de la Vallière, n° 3203 du *Catal.* en 3 vol.).

Aux Lecteurs
fidèles.

Entre toutes les merveilles que le Seigneur a jamais déployées pour ses enfans, je puis hardiment compter au rang une si admirable œuvre et grande que celuy est par trop aveugle qui ne recognoist l'excellence d'un tel cas estre du tout celeste et divine. Car, quoy que œil humain ait jamais apperçeu qui aye ravy l'entendement des spectateurs, ce qu'icy je propose doit à bon droit marcher devant et tenir le haut bout; car y a-il homme si brutal qui ne confesse avecq moy les mesmes choses que je desireroie volontiers amplement extoller, si assez les pouvois magnifier, sinon qu'elles surpassent la capacité de mon esprit. Mais, dira quelcun, puis qu'œil n'a veu, ny homme cogneu ce que le Seigneur a preparé à ceulx qui l'ayment, se fault-il tant esmerveiller? Je respons là-dessus que, si Dieu s'est jamais manifesté puissant et admirable à ceulx qui autrement devoient estre rejettez de sa face, pour la multitude des faultes et transgressions, Dieu, dy-je, en ce temps s'est tellement apparu merveilleux et favorable, garent et protecteur des siens, que pouvons hardiment chanter avecq nostre David :

> Or peult bien dire Israël maintenant :
> Si le Seigneur pour nous n'eust point esté,
> Si le Seigneur nostre droit n'eust porté,
> Quand tout le monde, à grant fureur venant,

Pour nous meurtrir dessus nous s'est getté,
Pieçà fussions-nous devorez par eulx[1].

Car que les ennemis de l'Evangile n'eussent conspiré de nous enfermer en leurs lacz, pour nous faire de là trebucher en la fosse, cela est tout certain, tellement que Satan n'avoit rien oublié pour forger telz moiens à leur[2] aide, mais, les cordeaux rompuz, les oiseaux sont eschappez et eulx-mesmes tresbuchez en ceste fosse-là. Ainsi voit-on combien les jugemens du Seigneur sont incomprehensibles. O profondeur, ô sagesse du ciel tant admirable ! Qui ne cognoistra ce bras fort, ceste main tant puissante du Seigneur s'estre estendue en la delivrance des siens, captifz entre Egiptiaques ou Domitians ? Sus doncq, ô peuple Lionnois ; donne louange et cantiques au Seigneur. Toy, Israël, loue l'Éternel, car la delivrance est non seullement grande et admirable, mais d'une action singulière et celeste. Voilà comment il se communique à toy, son espouse, lors mesmement qu'il semble que tu n'aies forme ny apparence et que tu es comme invisible par les oppressions, cruaultéz et violences de tes ennemis, exagitéz du Diable, leur seigneur. O victoire victorieuse et heureuse. C'est le Seigneur qui a conduit cest ouvrage ; c'est luy qui a fait retirer ces baalins et faux prophètes ; c'est luy qui a faict la place aux vrais annonciateurs de sa parole. O siècle heureux tant desiré[3] ! Certes bien heureux sont ceux qui voyent ces merveilles et en font leur proffit, car le Seigneur les sauvera et les fera jouir de l'heritage promis, voire si par ingratitude nous ne venons à oublier la faveur et largesse

---

1. Ces six vers sont le début du psaume CXXIV traduit par Théodore de Bèze.
2. Imp. : *leurs*.
3. Ce sont les mots qui se trouvent sur le titre des *Deux Chansons spirituelles* que nous avons citées ci-dessus. Voy. t. VIII, p. 270.

de sa bonté, que chacun doit mediter nuict et jour avec action de graces ou cantique au Seigneur, comme je vous propose par ce petit traicté, pour tesmoignage d'une si admirable delivrance de[s] siens et si honteux partement de la prestraille et vermine papale, laquelle j'ay bien osé saluer par versetz, pour eterniser la desolation et pitoiable remuement de ces ventres paresseux et reciter, comme en passant, la facilité d'un tel ouvraige, lequel toutes les plumes du monde ne peuvent suffisamment exalter. Tant s'en fault donques que, en si bref discours, soit descouverte la honte et vergoigne de telz pourceaux; mais, d'autant que cy-après, j'espère au Seigneur, il me fera la grace de l'amplifier, attendant cela, je ne poursuivray autrement mon intention, ains prieray tous benevoles lecteurs prendre ces premices en si bonne part, comme de sincère et cordiale affection je le vous desdie et presente. A Dieu seul soit honneur, louange et gloire eternellement. Ainsi soit-il.

De Lion, au moys de may 1562.

Departement
des Parroisses[1].

La veille Saint Jaques,
Ou de Saint Philippes[2],
Moines fripelippes
Ont troussé leurs jaques;

---

1. Pour toutes les paroisses et couvents cités dans cette pièce on pourra voir la bibliographie de leur description et de leur histoire dans le *Catalogue de la Bibliothèque lyonnaise de M. Coste*, n°ˢ 2563-3005. Nous nous sommes servis utilement du plan pittoresque de Lyon à l'époque d'Henri II, dont une belle reproduction en 25 planches in-folio a été publiée, de 1872 à 1876, par la Société de topo-

Mais s'on dit : « Comment
C'est fait tout cela
Si soudainement? »
Il faut venir là
Que Dieu par sa grace
A changé leur place,
Voire en ceste année,
Qu'est determinée
Mil soixante deux
Pour telz malheureux.

S.-Paul, S.-Nizier, l'Hostel de Ville et Jacopins[1].

Quand ceux de Saint-Paul ont lors entendu

graphie historique de Lyon, d'après l'unique exemplaire connu. Pour plus de détails sur ce plan, on peut voir, dans la Revue des Sociétés savantes, le rapport fait au Comité d'archéologie dans la séance du 11 mars 1876. Nos renvois de planches se réfèrent aux chiffres romains de la reproduction moderne, lesquels diffèrent des chiffres arabes de l'original.

2. La fête de S. Philippe et de S. Jacques tombe le 1er mai. — Dans la nuit du 30 avril au 1er mai, les protestants se rassemblèrent auprès de leur temple de la Guillotière, se portèrent directement sur le pont du Rhône au nombre de 1,000 à 1,200 hommes, et occupèrent la place Nostre-Dame-de-Confort et la place des Cordeliers. Après ce premier succès, ils s'emparèrent successivement de Saint-Paul, de Saint-Nizier, de l'Hôtel de Ville, etc., comme on le voit dans les strophes suivantes. Cf. Monfalcon, Histoire de Lyon (Lyon, 1847, gr. in-8), p. 669.

1. Saint-Paul est situé à l'extrémité de Lyon, au bas de la côte Saint-Sebastien, sur la rive droite du Rhône. Saint-Nizier s'élève sur la place du même nom, et fait face au pont du Change sur la Saône. L'Hôtel de ville se trouve sur le chemin qui sépare les deux églises; il est un peu plus rapproché de Saint-Nizier que de Saint-Paul.

Que ceux de Confort et les Cordeliers
Sont allez disner hors de leurs piliers,
  Soudain s'est rendu
  A bras estendu,
  Mais les crocheteurs
  Et contreporteurs
  N'y ont rien perdu.
  Leur beau Saint-Nizier
  Et l'Hôtel de Ville
  N'ont peu espier
  Quelque tour habile
  De leur conducteur.
  S'il eust entendu
  Ce que menaçoit
  Un si grand malheur,
  On ne les eust pas,
  Travaillez et las,
  Hors de léans mis
  Comme ennemis.

   De leur bagaige.

  N'estoit-ce pas saige
  De voir ce bagaige
  Dressé ce matin,
  Ainsi qu'un butin?
  Certes crocheteurs
  Et contreporteurs
  N'ont péu, sans rire
  Et sornettes dire,
  Les acheminer
  Et hors emmener.

Des Augustins [1].

Ces rusez mâtins, 45
Paillars Augustins,
Pour toute desserte
Sont avec nonains
De l'orde Deserte,
Infames vilains. 50
Et pourquoy cela ?
Pour ce que [2] plus la
Jà ne reviendront,
Ny nonains tiendront.

Enfumez ou Minimes [3].

Mais, tantost après, 55
Pauvres enfumez
Ont du tout exprès
Esté parfumez,
Car, voians nos gens
Près et diligens, 60
Se sont retirez
Fort piteusement,
Comme martirez
Et habilement,

---

1. Les Augustins s'établirent à Lyon en 1319 (voy. *Catal. Coste*, n° 2580). Leur couvent était situé sur la rive gauche de la Saône, entre le pont Saint-Vincent et le pont de la Feuillée actuel. Il y a encore aujourd'hui le quai et la rue des Augustins. Le couvent figure avec la *Déserte* dans la feuille XIII du grand plan.

2. Imp. : *qui*.

3. Le couvent des Minimes a donné son nom à la place des Minimes, située sur la rive droite de la Saône, entre Saint-Irénée et Fourvières.

Lorsqu'eust veu les mynes 65
De ces veaux Minimes,

. . . .

Quand ilz s'en alloient
Hors de leur cachette,
Sembloient à Caillette, 70
Natif de Paris [1],
Tant estoient marris.

La Platière [2].

Tous les moines blancz
De ceste Platière
Ont comme truans 75
Tourné le derrière,
Voïant bien que l'uz
De leurs vieux abuz
Estoit descouvert
A tout homme expert. 80

S.-Pierre [3].

Si le petit père,
Fier comme vipère,
Eust peu resister,
Pour ne desister
D'avec ses nonains, 85
Il eust faict acquerre

---

1. Voy. sur Caillette t. X, pp. 377-386.
2. La place de la Platière est située sur la rive gauche de la Saône, entre Saint-Nizier et les Augustins.
3. L'abbaye de Saint-Pierre, fondée au XIIIe siècle, attenait à l'église Saint-Pierre-le-Vieux ; elle a laissé son nom au palais des Arts, ou palais Saint-Pierre actuel. Voy. le Plan scénographique, pl. XII.

De piedz et de mains
A ceux de Saint-Pierre
Coups de baston maints.

Les Nonains.

Après les Nonains 90
Saint-Pierre, ou puteins,
Pour mieux vous le dire,
N'ont sçeu[1] que produire
Pour se garentir
De ne point sortir[2]. 95

Les Carmes[3].

Je dy qu'avec larmes
Ces cagotz de Carmes
Ont esté contraintz
De quitter leurs trains,
Car incontinent 100
Ilz se sont renduz
Comme esperdu[z],
Ouy tout maintenant.

---

1. Imp. : *sceau.*
2. Les Dames de Saint-Pierre ont reconstruit leur couvent au XVIIe siècle. Le livre de M. Charvet, *Les De Royers de la Valfenière* (Lyon, 1870, in-8°), est en partie consacré à l'histoire de cette reconstruction. Les bâtiments, qui sont devenus le Palais-des-Arts, forment un des grands côtés de la place des Terreaux.
3. Les Carmes furent établis à Lyon en 1291 (voy. *Catal. Coste*, n° 2586). — La place actuelle des Carmes sépare la place de la Boucherie-Terreaux de la place des Terreaux, sur laquelle est situé l'Hôtel de Ville.

Les Celestins[1].

 Ces gentilz cochons,
Celestins rasez,   105
Ont leurs capuchon[s]
Soudain empoigné,
Voiant bien qu'assez
Avoient amassez
D'escuz à poignée.   110
Or, s'ilz sont camuz,
Certes dire j'ose
Que leurs grans abuz
Sont la propre cause.

S. Laurens[2].

 Et, de Saint-Laurens   115
Si gens apparens
Fussent vistement
Et legèrement
Vers luy accouruz,
Les dames Venuz,   120
Qui y estoient lors,
N'en fussent dehors.

1. Le couvent des Célestins de Lyon fut fondé par Amédée VIII, comte de Savoie, le 25 février 1407 (*Catal. Coste*, n° 2598). — La place actuelle des Célestins est située sur la rive gauche de la Saône, entre la place Bellecour et le quai des Célestins.

2. Saint-Laurent sur la rive droite de la Saône figure dans la planche XIII du Plan scénographique, à côté de Saint-Paul, sur l'emplacement de la place Saint-Paul actuelle et à la hauteur du pont Saint-Vincent. Le nom de Saint-Laurent n'appartient plus aujourd'hui qu'à une « montée » qui fait communiquer le Petit-Sainte-Foix avec la Quarantaine.

S.-Jean [1].

Mais ceux de Saint-Jean,
Assez beaux prelatz,
Vuides de soulas,   125
Ilz suoient d'ahan
Et fort estoient las,
Tant se tenoient fortz,
Mais, soudain, alors
Qu'ilz pensoient combattre,   130
Voicy pour abbattre ;
Gens, choisiz d'elite,
De belle poursuite
Les ont chassé hors
Comme sales et ords.   135

S.-Croix, S.-Estienne [2].

Ceux de Saint-Estienne
Et de Sainte-Croix,
Ensuivant leurs termes,

---

1. Saint-Jean, situé au pied de la montagne de Fourvières, sur la rive droite de la Saône, est l'église cathédrale, dont les chanoines portaient le titre de « comtes de Lyon ». Au moment de la prise de la ville, c'était un chanoine, le comte de Sault, qui remplissait les fonctions de gouverneur. Aujourd'hui encore, certains auteurs catholiques poursuivent ce personnage de leurs invectives et l'accusent de trahison. Voy. notamment un opuscule de l'abbé Cattet, intitulé : *Les Guerres des Protestans à Lyon, de 1561 à 1572, ou Fragmens de M. Montfalcon* [sic], *jugés selon la vérité de l'histoire* (Lyon, 1847, in-8).

2. Sainte-Croix et Saint-Étienne-porte-Froc n'existent plus ; elles sont remplacées par deux rues sur le côté nord de la cathédrale. On les voit dessinées planche IX du Plan scénographique.

Ont éu de mesmes
Que ces venerables 140
Prelatz ou notables,
Car la foy chrestienne,
Que Dieu entretienne,
Luy-mesme à plantée
Ou n'avoit estée. 145

S.-Pierre-le-Vieux [1].

Or, comme on m'a dict,
Maugré envieux
Et sans contredict,
Saint-Pierre-le-Vieux
Est tombé tout las 150
D'un si piteux cas.

S.-Alban [2].

Il n'y a bois ne banc
Qu'on n'ait tripoté
Et hors emporté
Du groz Sainct-Alban. 155
Le pauvre vieillard
A bien eu sa part.

Enay [3].

Je suis desplaisant

---

1. Saint-Pierre, dont le portail remonte au ıxe ou au xe siècle, est situé rue Centrale, derrière le palais des Arts actuel.
2. Planche IX du Plan scénographique.
3. L'église d'Ainay, dans le quartier de Bellecour, l'une des plus anciennes et des plus curieuses de Lyon (le cartulaire fait partie de la collection Coste; voy. n°s 2563-

Que le temps je n'ay
D'aller voir Esnay, 160
Mais, ce bon paisant
Me vient d'assurer,
Ne pouvoient durer,
Et luy bien joieulx
De boire avec eux 165
En disant : « A Dieu
Esnay, le beau lieu. »

S.-Antoine[1].

Et ce groz pourceau
Du vieux Saint-Antoine
Sembloit mieux un veau 170
Qu'à quelque autre moyne.
Or ce galant-là
Vouloit tousjours là
Prendre ses esbatz
Et ses bons repas. 175

S.-George, S.-Sorlin et S.-Just[2].

De George et Sorlin,
Assez bons[3] patrons,

2568 du *Catal.*), est située sur la rive gauche de la Saône, rue du Chapitre, à proximité du quai d'Occident et du pont d'Ainay. Le plan scénographique, planche IV, écrit *Eney*.

1. Le quai Saint-Antoine, qui a conservé le nom de cette église, s'étend sur la rive gauche de la Saône entre le pont du Change et le pont du Palais de Justice.

2. Sur la rive droite de la Saône, dans le quartier des Minimes. Saint-Georges figure sur la planche IX, Saint-Just sur la planche V, Saint-Sorlin (écrit Saint-Sormin) sur la planche XII du Plan scénographique.

3. Imp. : *bonns*.

Ce mesme matin,
Sembloient deux poultrons,
Ou bien autre cas, 180
Aians eu autant
De mal et content,
Comme ceux S.-Just,
Tant beaux advocatz,
Sans sausse ou verjust. 185

S.-Heloy [1].

Mais, quant j'apperçoy
L'idole d'Eloy,
Quoy que fusse belle,
Maintenant est telle
Qu'elle a plus de maux 190
Que tous ses chevaulx [2]
Et leurs mareschaulx,
Car massons exprès
Sont encor' après
Pour la ruyner 195
Et exterminer.

S.-Iriny [3].

On n'a eu grand peine

---

1. Sur la rive droite de la Saône, près du pont du Change et du quai de Bondy. Plan scénographique, planche XIV.
2. Saint Éloi était le patron des maréchaux ferrants.
3. L'église Saint-Irénée, située dans le faubourg de ce nom, sur une hauteur qui domine la rive droite de la Saône, est construite sur une crypte du second siècle; on y conserve les ossements des 19,000 martyrs exécutés par ordre de Septime Sévère.

Sortir Iriny
Dehors de son ny,
Car ce bon prieur, 200
De Dieu serviteur,
A fait que soudaine
A esté, non vaine,
La prinse du lieu,
Pour servir à Dieu. 205

Forvière[1].

Facile a esté
De belle manière
Entrer à Forvière,
Car les pauvres gens,
Assez negligens, 210
En s'ostant de là
On[t] tout quitté là.

S.-Sebastien[2].

Tout homme chrestien
Avoit grand desir
De voir Bastien 215
Vuyder à plaisir.
Savéz vous comment
A telz il en prent
Et de tout leur cas
De tant haut tant bas ? 220

1. La montagne de Fourvières, au pied de laquelle est construite la cathédrale, domine toute la ville de Lyon; il aurait dû être facile aux catholiques de s'y retrancher et de s'y défendre.
2. Sur la rive droite du Rhône, près de Saint-Paul.

Recluz[1].

S.-Barthelemy et la Madelaine,
Ou bien leur Recluz[2],
S'est trouvé percluz
De l'heure soudaine,
Car là estoit mis 225
Comme pour remplir,
De peur de faillir,
Sa tripe ou bedaine.

L'Observance[3].

Ceux de l'Observance,
Voire en presence 230
De leurs capuchons,
Ont dit : « Despechons,
« Car nous sommes mortz,
« Sy ne vuidons hors. »

S.-Vincent[4].

Mais qui ne consent 235
Et bien voluntiers,
Maugré veloutiers,

---

1. Sur la rive droite de la Saône, au nord-est de l'Antiquaille.
2. On lit sur la planche XIII du Plan scénographique : S. Barthelemy re., c'est-à-dire *Saint-Barthélemy reclus*. — La Magdelaine figure sur la planche IX.
3. Le couvent de Notre-Dame-des-Anges, dit de l'Observance, fut fondé en 1493 (*Catal. Coste*, n° 2651). — L'église des Cordeliers de l'Observance est située sur la rive droite de la Saône, à l'entrée du faubourg de Vaise. Plan scénographique, pl. XXIV.
4. Sur la rive gauche de la Saône, en aval de l'Observance. Il y a encore le quai et le pont Saint-Vincent.

Que ce Saint-Vincent
Soit du tout ruiné
Et exterminé.

La Guillotière[1].

Si le Daulphiné
Est bien affiné,
C'est bien employé
Qu'on l'ait là plié,
Mais bien dire l'ose
Que la Guillotière,
Comme sa portière,
Est quasi la cause.

De l'Isle[2].

Un potier d'argille
Ne fit jamais mieux
Pour quelque ennuyeux
Qu'on a faict pour l'Isle
Près de ceste ville,
Car savez comment
Tout y est allé?
Roland, le vaillant,
Avecq son cornet
Assez beau et net,
On a devallé
Du beau premier coup
Avecques Sainct Loup.

---

1. Le faubourg de la Guillotière, situé sur la rive gauche du Rhône, est, en effet, comme la porte du Dauphiné.
2. L'Ile Barbe est située sur la Saône, commune de Saint-Rambert.

Des Villages circonvoisins.

 Or, pour faire fin
A tout ce discours,
Saincte-Foy[1], Hulin
N'ont éu secours   265
D'ame de ce monde,
N'aussi la montaigne
Qu'on dit si féconde,
Nommée le Mont d'or[2].
Si je dy encor   270
Que sainct Fortuna[3]
A dict qu'on le preigne,
Après desjuna[4].
Tant d'autres suivront
A la foy chrestienne   275
Qu'à le dire court
Chacun y accourt.

*Fin
du Partement de la Prestraille.*

---

1. Sur la rive droite de la Saône, au sud de Fourvières et de Saint-Irénée.
2. Saint-Didier-au-Mont-d'Or, canton de Limoneste, à cinq kilom. au nord de Lyon, sur la rive droite de la Saône.
3. Saint-Fortunat, commune de Saint-Didier-au-Mont-d'Or.
4. Forme du patois lyonnais.

Cantique au Seigneur
pour la victoire obtenue de sa main.

    Chantez de Dieu le renom,
Vous serviteurs du Seigneur;
Venez pour luy faire honneur,   280
Vous qu'avez éu ce don
D'estre habitans au milieu
Des parvis de nostre Dieu.

    Louéz Dieu, car il est bon;
Psalmodiez en son nom,   285
Car il est plaisant et doux;
Il a choisy entre tous
Jacob, et Israël pris
Pour son thresor de grant pris;

    Car l'Eternel, sçay-je bien,   290
Est si grand que tous les dieux
Auprès de luy ne sont rien,
Qui fait en terre et és cieux,
Voire ès gouffres de la mer,
Ce qui luy plait consommer.   295

    Du bout de la terre en hault
Il faict les nues monter;
Les esclairs, quand il le fault,
Il faict en pluie esclater
Et sortir de ses thresors   300
Les ventz tant rudes et fortz.

    D'Egypte les premiers néz
Il a tuéz de ses mains,

Soit qu'ilz fussent les aisnéz
Du bestail ou des humains; 305
Egypte, il t'a faict sçavoir
Choses terribles à voir.

Il a desfait Pharaon
Et toutes ses legions,
Occis rois et nations, 310
Tesmoin le fort roy Sehon,
Og, le grand roy de Basan [1],
Et tous ceulx de Canaan.

A son peuple d'Israël
Il a leur païs cedé, 315
Duquel il fut possedé
En tiltre perpetuel.
Ton nom, Dieu plein de bonté,
Dure à perpetuité.

De Dieu le nom florissant 320
D'aage en aage durera,
Car l'Eternel tout-puissant
Son peuple gouvernera,
Estant appaisé de cueur
Vers son paouvre serviteur. 325

Les images des Gentilz
Ne sont rien qu'or et argent,
Œuvres d'hommes abbrutiz,
Pour abuser mainte gent;

---

1. Sur ces deux rois, voy. les Nombres, le Deutéronome et Josué. Rabelais (l. II, ch. V) cite le roi Og d'après les psaumes CXXXIV et CXXXV.

Bouche elles ont sans mouvoir 330
Et des yeux pour ne rien voir.

 Sans ouïr oreilles ont
Et ne peuvent respirer ;
Telz seront ceulx qui les font
Et qui les vont adorer. 335
Et qui est fol jusques là
De se fier en cela ?

 Vous, du Seigneur les enfans,
Chantez le loz du Seigneur ;
Enfans d'Aaron triomphans, 340
Rendez à Dieu tout honneur.
Vous, de Levi la maison,
Louez-le en toute saison.

 Vous tous, qui le reverez,
Rendez son loz solennel ! 345
Soit haut loué l'Eternel,
Qu'à Lion vous adorez
Et qui veut, pour n'en bouger,
En ceste terre loger.

   Fin
  du Cantique.

Cantique nouveau,
contenant le Discours de la guerre de Lyon
et de l'assistance que Dieu a faite à son Eglise
audit lieu, durant le temps de son affliction,
en l'an 1562;
sur le chant de Pienne[1].
Plus
un Cantique spirituel de la persecution des fidèles
chrestiens et de leur delivrance, les exhortant à
rendre graces à Dieu, se voyant delivrez
par sa divine providence; sur le chant
du Pseaume 99.
[Par Antoine du Plain].
A Lyon.
1563.

Ces cantiques n'ont pas été cités par M. Brunet. Nous en connaissons cependant deux éditions anciennes :

A. Cantique // nouueau, conte- // nant le discours de la guerre de // Lyon, & de l'assistance que // Dieu a faite à son Eglise // audit lieu, durant le //

---

1. Cette chanson, relative aux amours de François de Montmorency et de Mlle de Piennes, commençait ainsi :
    Montmorency, te souvienne
    De Pienne...

Nous n'en avons retrouvé le texte dans aucun des chantemps de son affli- // ction en l'an // 1562. / Sur le chant de Pienne. // Plus // Vn Cantique spirituel de la persecution des fideles // Chrestiens, & de leur deliurance; les exhortant à // rendre graces à Dieu, se voyans deliurez par sa di- // uine prouidence, Sur le chant du Pseaume 99. // *A Lyon*, // 1563. In-8 de 8 ff.

Biblioth. municip. de Lyon (collection Coste, n° 3499).

B. Deux Cantiques nouveaux, l'vn narratif des persecutions des fideles & de leur deliurance : les exhortant à rendre graces à Dieu, se voyant ainsi deliurés par sa divine providence. Et l'autre, de l'assistance que Dieu a faite en son Eglise à Lyon, estant persecutée & assaillie continuellement par ses ennemys, en l'an mil cinq cens soixante deux. *A Lyon, Par Iean Saugrain*. 1563. In-8 de 8 ff.

Édition citée par M. Bordier (*Chansonnier huguenot*, t. II, p. 459).

Il a été fait deux réimpressions du premier des deux cantiques :

C. *Archives historiques et statistiques du département du Rhône*, t. XIII (Lyon, 1830, in-8), pp. 331-339.

En même temps que le *Cantique*, les éditeurs de ce recueil ont reproduit le sonnet acrostiche.

D. *Le Chansonnier huguenot* (Paris, 1871, in-16), t. II, pp. 220-232.

sonniers du XVIᵉ siècle que nous avons dépouillés, tandis que deux autres pièces sur le même sujet ont été réimprimées par M. Le Roux de Lincy (*Chants historiques français*, t. II, pp. 204-206).

De l'Assistance que Dieu a faite à son Eglise à Lyon, estant persécutée et assaillie continuellement par ses ennemis, en l'an 1562.

Sur le chant de Pienne.

Sois moy, bon Dieu admirable,
  Favorable
Par mon seigneur Jesus-Christ,
Car je veux faire notoire
  La victoire   5
Qu'il s'acquiert sur l'Antechrist.

 Taisant les œuvres parfaites,
  Qu'as parfaites
Ailleurs, plus d'un million,
Seulement ores je trasse   10
  La grand' grace,
Qu'en noz jours fais à Lyon.

 Quand ceste ville, tant vaine,
  Estoit pleine
D'idolatrie et procez,   15
D'usure et de paillardise,
  Gens d'Eglise,
Clercs et clerjons eut assez;

 Mais, si tost qu'en fut purgée
  Et changée   20
Par la parolle de Dieu,
Ceste engence de vipère
  Plus n'espère
D'habiter en si sainct lieu.

Par quoy, comme la nuit sombre 25
    Avecq' l'umbre
Fuit le jour de la clarté,
Tout ainsi, d'un vent agile,
    L'Evangile
Ce brouillas a escarté. 30

Et, pour croistre la souffrance,
    De la France,
Les usuriers et faux oingtz,
Conspirans guerre civile
    Sur leur ville, 35
Au triumvirat[1] sont jointz,

Ayant laissé pour espies
    Des harpies,
Oiseaux puans et infectz,
Pour devorer nostre vie 40
    Par envie,
Qui bien tost seront deffaictz.

J'enten des faux chatemites
    Hypocrites,
Monstrant front de sainteté, 45
Cuidant trahir Dieu et l'homme,
    Mais, en somme,
Mourront en leur lascheté.

Car souvent ont tasché rendre,
    Ou bien vendre 50
Ceste fidèle cité
A l'estranger, comme Troye

---

1. Voy. ci-après, p. 379.

Mise en proye,
Pour voir son adversité,

Comme la vraye figure 55
Nous figure,
Qu'on feit de tous les rampars,
Des canons et corps de garde,
Que Dieu garde
Pour les siens de toutes pars; 60

Car celuy qui l'osa faire
Pour meffaire,
Ce traistre d'Italien,
Pour mieux la ville surprendre
Et la prendre, 65
Fut estranglé d'un lien[1].

Ainsi voyant, à leur perte,
Très apperte
Leur faute, grincent les dents,
Baillant argent aux gensdarmes, 70
Si par armes
Ilz taschoyent d'entrer dedans.

L'ennemy avecq' sa force
Lors s'efforce,
De venir jusqu'au faux-bourgs 75
De Sainct-Just, et à l'Aiasse[2],

---

1. Nous avons vainement cherché des renseignements sur cet ingénieur italien que les protestants de Lyon étranglèrent pour avoir levé le plan des fortifications.
2. Loyasse, derrière Fourvières et à côté de Saint-Irénée. — Dans un acte de 1278 (Archives du Rhône, fonds de Saint-Just, chap. 130, n° 16), qui nous est communiqué

Qui les chasse,
Dont tout leur vint au rebours,

Pource qu'à ceste escalade,
Trop malade 80
Pour donner un tel assaut,
Leurs eschèles et leurs hommes,
Comme pommes,
Y tombarent de leur haut.

Contre lesquelz lors on mande 85
Et commande
Le capitaine Poyet[1],
Qui, leur faisant vomir l'âme
De sa lame,
Les Italiens poyoit. 90

L'ennemy peu ne sejourne,
Ains retourne
Une autre fois par Esnay ;
S'il eut eu lors barque ou planche,
Noire ou blanche, 95
N'y fut pas tant retourné.

Mesme autres lieux assaillirent,
Qu'ilz faillirent,
Pource qu'à ces mandemens

---

par M. Guigue, on trouve : « Campus in territorio del Oyais. » On trouve aussi *l'Aiasse, Layasse* et *Loyasse*. Il faut remarquer que ce nom signifie « la pie », *l'agace* de nos paysans du nord, et précisément *l'oyasse* du patois lyonnais actuel.

1. Sur le capitaine Poyet, qui a été constamment confondu avec le capitaine Payet, voy. la *France protestante* des frères Haag, *ad verb.*

Si courtes sont leurs eschelles 100
Que d'icelles
N'attaignoyent aux fondemens.

Un jour, à la descouverte,
Feismes perte
D'un capitaine surpris, 105
Lequel par fraude latente
Lors on tente,
Luy promettant de grands pris,

Si par trahison mortelle,
Et cautèle, 110
Dans Lyon il les mettoit,
Ce qu'il leur promit de faire
Pour deffaire
Le danger où il estoit,

Leur assignant une porte, 115
Assez forte,
Au quatorziesme de Mars,
Sur la droite heure du presche,
Qui fut fresche
Par neige et brouillas espars. 120

Ainsi s'en vint-il delivre
Pour mieux vivre,
Comme s'il fut eschapé,
Si que par son bon message
Comme sage 125
Leur conseil a dissipé.

A cause qu'il fit notoire
Ceste histoire

Et dessein fidèlement,
Dont fut maint traistre inhabile   130
　　Dans la ville
Descouvert subtilement.

　D'ailleurs toute leur armée
　　　Bien armée
Veint audit jour desiré   135
Pour solenniser la feste
　　Qui s'appreste,
Dont depuis a souspiré.

　Car ne voyant l'avangarde
　　　Point de garde   140
Aux boulevars semblans nudz,
Se lançoient dans la bourgade,
　　De bravade,
Où ilz furent bien receus.

　Et disoient, jurans d'audace,   145
　　　Par menace :
« Tuons-les cruellement ;
« Toute femme violée,
　　« Et pillée
« Soit la ville entièrement ».   150

　Par quoy nostre troupe esleue
　　　Les salue,
Des bastillons les oyans,
Si qu'alors tremble la terre ;
　　L'air s'esclaire   155
Par noz canons foudroyans,

　Vomissans leur gresle espesse,

    Qui les presse,
Voire par pierres et cloux,
A ce grand Dieu des armées   160
    Desarmées
Les bandes de ces fiers loups.

    Puis, en sortant, on caresse
    Sans paresse
A long bois et coutellas   165
Les vieilles bandes hardies,
    Estourdies,
Souspirant maints grans helas.

    Ainsi gaignèrent la terre,
    Par leur guerre,   170
De Saint-Just bien justement;
Où depuis et à toute heure,
    Font demeure
Jusqu'au jour du jugement.

    Après on print les coulpables   175
    Et contables
De trahison convaincus,
Qui ont confessé leur vice
    Et malice,
Estans des tesmoings vaincus.   180

    François Trichet en personne
    Par la Saone
Les devoit mettre dedans
Et rompre les chaines dures
    Assez seures,   185
Avecq' d'autres chiens mordans,

Voire convertir en foudre
    Nostre poudre
Par feu, comme il approuva ;
Mainte escharpe nous l'enseigne,   190
    Et l'enseigne
Qu'en sa maison l'on trouva.

Dont fut avecq' ses complices,
    Par ces vices,
En un gibet attaché ;   195
D'autres souffrent la torture
    Aigre et dure,
A cause d'un tel peché.

Mesmement sa propre femme,
    Comme infame,   200
Ayant ce mal recelé,
Par le fouet fut punye,
    Puis bannie,
Pour ne l'avoir revelé.

Ainsi le mal pestifère,   205
    Que veut faire
Le meschant, c'est son tourment,
Car, quoy que l'homme propose,
    Dieu dispose
Par son juste jugement.   210

C'est luy aussi qui nous donne
    Et ordonne
Un si prudent gouverneur
Que le seigneur de Soubize [1],

---

1. Jean de Parthenay-Larchevêque, seigneur de Soubise,

Qui s'avise 215
De ces maux à son honneur.

Car, avecq' son conseil sage,
De leur rage
Ceste ville a conservé,
Pour nostre roy legitime, 220
Magnanime,
Et ses editz observé.

Ce roy va chasser l'idole,
Plain de dole,
Cognoissant un tel forfait, 225
Selon sa vertu royale
Et loyale,
Comme Josias a fait [1].

N'esloignez doncq', vous qui estes
Brebiettes, 230
Le bon pasteur Jesus-Christ,
Afin de n'estre trahies
Et ravies
Par les loups de l'Antechrist.

Cependant saincte Eglise use, 235

né en 1512, fut un des chefs les plus habiles de l'armée de Condé. Lorsque les cruautés du baron des Adrets eurent compromis la cause des Protestants dans les provinces du centre, Soubise fut nommé lieutenant général du prince de Condé dans le Lyonnais, le Forez et le Beaujolais. Il fit son entrée à Lyon le 19 juillet 1562 et sut apaiser les querelles qui avaient éclaté au sein de l'armée calviniste. Il ne rendit la ville qu'après la conclusion de la paix. Voy. Haag, *La France protestante*, t. VI, p. 339-341.

1. PARAL. II, XXXIV.

Mais n'abuse,
Des moyens que tiens de Dieu,
Car l'ennemy encor' veille
A merveille
Pour te surprendre en ce lieu.   240

Sur tout ton humble prière
Coustumière
Dresse tousjours à ton Dieu,
Car en vain tu fais la garde,
S'il ne garde   245
La ville et toy en tout lieu.

Puis que sans sang l'as reduite
Et conduite
Par ton celeste enseigneur,
N'ayes desir de vengeance,   250
Mais t'ageance
En la crainte du Seigneur.

Et ne crain les meschants princes
Des provinces,
Quoy qu'ilz viennent au-dessus,   255
Car par eux, comme d'un crible,
Dieu nous crible[1],
Mais à la fin sont deçeus.

Chantons doncq' pour tell' victoire
A sa gloire   260
Ce cantique en charité,
Luy rendant, avec ses anges,

---

1. Eccles., XXVII, 5 ; Amos, IX, 9.

Les louanges
Qu'il en a seul mérité.

Fin.

Sonnet
de la nature et nom du Lyon,
les lettres capitales duquel
portent le nom de l'autheur.

As-tu vouloir de cognoistre et d'entendre,   265
Noble Lecteur, ma nature et mon nom ?
Tu sçais très bien que d'un commun renom
On me dit roy, dès ma jeunesse tendre.

Je sçay aussi cy-bas mon resgne estendre,
N'ayant deffaut de force ny de cœur,   270
Et si sçay bien me rendre tost vainqueur
Du fol qui veut m'irriter et m'attendre.

Vray est que l'œil et chant du coq revère,
Pour sa vertu, encor' qu'il n'est sévère ;
Les miens, surtout l'humble et bon, favorise.   275

Au zodiaque et ciel mon nom tient lieu ;
Il est aussi commun au filz de Dieu,
Nostre seigneur, qui seul nous eternise !

Cantique narratif
des persecutions des fidèles, et de leur delivrance,
les exhortant à rendre graces à Dieu,
qui les a delivrez de leurs ennemis.
Sur le chant du Pseaume nonante neuf.

Sus ! enfans de Dieu,
Louez-le en tout lieu ; 280
Chantez à haut son
Nouvelle chanson ;
Pseaume resonnans,
Voz cœurs entonnans
Soient au Dieu de gloire 285
Pour vostre victoire.

C'est luy qui a mis
Tous vos ennemis
En tels desarrois
Que princes et roys 290
En sont estonnez,
Les voyant menez,
Par force divine,
En telle ruine.

Les meschants qu'ils sont, 295
Plusieurs de vous ont
Tenus aux liens
Et pillé voz biens,
Et, n'estans contans,
S'en alloyent vantans, 300
Dont plus est leur faute
Eminente et haute.

Ces cruelz tyrans,
Assis en leurs rancs,
Pour mieux assortir 305
Leur fardé mentir,
Portans leurs butins,
Vous disoient « mutins »,
N'ayans pour tout reste
Nul autre pretexte. 310

Tant ilz sont despits,
Qu'en faisant du pis
Ilz vous ont à tort
Noyez, mis à mort,
Bruslez, estranglez, 315
Meurtris, exillez,
Selon du Messie
La vraye prophetie.

Jamais Pharaon,
Dacien ne Neron 320
N'affligèrent tant
Le peuple exaltant
Du grand Dieu et roy
Le nom et la loy
Qu'a fait à sa suite 325
Ceste gent maudite.

Les princes lointains,
Entendans voz plaints,
Souspirs et langueurs
De voz tristes cœurs 330
Meuz d'un sainct desir,
Ont voulu choisir

Force harnois et bardes
Pour vous estre gardes.

 Vostre Dieu, tant fort,
A rompu l'effort
Des sedicieux
Et pernicieux,
Qui guerre sur mer
Vous venoyent livrer,
Brisans nefz et barques
Des puissans monarques.

 Les roys tous bardez
Contre vous bandez
Il a rué bas
Par son puissant bras,
Rompant leurs desseings
Pour garder ses sainctz ;
Leur force et conduitte
En rien a reduitte.

 Leur piteuse mort
Accable et endort
La sanglante main,
Du peuple inhumain,
Faisant apparoir
Le hautain vouloir
Du grand roy suprême
Par vengeance extrème.

 Vostre Dieu tonnant
Appert maintenant
Doux et gracieux,

Renvoyant des cieux
Le siècle doré.
Soit donc adoré;
Que nation toute
Son vouloir escoute!

Ainsi soit-il.

Louenge à Dieu.

Fin.

Le Blason du Gobellet
M. D. LXII.

Voici la description de cette plaquette :

Le // Blason // du Gobel- // let. // M. D. LXII [1562]. *S. l.* [*Lyon*], in-8 de 8 pp. à 22 lignes, sign. *a*.

Au verso du titre, se trouvent le *Quatrain du Pape Milanois* et le distique latin.

Biblioth. de M. le comte de Lignerolles.

QUATRAIN *du Pape Milanois*[1].

J'ay esté Pape mill' ans,
Et cinq cens ans bon evesque,
Et maintenant je suis presque
Sur le dernier de mon[2] sens.

Latinum.

Urbs Romana suum cum perderet impia papam,
Audita ex cœlo vox ea : « Ve Babilon! »

Christus Lux.

---

1. Pie IV Medici, qui occupa le saint siége de 1559 à 1565, était né à Milan. Il n'appartenait pas à la famille des Médicis de Florence. — 2. Imp. : *mons*.

Blason du Gobellet.

Gentil Gobellet argenté,
Doré, façonné et ranté
De rentes que le peuple donne
Des offertes et de l'aumosne, 10
Que les joueurs de gobellet,
Confraires du saint chapellet,
Des cires et des luminaires,
Des festes et anniversaires[1],
Reçoivent tout par le moyen 15
Du gobellet doré, si bien
Que le peuple devot adore
Ce que l'art du mestre redore;
Gobellet mystique et divin,
Quand tu es remply de bon vin, 20
Alors tu mets en la cervelle
Une chanson toute nouvelle,
Et descouvres les [h]aux secrets
Aux prestres qui, par toy retretz
Et confits en ceremonies, 25
En sacremens, en letanies,
Te montent si hault que les bras
De ta pesanteur en sont las;
Avec le son des campanettes,
Les flambeaux et les mains[2] bien nettes, 30
Te font estre admirable à tous
Qui te regardent à genoux,
Eslevé en haulteur egalle

---

1. Imp. : et *des* anniversaires. — 2. Imp. : *manis*.

Par la main sainte et non fatale
Du prestre qui te sçait haulcer, 35
Te mettre bas, te renverser.

Tu es le Gobellet mystique,
Où trempe la digne relique
Pourtant l'image de la croix,
Estant charmée par la voix 40
Et les cinq paroles du prestre,
Qui la charme et la vient remettre
Dedans la couppe et puis dehors,
Disans ainsi : « Voicy mon corps ».
Quand je considère ces choses, 45
Ces formes là-dedans encloses
Et le morceau du platellet
Et le patron du gobellet,
Il me semble que par magie
Toute ceste chose est regie. 50

O digne couppe, ô couppe d'or,
Où est caché tout le tresor
Des prestres, qui pour ta memoire
Te font bastir un bel armoire
Et te renferment là-dedans, 55
Mesmes si un rat de ses dans
Avoit touché ceste relique
De la sainte couppe angelique,
Soudainement mis il seroit
En cendre et on le brusleroit, 60
Puis on sanctifieroit la cendre,
Et mesme on n'oseroit la prendre
Ny la toucher aucunement
De main d'homme tant seulement.

N'est-ce pas chose esmerveillable ? 65
Hen ! n'est-ce pas chose effrai[a]ble ?

 Mais, si j'avoye taté du vin,
Je croy que je seroy divin,
Si j'avoy, dy-je, fait la souppe,
Comme les prestres, dans la couppe. 70
Quoy que tu sois d'argent doré,
Plustost que tu sois adoré,
Meschant gobellet, Dieu te fasse
Estre le cul de quelque tasse,
Pour servir en cuisine à ceux 75
Qui jamais ne sont paresseux
A humer la liqueur qui donne
Tant de plaisir à la personne.

 Gobellet, tu ne seras plus
Qu'un gobellet, où le surplus 80
Du vin qui estoit à ces moines,
A ces nonains, à ces chanoines,
On y boira, et tu seras
Le gobellet qui donneras
Plaisir, mesme en temps de vandanges, 85
De faire descendre les anges
Icy-bas pour les abreuver
Et en ta liqueur les laver.

 Tu ne seras plus qu'une tasse
D'argent faite de bonne grace, 90
Que je retiendray pour ma part,
Si je te voy point à l'escart,
Et ne seras plus en memoire
Au peuple sot que pour y boire

Et pour y mettre du bon vin 95
Sans aucun mystère divin ;
Tu seras la couppe argentine,
La belle tasse christalline,
Faite pour boire et pour humer
Le piot, qui n'a rien d'amer, 100
Car d'y cacher quelque mystère
Cela feroit la chose arrière.
Cependant, moines et cagots,
Ne nous soufflés plus ces beaux mots
Qui transubstantient la chose 105
En marmottant, la bouche close,
Et faisant descendre icy-bas,
Je dy descendre entre voz bras,
La chose qui ne peut y estre,
Pour ce qu'elle sied à la dextre.[1] 110
Et est monté et est encor
Là-hault, devant le throsne d'or.

Mais ces sorciers et ces sorcières
Tiennent les ames prisonnières
Et charment le corps icy-bas 115
Et pensent tenir en leur bras
Et clorre dedans leur reliques
Les choses hautes et mystiques,
Et cependant ce n'est tout rien
Que fiante ou que merde de chien 120
Qu'ils nous font adorer, mais ore
Chascun le Dieu du ciel adore.

Detestés donques ces sourciers,

---

1. Imp. : *dexrte*.

Ces nonains, ces moines cloistriers,
Qui nous veulent bien faire croire   125
Que Jesus-Ch[r]ist se laisse boire
Et se laisse toucher dedans
Leur gobellet avec les dans !
Maintenant, ô couppe argentine,
Tu trotteras par la cuisine,   130
Et ne seras plus en honneur,
Mais le seul plaisir d'un beuveur.

Fin.

Le Blason du Platellet.
1562.

Nous reproduisons cette satire d'après la plaquette suivante :

Le Blason du Platellet. 1562. *S. l.*, in-8 de 8 pp. Biblioth. Méjanes, à Aix, n° 27392, dans un recueil provenant du duc de la Vallière (n° 3197 du *Catal.* en 3 vol. par de Bure).

La pièce a été réimprimée par Méon dans ses *Blasons* (Paris, 1807, in-8), pp. 269-272.

Pour blasonner le Platellet,
Il me faut boire au gobellet,
Afin que la liqueur divine
Du saint piot me face dine
De chanter un mistère tel 5
Comme est du saint plat immortel.

    Platellet, la sainte relique,
Prochain de la couppe angelique,
Tu merites d'estre chanté,
Car tu es aussi bien ranté, 10

Voire encor mieux, que n'est la couppe
Où baigne la mystique souppe,
Car tu reçois chasque matin
Des prestres le riche butin ;
Tu reçois toutes les offrandes
Tant les petites que les grandes
Et si reçois tous les deniers,
Les miches aux petis paniers ;
Tu reçois toutes les chandelles
Des seigneurs et des damoiselles[1].
On te baise et estime-l'on
Le porte-paix et le mignon
Du prestre, qui de bonne grace
Te tien[t] et en couvre sa tasse.

O platellet, tu es heureux
Par la main du religieux
Et des dames religieuses
Et des nonnains devotieuses,
Qui, pour te donner un baiser,
Sentent la fureur appaiser
Du Seigneur, qui pour leur offence
Meintes fois les menace et tance.

Tu es celuy qui fais la paix
Et qui ne te laisses jamais
Manier à de[s] mains indinnes,
Sinon des personnes divines,
Qui te monstrent et te font voir
A tous, pour te faire valoir,
Marqué d'une marque secrette
Et d'une rondeur fort parfaicte.

1. Allusion à l'offertoire.

Platellet, ne t'abuse pas,
Car je ne voudroy faire un pas
Pour toy, ny t'offrir une maille,
Ny pour chose qui si peu vaille.

Et quoy, platellet, penses-tu   45
Avoir en toy quelque vertu
Plus qu'un plat fait pour le service
De table, non pour sacrifice[1] ?
Tu n'es qu'un petit plat d'argent,
Ainsi fait pour tromper la gent,   50
Et n'es qu'une fausse platine
Et une escuelle prestrine,
Et toutes fois on te tient tel
Que si tu estois immortel.

Mais quoy ? le temps est venu ore   55
Que ce peuple sot, qui t'adore,
Recognoistra le grand abus
Du platellet, qui n'est jà plus;
Et le platellet et les tasses
Et les chandelliers et les faces   60
Enluminées de leurs dieux
Seront arrachés de ces lieux,
Et les portrais et les images
Et tous les mystiques ombrages
Et tout ce riche parement,   65
Qui ne servoit que d'ornement
Par les temples et les eglises,
Que de faux dieux et de divises
Pour amuser le peuple sot,

---

1. Imp. : *sacrifices.*

Le peuple feintif et bigot, 70
Tout cela sera mis par terre ;
Et sera faite grosse guerre,
Et les peuples se benderont,
Et les images tumberont,
Les encensoirs et les medailles, 75
Et la peincture des murailles,
Comme j'ay veu dedans Lion
D'images faux un million
Par les temples et par les places
Brusler au feu avec les tasses 80
Des prestres, qui trottoient dedans
Leur cuisine, pour passe-temps
Aus soldatz, qui ne font qu'en rire,
Pendant que le Pape a du pire.

L'Adieu de la Messe[1].
A LYON.
1562.

Voici la description de cette pièce :

L'Adieu de la // Messe. // A Lyon, // 1562. In-8 de 4 ff. non chiffr. de 26 lignes à la page, sign. A. — Biblioth. de M. le baron James E. de Rothschild, dans un recueil provenant de l'abbé Perrichon, de Richard Heber et de M. Solar (nº 308 du *Catal.*).

L'Adieu de la Messe.

A Dieu, divine valée,
A Dieu, France, à Dieu, roy ;
Mets à Dieu, Gaule sacrée,
A Dieu, plaine consacrée
A beaucop plus sainte loy !   5

---

1. Cette pièce a dû être écrite au moment où Montgommery, après avoir pris Orléans et remis Bourges au prince de Condé, se rendit en Normandie pour combattre les ducs de Bouillon et d'Etampes. Il dut abandonner Vire et Bayeux, mais il s'établit à Rouen et soutint le siège de l'armée royale commandée par le roi de Navarre. Le duc de Guise, qui dirigeait les opérations du siége, entra dans Rouen le 26 octobre 1562. Montgommery dut s'embarquer et gagner le Havre. C'est donc entre le mois de mai et le

L'ADIEU

    Sur le joug d'une montagne
Où d'un conte[1] la campagne
D'outre[2] la France puis voir.
O France sage et secrette,
Las! combien je te regrette!   10
Plus ne te pourray revoir.

    Alpes vineuses et blanches,
Qu'en pompes j'avois passé
Pour repouser sur les branches
Du Lys, que j'avois trassé,   15
Voire si bien pourchassé
Que la nation de Gaule
Me portoit sur son espaule
Quoy que luy eusse brassé.

    A Dieu, mon amy Lyon,   20
Où j'ay fait un million
De ventres et tripes graces,
Voire sans en rendre graces[3]
Au grand seigneur de Syon.

    A Dieu, badin, mon amy;   25
Je t'aymois plus qu'à demy
Quant pour la doctrine bonne
Je te fourgay la Sorbonne

---

mois d'octobre 1562 qu'il faut placer la composition de la pièce.

Les protestants de Lyon espéraient que la prise de Rouen leur livrerait toute la Normandie. L'auteur de l'*Adieu* se trompait comme l'auteur du *Piteux Remuement*, qui, lui, voyait dans la prise de Lyon le triomphe définitif de la Réforme dans le centre de la France.

1. Il s'agit de Gabriel de Lorges, comte de Montgommery. — 2. Imp. : D'*autre*. — 3. Imp. : *graees*.

Tutrice de faucété,
Maistresse de lacheté, 30
Laquelle au Diable je donne.

En toy mille et mille temples,
Cent mille mille cagotz,
Quatre cens millions d'ergotz,
Que parmy toy tu contemples ; 35
En toy mille maquerelles,
Cent mille millions de telles,
Que l'on voit par les bordeaux ;
En toy le deluge d'eaux
J'ay basty et leurs sequelles. 40

A Dieu, Rouan la superbe,
A Dieu tes rives et flans ;
Je n'auray plus de ta gerbe,
Ne le gasteau des enfans,
Mais, fault-il que je le die ? 45
Las ! à Dieu la Normandie,
Mes plus menus passetems.

A Dieu, rivière de Loire ;
A Dieu, la croix d'Orléans.
Las ! plus je n'iray léans 50
Pour donner au prestre à boire.

A Dieu, tetard de Tholose ;
Quoy que tu puisses gronder,
Tes capitoulz ne ta close[1]

---

1. Ta clôture, tes remparts. L'enceinte de l'arsenal de Toulouse est aujourd'hui le dernier reste des fortifications de cette ville. Voy. *Guide de l'étranger dans Toulouse*, 1869, in-18, p. 127.

Plus ne te sçauroient garder, 55
Car voicy Dieu qui me frappe,
Voicy de David la harpe,
Qui me sont venus darder.

Il semble que le tonnerre
M'ait chassé depuis Tonnerre 60
Jusqu'à ce mont Saint-Bernard[1];
Ha, malheureux papelard,
Tu me causes ceste guerre!

Or c'est bien la recompense
De ce que j'ay merité 65
Pour avoir servy la pance,
Laissé Dieu de verité,
Laissé la parole sainte,
Pour y dresser une feinte
Au lieu de divinité. 70

Pour un mechant barboutage,
Pour un obly en potage,
Pour six blans tout au fin plus,
Avoir dressé une idole,
Une chose tant frivole, 75
Toute confite en abus;
Pour avoir, las! fait à croire
Que Christ, le vray filz de Dieu,
Repousoit en mon millieu,
Le tout pour avoir à boire, 80
J'ai rempli toute la France
D'innumerable abusion;

---

1. La Messe quitte la France pour retourner auprès du pape en Italie. Cf. v. 132 et suiv.

J'y ay fait faire deffence,
Sur peine de griefve offence,
Qu'on ne creut en Passion, 85
En la Bible ou Evangile,
En la voix du Dieu terrible,
Mais en ma confusion.

C'est moy, France, qui sans cesse,
Puisqu'il faut que le confesse, 90
Qui quatre cens ans t'ay mis,
Tes parens et tes amis,
En trop malheureuse oppresse.
Je t'ay forgé purgatoire,
Les vœux, le plat, l'offertoire, 95
Trenteniers et legas,
Papes, cardinaux, legas,
Suffragans, bestes cornues,
Les vieilles barbes chenues,
Atrapeurs de revenuz. 100

C'est moy que dame Venus
Avoit fait sa maquerelle;
Et soustenant ma querelle
A Rome estoient bien venuz;
C'est ma fausse hipocrisie 105
Qui tant d'images avoit fait
Pour atraper en effet
Le destin de ma folie;
Bref, toute religion,
Toute loy, toute justice 110
J'avois mis en injustice
Et fause confusion.

On dit que j'ay fait l'etole ;
J'ai fait aussi bien Bartole,
Panorme, Jason, Felin, 115
Guilaume, Roc, Matelin,
Pour empoisoner la loy,
Pour y mesler tout eloy,
Que Dieu nous bastit le pole.
C'est moy qui bruler ay fait, 120
Nier, pendre, ou bien defait
Les martirs de la parole
Et ceux qui tenoient le role
De la sainte verité ;
C'est moy qui la déité 125
Mis en une hostie fole.

O Dieu, que ton jugement,
Ton eternèle police,
Ton eternèle justice
Juge de moy justement ! 130

Alons, alons, ma compagne,
Devalons en Italie ;
Vienne toute ma compagne,
Que tout mal à moy s'alie.
Alons, retournons à Rome, 135
Le seul gouffre de Sodome ;
Venez, prestres et clerjaux ;
Venez, venez, testes rases ;
Venez atrapeurs de cases,
Maquerelles, maquereaux, 140
Putains, paillars, berlandiers,
Idolastres, bandoliers,
Quintans, usuriers infames ;

Venez, abuseurs de dames ; 145
Sorboniqueurs, plus grans asnes
Que tous ceux de l'Arquadis,
Venez, que Dieu vous maudis,
Pour laisser la France en paix ;
Ce luy estoit trop lourd fays 150
Souffrir telle vilenie.
Venez donc, noneins, nonettes ;
Venez, ô testes folettes,
Pour le regard des planettes !
Tombent jus tous mes bordeaux,
Mes cloches et clochereaux, 155
Mes autelz, chapes, chasubles,
Mes cordes, cordons, affubles,
Mes serviettes et mantilz,
Mes vazes et mes otilz
Et toute ma brouillerie. 160
Venez, venez ceste[1] fois,
Inquisiteurs sorboniques ;
Venez, predicans iniques,
Vrais suppostz de l'Antecrist,
Exterminans Jesus-Christ 165
Par voz bartachins infames ;

. . . .

Venez, toute lascheté,
Tout dol et meschanceté ;
Ores, je vous fais deffance 170
De plus revenir en France.

Fin.

1. Imp. : *à* ceste.

*Avertissement à Messieurs du Puy,
touchant l'idolatrie qu'ils commettent
envers l'idole de leur Nostre-Dame,
sur le chant du Pseaume 40.
Avec une Chanson spirituelle
à la louange de la Paix,
sur le mesme chant.
Plus un Echo qui declaire par ses responses
la source des troubles de France et l'effect
de la guerre.*
A Lyon,
1563.

La statue de la vierge, conservée dans le sanctuaire de Notre-Dame du Puy, fut pendant des siècles l'objet de la vénération populaire. On lui attribuait une origine miraculeuse qu'il n'est pas sans intérêt de raconter. D'après la légende, le prophète Jérémie fit sculpter la statue « pour subroguier et logier ou lieu de l'arche du Testament icellui devot ymage, representant l'arche de sanctification, en laquelle se concevroit le beneuré fruit qui romproit la confederation faicte par Adam entre l'omme et l'ennemi ». Jérémie remit la vierge aux prêtres juifs établis en Egypte, mais le roi Ptolémée, à la vue de tous les miracles qu'elle opérait, s'en empara et la fit enfermer dans un de ses temples; plus tard,

Nabuchodonosor la fit transporter à Babylone, où elle resta déposée dans le trésor royal. Plusieurs siècles s'étaient écoulés quand un des successeurs de Clovis, « un très crestien et devot roy », entreprit le voyage de Jérusalem. Ce roi fut reçu par le grand soudan avec beaucoup de distinction et d'amitié. Au moment où il dut quitter la terre sainte pour rentrer en France, le prince turc voulut lui montrer ses trésors et lui faire choisir un objet qu'il emporterait avec lui. « Le roy, qui fut sage et bien enseigné, inspiré de Nostre Seigneur, demanda à une femme qui plus prouchaine et agréable estoit audit soldan et plus savoit de ses privés secretz, lequel estoit cellui joyel en son tresor qui plus valoit et auquel il prenoit plus de plaisance. Laquelle respondy et introduit le roy, disant que c'estoit l'ymage d'une pucelle qui tenoit son enfant en son giron, que avoit faicte Jeremie le prophète pour representer ce que par lui avoit esté prophetisé, que une vierge enfanteroit, car le jour, dit-elle, qu'il ne véoit ou aouroit ledit ymage, il ne povoit estre plaisant ne joyeux.... Et, comme il entra oudit trezor, où il vy joyaulx infinis moult precieux, les regarda et visita en grant diligence, et tous lui estoyent desplaisans, jusques à ce qu'il ot veu le saint et joyeux image. Et incontinent, meu de grant affection, dist audit soldan en ceste manière : « Je ne demande tes richesses ne desire tes trezors et ne veul autre chose seulement, fors qu'il te plaise moy donner cest ymage fait en remembrance de la benoitte vierge Marie; et je te promets de la porter et colloquier à tousjours mais en aucune eglise, pour estre gardée et honnourée continuellement. » Mais, jaçoit que le dit soldan eust mieulx amé lui donner le plus riche et precieux joyel de son trezor, neantmoins, à grant regret et tant envis que voulentiers, la lui donna, dont il lui rendi grandes graces et mercis. Et avec le dit ymage, icelluy roy de France s'en retourna en sa terre. Et, quant il ot fait son passage de mer, la première cité où il entra en son royaulme fu celle du Puy. Et en grande solennité, hympnes et loenges, pour l'accomplissement et satisfaction de son pelerinage, le donna et presenta à l'eglise et saint oratoire de la ditte vierge Marie. »

Le récit que nous venons de rapporter est emprunté aux curieuses *Chroniques* d'Etienne Médicis[1], mais le pieux bourgeois n'est pas le seul auteur qui nous ait conservé cette légende. Lui-même dit l'avoir empruntée à la *Scolastique* de Pierre Comestor, dont le livre fut sans doute mis également à contribution par l'auteur d'une espèce de guide destiné aux pèlerins du Puy, et dont voici la description :

La Fondation et erection de la saïcte deuote ¢ miraculeuse eglise de nostre dame du Puy, bastie par reuelations diuines. Ensemble les noms des sainctes ¢ miraculeuses reliques ou la plus part qui y reposent. Pareillement la charge ¢ noblesse de lhospital dicelle eglise ¢ cite du Puy. — [Au v° du 32e f. :] *Imprime uouuellement a Lyon par Claude nourry dit le Prince. Lan de grace Mil ccccc. xxiij. le .xiij. iour de Feurier.* In-4 goth. de 36 ff., sign. *a-e*.

Cat. du duc de La Vallière par Nyon, 14179. (Arsenal.)

Au XVIIe siècle, le P. Odo de Gissey, jésuite, recueillit de nouveau l'histoire de la vierge miraculeuse dans son *Discours historique de la très-ancienne devotion à Nostre Dame du Puy et de plusieurs remarques concernant l'histoire des Evesques du Velay* (Lyon, L. Muguet, 1620, in-8; Le Puy, Varoles, 1644,

---

1. *Le Livre de Podio, ou Chroniques d'Étienne Médicis, bourgeois du Puy*, publiées, au nom de la Société académique du Puy, par Augustin Chassaing; Le Puy-en-Velay, 1869-1874, 2 vol. in-4, t. I, pp. 25-32.

in-8), mais il montra qu'il y avait eu successivement deux statues honorées au Puy : l'une qui représentait la Vierge tenant l'enfant sur son bras; l'autre, au contraire, qui la représentait avec l'enfant sur ses genoux. Cette dernière, dont le type a été reproduit depuis le XIIIe siècle sur le sceau de la confrérie de Notre-Dame, était une statue byzantine en bois noir, d'un travail fort grossier[1]; il est très-vraisemblable qu'elle avait été rapportée d'Orient par saint Louis. La vierge noire fut brûlée solennellement le 8 juin 1794, mais on sait que la ville du Puy possède depuis vingt ans une statue gigantesque de la vierge coulée en bronze et placée sur une hauteur qui domine la ville. La dévotion que les protestants espéraient faire disparaître en 1563 existe encore aujourd'hui parmi les pèlerins, sous une forme à peine différente.

Nous ne nous proposons pas de donner ici une histoire complète de la statue de Notre-Dame du Puy ni d'indiquer tous les livres où l'on retrouve la légende que nous avons racontée, mais nous devons rappeler le mystère en trois journées composé sur ce sujet, vers 1520, par un religieux, nommé Claude d'Oleson. Cette pièce, dont le titre avait été recueilli par Du Verdier[2], qui nous a conservé le nom de l'auteur, a été transcrite par Etienne Médicis, à la fin de ses *Chroniques;* M. Chassaing en a publié le texte.

Un siècle plus tard, la vierge du Puy fut encore le sujet d'un poëme mystique : *La Velleyade, ou deli-*

---

1. Voy. le dessin donné par M. Chassaing, d'après M. Aymard (*Chron. d'Etienne Médicis,* t. 1, p. 29).
2. Ed. Rigoley de Juvigny, t. II, p. 340. Cf. *Histoire du Théâtre françois* par les frères Parfaict, t. II, pp. 261, 561.

cieuses Merveilles de l'eglise Nostre Dame du Puy, par Hugues Davignon, seigneur de Monteilz (Lyon, Muguet, 1630, pet. in-8).

Dans l'intervalle, la statue miraculeuse avait failli être détruite par les protestants. Un grand nombre d'habitants du Puy avaient adhéré à la réforme, mais la majorité de la population n'avait pas voulu abandonner les traditions catholiques. Quand les Huguenots, maîtres du midi, eurent pénétré dans le centre de la France et se furent emparés de Lyon, ils firent tous leurs efforts pour relier les églises du Languedoc à celles du Forez ou du Lyonnais, à travers les Cévennes. La possession du Puy devait leur assurer de grands avantages politiques et stratégiques; aussi n'épargnèrent-ils rien pour s'en rendre maîtres. Blacons, après avoir pris possession de la Chaise-Dieu (1er août), essaya d'emporter Le Puy, mais les bourgeois catholiques étaient sur leurs gardes; ils avaient réparé et augmenté leurs fortifications, amassé des armes et des provisions, organisé des patrouilles permanentes et rendu toute surprise impossible. Les protestants firent plusieurs attaques infructueuses (7-11 août) et durent se retirer. Ils se vengèrent des habitants du Puy en tournant en ridicule la dévotion dont ils entouraient une grossière idole. Déjà ils s'étaient attaqués à la vierge noire : « Oseray-je cy amener, dit Etienne Médicis, comment ès assemblées de ces mauldits, insensés, villains et deturpés, excommuniés, sacrilèges et appostats Huguenaux heretiques du Puy, se sont trouvés plusieurs que ont detraicté de ce très sainct et miraculeux ymage Nostre Dame, l'appelant et nommant *ydole, tronçon de boys, massiarada*[1], et ses ymages, faicts en papier, appelés *torche-culs*, et dire faire porter le chappellet de la bonne dame à leurs chiens, et aultres

---

1. *Macharée*, noircie, barbouillée (Chassaing).

divers et villains oultrages, opprobres et atroces injures, qu'ils ont proferé contre ce sainct ymage, voire encore faire dire par leurs domestiques à plusieurs qu'il seroit bon la faire trayner parmy les farges ès immundices de la ville! J'ay douleur et horreur de l'escripre![1] »

L'*Avertissement à Messieurs du Puy* est précisément un libelle contre la statue vénérée. Les allusions qu'il contient sont expliquées d'avance par les détails que nous avons donnés ci-dessus. Les chanoines, auxquels l'auteur s'adresse, n'étaient pas tous demeurés inébranlables dans leur foi. Etienne Médicis en cite huit qui renoncèrent à leur habit, sans parler des « clercs choriers », ni des prêtres appartenant aux diverses églises de la ville. Le poëte espérait peut-être convertir les autres, sans les combattre par d'autres armes que par celles du ridicule.

La *Chanson spirituelle*, qui suit l'*Avertissement*, célèbre la paix que les protestants croyaient avoir conquise en s'emparant de Lyon; elle est conçue dans le même esprit que les *Deux Chansons spirituelles* reproduites dans notre tome VIII, pp. 270-281. L'*Echo* appartient à un genre que les poëtes huguenots cultivèrent alors avec succès, et l'on pourra en rapprocher deux pièces analogues publiées par M. P. Tarbé dans son *Recueil de Poésies calvinistes* (Reims, 1866, in-8), pp. 71 et 171. C'est un violent pamphlet contre la maison de Guise, en particulier contre François de Guise, qui n'avait pas encore succombé sous les coups de Poltrot de Meré (18 février 1563).

Voici la description de la plaquette que nous avons eue sous les yeux :

Auertisse- // ment a Messieurs du // Puy, tou-

---

1. *Chroniques*, t. I, p. 512.

chant l'idolatrie // qu'ils commettent en- // uers l'Idole de // leur nostre // Dame, // Sur le chant du Pseaume 40. // Auec vne Chanson spirituelle // à la louange de la Paix, // sur le mesme // chant. // Plus vn Echo qui declaire par ses // responses la source des troubles de // France, & l'effect de la guerre. // *A Lyon,* // 1563. In-8 de 8 ff. non chiff. de 32 lignes à la page pleine, sign. A-B.

Le v° du titre est blanc.

Biblioth. de M. le marquis de Ganay. — Biblioth. de M. le baron James E. de Rothschild, dans un recueil provenant de M. Solar (n° 308 du *Catal.*).

Avertissement
à Messieurs du Puy,
touchant l'idolatrie qu'ils commettent
envers l'idole de leur Nostre Dame,
Sur le chant du Pseaume quarante :

Après avoir constamment attendu.

Peuple du Puy, vueillez vous divertir,
   D'idolatrer si lourdement ;
   Suyvez de Dieu le Testament,
Qu'il a voulu à chacun departir.
    Abbatez vostre idole   5
    Noire, lourde et frivole,
   Qui n'a ne sens n'esprit ;
   Suyvez de Dieu la loy,
   Et ayez ferme foy
   En son fils Jesus-Christ.   10

Estimez-vous que Dieu prenne plaisir,
   Ne sa mère Marie aussi,

A estre comparez ainsi
A un baboin, fait par grant desplaisir?
   Je croy qu'au Puy n'a âme   15
   A qui l'on feist ce blasme,
   Et qu'on se fust dressé
   Pour luy faire un pourtraict
   Si hideux et si laid
   Qu'il n'en fust offensé.   20

Vostre image est une souche en bois,
  Sans entendement, ne vertu;
  Elle est semblable à un festu
Qui ne se peut remuer; toutesfois
   Chacun de vous l'honore   25
   Et à genoux l'adore,
   Luy faisant oraison;
   Vous avez beau prier,
   Car de vostre crier
   Elle n'entend le son.   30

Elle n'a bras, jambes, ne pieds, ne mains,
  Aussi n'en feroit-elle rien;
  Deux testes et un corps a bien,
Lesquels luy sont tous superflus et vains.
   O monstre detestable,   35
   Plustost digne d'un Diable
   Que non du Fils de Dieu,
   Un jour seras rasé,
   Car tu as abusé
   Trop de peuple en ce lieu!   40

Ne croyez pas ce Chapitre menteur,
  Entre lequel a contredit;

L'un dit : « Jeremie la fit »,
Et l'autre tient que sainct Luc fut l'autheur.
  O mal-heureuses rages 45
  A ces saincts personnages
  Mises sus à grand tort,
  Veu que par leurs escrits
  Images par mespris
  Ils detestent si fort ! 50

Si vous l'avez reçeue d'un souldan,
  Qui fut idolatre et payen,
  Jugez donc qu'elle ne vaut rien,
Et n'en pouvez faire que vostre dan.
  Une saincte personne 55
  Peut donner chose bonne,
  Mais un homme felon,
  Quoy qu'il sçache railler,
  Rien ne vous peut bailler
  Qui soit divin ne bon. 60

Mais ces paillards Chanoines, abuseurs,
  Pour ce qu'ils en font leur profit,
  Tiennent tout le monde confit
En avarice, en abus et erreurs.
  Si aucun s'achemine 65
  A prescher la doctrine
  De Dieu sans le nier,
  Ils luy marchent après
  Et le suyvent exprès
  Pour le calomnier. 70

Ils monstrent bien qu'il n'a aucun pouvoir
  Et l'ont eux-mesmes peu prisé

D'ainsi l'avoir devalisé
Et luy vollé son argent et avoir[1].
  Ceux qui luy font efforce   75
  L'ont saccagé sans force,
  Par quoy cognoissez-vous
  Que ces ambitieux
  Chanoines, vitieux,
  Vous ont abusez tous.   80

Quelle raison avez-vous de courir
  Et d'aller par mons et par vaux
  Aux images lourds et brutaux,
Veu que Dieu seul vous peut bien secourir ?
  Le Diable vous amuse   85
  Et par ce vous abuse
  Qu'il vous fait bien penser
  De vestir un baboyn,
  Qui n'a raison ne soyn,
  Et le proche offenser.   90

Si vous voulez de la Vierge honorer
  L'image, et de Jesus son fils,
  Les vefves, povres et pupils
Et desolez il vous faut reverer,
  Leur ministrant sans cesse   95
  De vos biens à largesse

---

1. Les objets précieux qui ornaient l'autel de la Vierge furent enlevés par les chanoines le mardi 27 septembre 1560, de peur qu'ils ne devinssent la proie des huguenots (voy. Etienne Médicis, t. I, p. 510). Ils furent si bien cachés qu'ils n'ont, paraît-il, jamais été retrouvés. M. Chassaing rapporte qu'aujourd'hui encore deux chanoines sont toujours présents, quand des réparations s'exécutent à l'intérieur de la cathédrale.

En leurs necessitez,
Car ceux sont, sans defaut,
L'image du Dieu haut,
Qu'il veut que visitez. 100

Repentez-vous, povre peuple seduit ;
N'idolatrez plus en ce lieu ;
Retirez-vous au Fils de Dieu,
Duquel voyez que l'Evangile luit.
Luy seul est la lumière, 105
A qui vostre prière
Addresser vous devez ;
Il est le vray recours
Duquel avoir secours
Au grand besoin pouvez. 110

O seigneur Dieu, vueilles illuminer
Ces habitans et citoyens ;
Ouvre leur, Sire, les moyens
D'idolatrie entr'eux exterminer.
Helas! vueilles estendre, 115
Bon Dieu, ta pitié tendre
Sur la cité du Puy ;
Fay que par ferme foy
Elle face de toy
Son bouclier et appuy. 120

L'Idole du Puy aux Idolatres.

Povre papiste, idolatre aveuglé,
Qui viens icy de loin pour m'adorer,
Advises-toy, car tu es mal reiglé
Et n'est pas moy que tu dois reverer.

Je ne suis rien, pour bien me decorer, 125
Sinon un lourd et malheureux idole.
Ceux qui m'ont fait par invention fole
Sont, long temps a, pourris et mis en cendre;
Ne vueilles donc à me prier entendre,
Qui n'ay raison, entendement, ne soin, 130
Mais à Dieu seul tousjours te vueilles rendre,
Lequel te peut secourir au besoin.

*Chanson spirituelle
à la louange de la paix,
sur le mesme chant* 40.

Après avoir esté bien tourmentez
 Et dechassez de plusieurs lieux,
  Ayans vers toy levé les yeux, 135
Jamais, Seigneur, ne nous a[s] deboutez.
   Sedition, querelle,
   La guerre tant cruelle
   As converti en paix;
   Tes troupeaux enfermez, 140
   Ceux qui sont affamez
   Delivre et les repais.

Tes ennemis et les nostres aussi
  Avoient conjuré nostre mort,
  Sans avoir eu aucun remort, 145
Ny de ton peuple en prendre un à mercy,
   Mais tu as [bien] mis ordre,
   Qu'eux sur nous n'ont peu mordre;
   Les as tenuz bridez;

       Tu as baissé leur cueur 150
       En te monstrant vainqueur ;
       De toy sommes gardez.

Mais à la fin, pour mettre en union
    Les uns et les autres aussi,
    Tu nous as tous prins à merci 155
Pour faire ensemble une communion
       En ton sainct Evangile ;
       Mais ton peuple fragile,
       Qui n'est encor rangé
       En tes statutz tant beaux, 160
       Qui luy semblent nouveaux,
       Son cueur soit engagé ;

Mais tellement qu'il ne desiste point
    Au bien qu'il aura commencé,
    Afin qu'il ne soit renversé 165
Loing de ta face et qu'il n'oublie point
       La loy tant honorable
       De toy, Dieu secourable,
       Afin qu'ils soient trouvez
       Au nombre des esleuz, 170
       Car les plus impolluz
       Sont par toy conservez.

Ains, sçay qu'assez tu es misericords
    Pour ceux qui ne sont pas venuz,
    Pour ceux-là qui sont encor nudz 175
De tes bontez, car ilz n'en sont records,
       Moyennant qu'ilz se rangent
       A toy et qu'ilz se changent
       Des ans qu'ont mal passez,

CHANSON SPIRITUELLE.

    Si que par le menu,
    Quand ilz t'auront cogneu,
    Par toy soient redressez.

Peuple françois et autres nations,
    Rendons hommage à Jesus-Christ,
    Qui abolit cest Antechrist,
Qui veut qu'on croye en ses inventions.
    Nous voulons faire à croire
    Et nous mettre en memoire
    Que sur terre il est Dieu,
    Nyant la dignité
    Et possibilité
    Du celeste, en tout lieu.

Possible n'est diminuer en riens
    La puissance de l'Eternel,
    Car luy seul est le supernel
Sur tous les cieux et les grands terriens.
    Quand il luy plaist, fait faire
    Aux grands mauvais affaire
    Contre ses serviteurs ;
    Ainsi sont esprouvez
    Afin qu'ilz soient trouvez
    Hors du reng des flateurs.

Par cy-devant estions si aveuglez
    Qu'arrière de nostre salut
    Nous nous tirions, suivants le but
De l'Antechrist, qui nous tenoit reiglez
    A toutes ses bombances,
    Qui par ses ordonnances
    N'estoient point deffenduz ;

   Ceux qui estoient meschans 210
   L'on n'alloit pourchassans,
   Mais plus tost soustenuz.

Puisque de grace il nous est presenté
   Le sentier de salvation,
   Recevons-le sans fiction, 215
Si que de nous nul n'en soit exempté,
   Tellement que justice
   Soit en bon exercice,
   Ostant toute faveur,
   Rendant droit à chacun, 220
   Affin que du commun
   Soit loué le Sauveur.

Or le prions en toute humilité
   Qu'il jette sur nous son regard,
   N'ayans sur noz pechez esgard, 225
D'autant qu'est grande sa benignité;
   Qu'il nous face la grace
   De le veoir face à face
   A nostre sauvement,
   Car, sans sa grand' bonté, 230
   Un de nous exempté
   N'est point de damnement.

Dieu d'Israël, nostre maistre et pasteur,
   Souvienne-toy de ton troupeau
   Que tu as establi tant beau, 235
Le separant du rang blasphemateur;
   Imprime nous le stille
   De ton saint Evangille
   En nostre cœur, affin

Qu'en observant tes loix, 240
Soyons trouvez de poix
De noz jours à la fin.

---

*Echo, qui declaire par ses responses
la source des troubles de France
et l'effect de la guerre.*

Las! qui dira la cause deplorable
Du trouble amer de la France et du Roy
Et celle aussi qui rend Dieu explorable, 245
Veu les pechez du peuple miserable,
Pour nous tirer hors de ce dur esmoy?
      Moy.

Echo, dy donq qui nous va tant troublant,
Sans espargner le fol ni le propice, 250
Par l'ardent feu et le glaive sanglant,
Puis qu'au vray l'un, l'autre par faux semblant,
Proteste au Roy faire loyal service?
      Vice.

Mais proprement qui a causé ces maux, 255
Desquelz trop tard, comme à Troye, on s'amuse;
Car l'on s'en plaint et par monts et par vaux;
Declaire donq, puisqu'à cela tant vaux,
L'autheur d'iceux, que si bien on deguise?
      Guise. 260

Comment cela, luy, qui en son doux aage,
A gouverné la France et son bon Roy,
Dont enrichi s'est et son parentage?

Que cuydoit-il estre encor' davantage,
En complotant un si grand desarroy ? 265
Roy.

Eut-il esté si fol audacieux
Que de vouloir abolir la memoire
Du sang royal, par dol pernicieux,
Rompant les loix de la terre et des cieux, 270
Pour coronner son chef plus mort qu'ivoire ?
Voire.

Qui tira hors de France nostre force
Et la laissa à Rome en grand peril,
Pour favorir l'Espagnol, qui s'efforce 275
Lors de ravir Sainct-Quantin[1] par divorce,
Dont fut perdu et nostre camp civil ?
Il.

Qui empescha les Trois Estats de France
Au Roy mineur d'elire un droict appuy, 280
Pour mieux piller les empruntz à outrance
Avecq' son frère, et causa grand souffrance
Au sang royal et peuple d'iceluy ?
Luy.

1. Le 16 décembre 1555, le cardinal conclut un traité secret avec le pape, traité par lequel la France assurait sa protection à Paul IV et à sa famille. Le cardinal espérait s'assurer la tiare, tandis que François de Guise se flattait d'obtenir la couronne de Naples, que le pape promettait vaguement à un fils d'Henri II. A la fin de l'année suivante, le duc François passa les Alpes à la tête d'une armée française pour tenir tête aux Espagnols, qui menaçaient le saint-siége. Pendant cette stérile campagne d'Italie, les Impériaux envahirent la Picardie, et le connétable de Montmorency se fit battre à Saint-Quentin par Philibert-Emmanuel (10 août 1557).

Est-ce aussi cil qui la docte assemblée 285
Pour les caphardz destourna à Poyssi[1]
Et massacra l'Eglise rassemblée,
Quand prioit Dieu, en son nom assemblée,
Contre l'edit de janvier, à Vassy[2] !
   Si. 290

De qui estoit l'horrible invention
De r'amener Vespre secilienne
Sur les François, par l'aigre oppression
Du Triumvir[3] rempli d'ambition,
Qui des Romains fut ruyne ancienne? 295
   Sienne.

Las! on sçait bien qu'en maints lieux les heureux
On a meurtri, qui sont de Dieu le temple,
Mais les François, de tout temps valeureux,
De ces forfaits tragiques, malheureux, 300
N'ont-ils certain tesmoignage, ou exemple?
   Ample.

Mais qui l'esmeut de nous nommer sans foy
Les Huguenotz, — ô que l'injure est vaine! —
Long temps après que la Salique Loy 305
Constitua Hugues pour nostre roy,
N'y admettant la femme de Lorraine?
   Heyne.

---

1. Le colloque de Poissy eut lieu au mois de septembre 1561.
2. Le massacre de Vassy eut lieu le 1ᵉʳ mars 1562.
3. On donna le nom de « triumvirat » à une alliance formée, vers 1561, entre le duc de Guise, le connétable de Montmorency et le maréchal de Saint-André.

L'on a bien dit que la maison de Guise
Mettoit encor' nostre Roy en pourpoint,　　　310
— Voire s'il peut, — et son peuple en chemise [1],
Mais nous est-il blasme si elle y vise
Ou si à tort de tels brocardz nous poingt ?
　　　　　Point.

Je croy fort bien que nostre Dieu puissant,　　315
En r'abaissant toute fraude cornue,
Conservera son blanc Lis florissant ;
Dy donc plustot, s'il est tant ravissant,
Que deviendra sa maison jà cognue ?
　　　　　Nue.　　　　　320

Las ! quel malheur, quel paradoxe estrange !
Jamais en luy peché tant enorma!
On n'eut jugé, car il sembloit estrange.
Dy comme en prend à l'homme qui s'estrange
Ainsi de Dieu, comme un brut animal ?　　325
　　　　　Mal.

Parlons un peu des gentils missifiques
Du grand Lorrain, sur tous plein de renom ;
Fait-il mourir tant de gens magnifiques
Pour bien qu'il sçache aux messes venefiques,　　330
Ou pour l'amour de leur tortu canon ?
　　　　　Non.

Et pourquoy donc est-il tant amateur

---

1. On se rappelle le vieux quatrain si connu :

　　François premier predit a point
　　Qu'après sa mort Messieurs de Guise
　　Mettroient ses enfants en pourpoint
　　Et son pauvre peuple en chemise.

De ce filé, qui tant d'ames attrape?
Que voudroit-il ce beau reformateur 335
Estre bien tost, qu'en soit tant zelateur,
Car les brebis pour ce, comme un loup, hape?
   Pape.

Comment est-il en tel¹ solicitude,
Ou quelle envye et quel desir le poing 340
D'y parvenir? La fin de ceste estude
Porte-elle pas quelque béatitude,
Qui soit des Saincts le certain but et poinct?
   Point.

Et quelz sont donq les Papes que l'on crée, 345
Que dès long temps avecques leurs consortz
Ont, soubz couleur de nostre foy sacrée,
Mainte personne occise et massacrée,
Dont ils ont pris leur[s] plus riches thresors?
   Ordz. 350

Pour eviter les Antechristz damnables,
Filz de peché et tyrans malheureux,
Di nous qui sont ces gens abominables
Et ceux qui ont par tourmentz execrables
Fait affliger les François, peuple heureux? 355
   Eux.

S'il est ainsi que respons à mes vers
Et que tant soient leurs vies aborrantes
Du vray salut par malheur si divers,
Que cerche donq, en cest estat pervers, 360
Ce Cardinal par voyes tant errantes?
   Rentes.

1. Imp. : *telle.*

Depuis que c'est d'abomination
La source, et lieu de blasphème et de heyne
Et du Maudit filz de perdition, 365
Quelle est l'attente et folle ambition
Qui l'en remplit jusque à sa moindre veyne?
   Vaine.

Qu'auront-ilz donq' à jamais pour salaire
De telz pechez, pleins d'horrible remord, 370
Car justement on doit le mercenaire
Recompenser de son euvre ordinaire,
Et di l'effet de guerre qui tout mord?
   Mort.

J'entens assés qu'ilz nous ont troublés oré 375
Pour mieux ravir, comme ont jà faitz le bien
De nostre prince et de son peuple encore;
Mais diras-tu aussi qui nous decore
D'un doux repos, qui vaut ne sçay combien?
   Bien. 380

Fin.

Les Complaintes et Epitaphes du Roy de la Bazoche.

[Par André de la Vigne].

[1501].

Nous avons depuis longtemps pris copie de cette pièce; nous espérions que nos recherches nous permettraient d'en éclaircir les obscurités et de pénétrer le mystère qui entoure la personne du jeune roi de la Bazoche de Paris. Nous n'avons, il est vrai, que fort incomplètement réussi dans cette tâche; mais, à la veille de terminer le *Recueil de Poësies françoises*, nous avons cru intéressant de reproduire in extenso le texte de cette pièce, dont M. Fabre (*Les Clercs de la Bazoche;* Paris, 1856, in-8) n'a donné qu'un simple fragment, et dont le texte original n'est conservé que dans deux plaquettes, qui sont aujourd'hui l'une et l'autre dans des bibliothèques étrangères. C'est donc une véritable curiosité bibliographique que nous offrons à nos lecteurs, en même temps qu'un problème historique que nous soumettons à leur sagacité.

La Bazoche de Paris, c'est-à-dire l'association des clercs du Palais, avait à sa tête en 1501 un jeune homme appelé Pierre de Baugé. Ce personnage mourut le 16 juin, âgé seulement de vingt ans. Sa mort fait le sujet de notre poëme. L'auteur des *Complaintes*, sous le prétexte d'honorer la mémoire du roi de la Bazoche, a fait l'amoncellement le plus prodigieux de mots baroques et incompréhensibles, de vers équivoqués et batelés, de strophes commençant par les quatre bouts, etc. Il a réuni à plaisir toutes les difficultés que nous font admirer les anciens Arts de rhétorique; mais ces tours de force n'ont été possibles qu'aux dépens du bon sens. Le moindre défaut de ces équivoques, c'est d'être absolument inintelligibles. Les premières strophes surtout nous ont paru défier toute explication. Nous n'avons risqué qu'un nombre relativement restreint d'annotations, mais tous les mots singuliers que le poète a recueillis de divers côtés ou qu'il a tirés de son imagination se retrouveront dans notre glossaire.

L'auteur de cet étrange poëme a pris soin d'insérer son nom à la fin des *Complaintes* (voy. v. 617); c'est André de la Vigne, qui a poussé plus loin qu'aucun poëte de son temps l'amour de la bizarrerie. La manière même dont il s'est fait connaître à l'aide d'un jeu de mots, est un amusement auquel il s'est livré plusieurs fois. Il a signé par un procédé analogue diverses pièces insérées au *Vergier d'honneur*, ainsi qu'une moralité que les bibliographes ont à tort attribuée à Pierre Gringore et à Jehan Bouchet, *Le Nouveau Monde, avec l'Estrif du Pourveu et de l'Electif*[1]. Enfin nous avons nous-mêmes relevé dans la *Doloreuse Querimonie de Blés*[2] une phrase assez obscure, qui nous a paru contenir également une allusion au nom d'André de la Vigne.

Le jeune homme dont les *Complaintes* nous ont conservé le souvenir est le second roi de la Bazoche

---

1. Voy. Émile Picot, *La Sottie en France*, dans la *Romania*, t. VII, 1878, p. 270.
2. Voy. t. XII, p. 130.

de Paris qui nous soit connu[1]; on voit par l'épitaphe finale qu'il portait le nom de Pierre V.

Le poëte entoure la mémoire de Pierre de Baugé des marques du plus grand respect, et répète sur tous les tons qu'il appartenait à une famille illustre; cependant nous n'avons trouvé sur le défunt aucun renseignement. Les détails que nous avons relevés soit dans les généalogies du P. Anselme, soit au Cabinet des Titres, sur les divers membres des familles de Baugé, Beaugé, Baugué et Beaujeu, qui ont porté le prénom de Pierre, ne s'appliquent nullement au roi de la Bazoche mort en 1501. Nous souhaitons qu'un de nos lecteurs soit plus heureux que nous, et parvienne à pénétrer cette énigme historique.

Le poëme d'André de la Vigne n'est pas seulement curieux pour l'histoire de la Bazoche parisienne, il nous fournit encore quelques renseignements précieux sur les Bazoches de province. Après avoir épuisé non-seulement le vocabulaire existant, mais encore toutes les expressions qu'il lui était possible de forger pour pleurer le roi défunt, le poëte fait intervenir les Bazoches de Toulouse, Bordeaux, Grenoble et Dijon, c'est-à-dire celles des quatre plus anciens parlements de France. Il est singulier qu'il n'ait pas cité la Bazoche de Rouen, à laquelle Louis XII avait conféré des lettres-patentes au mois d'avril 1499[2]. Quant à la Bazoche d'Aix, il ne pouvait en être question, le Parlement de cette ville n'ayant été institué que le 4 juillet 1501.

Voici la description des éditions des *Complaintes* qui nous sont connues :

---

1. Au mois de juillet 1477, cette dignité était occupée par Jehan l'Esveillé. Voy. Fabre, *Les Clercs de la Bazoche*, 2ᵉ éd., p. 137, 195.
2. Voy. Floquet, *Biblioth. de l'École des chartes*, 1ʳᵉ sér., t. I (1839), p. 99.

A. Les complaintes et epi // taphes du roy de la ba // zoche. S. l. n. d. [Paris, *Jehan Trepperel*, 1501], pet. in-4 goth. de 12 ff., sign. A-B par 6.

Le titre ne contient que les 3 lignes citées plus haut. — Au v° du titre est un grand bois, qui représente une femme, debout, vêtue d'une longue robe, et accompagnée d'une inscription qui indique son nom : *La Bazoche*. Au-dessus de cette femme, à gauche, se tient la Mort, deux flèches à la main. Le même bois, dont l'inscription a été conservée par mégarde, se trouve à la fin de L'*Epistre de Othea, deesse de Prudence, moralisée* [par Christine de Pisan], dans l'édition imprimée à Paris par Jehan Trepperel. On a vu précédemment (t. XI, p. 93) que la figure gravée pour Trepperel avait été reproduite dans des proportions réduites par un imprimeur d'Anvers.

Au r° du 9e f., un second bois, qui représente un roi couronné, étendu sur un tombeau. Debout, derrière le tombeau, on voit des hommes d'armes et des femmes qui se lamentent.

Le nombre des lignes de cette édition diffère à chaque page. La page la plus pleine en a 36.

Biblioth. royale de Dresde, *Lit. Gall.*, A. 196. 28.

B. Les complaintes et epitaphes du roy de la bazoche. S. l. n. d., in-4 goth. de ? ff.

M. Le Roux de Lincy possédait un exemplaire de cette édition, incomplet de plusieurs ff. C'est d'après cet exemplaire que M. Fabre (*Etudes historiques sur les Clercs de la Bazoche;* Paris, 1856, in-8, pp. 339-353) a reproduit les 326 premiers vers des *Complaintes*. M. Fabre ne donne pas de description du fragment qu'il a eu sous les yeux, mais le texte même qu'il a imprimé prouve qu'il appartient à une édition autre que celle que nous avons décrite sous la lettre A. On trouve, de plus, en tête des *Clercs de la Bazoche* un fac-simile du bois qui précède la pièce, et ce bois, semblable pour le reste à celui de Trepperel, n'est accompagné d'aucune inscription.

C. Les cõplain- // tes et Epita // phes du roy de la Bazoche. S. l. n. d., pet. in-8 goth. de 12 ff.

Au titre, un bois représentant un roi debout, sa couronne sur la tête, auquel deux personnages adressent une requête.

Un exemplaire, qui a successivement appartenu au duc de la Vallière (*Catal. de Bure*, n° 2889), à M. de Soleinne (n° 279 du *Catal.*) et à M. le baron Jérome Pichon (n° 447 du *Catal.*), a figuré, en dernier lieu, à la vente de M. L. Potier en 1870 (n° 790 du *Catal.*), où il a été acheté par un libraire anglais.

M. Fabre (*Les Clercs du Palais*, 2ᵉ éd., Lyon, 1875, in-8) a donné un grossier fac-simile du titre de cette édition.

L'Acteur.

Au point[1] perfis que spondille[2] et musculle[3],
Sens vernacule, cartillage, auriculle
D'Isis aculle[4] Dyana crepusculle
Et l'heure aculle pour son lustre assopir[5],
5 Aurora vient, qui la cicatricule
Du diluculle, dyamettre obstaculle,
Emmatricule et la neigre maculle

---

1. B : *Adpoint*. — 2. Vertèbre. — 3. Muscle. — 4. Aiguillonne, du verbe latin inusité *aculeare*, qui a donné *aculeatus*.

5. Le sens général de ce passage paraît être le suivant :
« Au point précis où Diane crépuscule aiguillonne les vertèbres, les muscles, le sens intime, le cartillage et l'oreille d'Isis, et presse le moment où sa clarté doit disparaître, l'Aurore vient qui élargit (?) la cicatrice causée par le petit jour, obstacle diamétralement opposé à Isis, réduit la tache noire, la fait reculer, croupir, se cacher », etc.

Adminiculle, reculle et fait cropir,
Mucer, tapir, farestrer, acropir
10 Soubz ung souspir, champir, appocopir,
Tistre et charpir d'illustre cyrologue,
Pour estouffer le phebe cathologue.

Pensant, pensif, perplex, du poux passif,
Premeu, poussif, près pris, préecessif,
15 Par acensif pur, povre, precensif,
Peracensif[1], paresseux, perspicable,
Preposteré, pereclit, percusif,

. . . .

Piromensif, promulgué, presumptif[2],
20 Pou perspesif, plain propos penetrable,
Povoir partable, prescript, pris, properable,
Party plorable, prevention portable,
Pacificable, postulant, pris, parvers,
Ceste opusculle fist lugubrer par vers.

25 Assommeillé de l'aube taciturne,
Sombre nocturne, querellé diuturne[3],
Sort[4] togaturne, mulceré de Saturne,
Trappé, siturne, enucléant Titan,
Au monopolle[5] de fatale Fortune,
30 Rogue Fortune, [ex]orundant fort une[6],
Non opportune, scabreuse deffortune,
Treuve importune autant ouen qu'entan[7],

---

1. B : *Paracensif*. — 2. A, B : *presumpsit*.
3. C'est-à-dire : sombre pendant la nuit; querellé pendant le jour; — B : *diturne*.
4. Destin. — 5. Dans l'intérêt.
6. C'est le même jeu de mots que dans la devise de Marguerite d'Autriche : *Fortune infortune fort une*.
7. Autant aujourd'hui qu'autrefois.

Car en cest an, soubz sa cabane à tan,
Rare elbisten, nauffrageux cabesten,
35 N'eult le posten[1] de mettre au sinotaphe
Tel pour lequel j'ourdis ceste epitaphe.

Du hanelit[2] aspirant, boursouflé,
Trop esronflé, par dormitoire enflé,
De voir[3] niflé, assombré, mytouflé,
40 Non desenflé, gisant sur une couche
D'avoir le soir Bachus escorniflé,
Venus rifflé, Ganimedes befflé,
Vulcan soufflé, Midas l'asnyer nefflé
Et berniflé son flajolet de rouche[4],
45 Muet et louche des yeulx et de la bouche
Comme une souche dormant, j'oys la couche
D'une farouche querelle de reproche,
Que contre Mort proferoit la Bazoche.

La Bazoche contre la Mort.

Atropos, pluthonique, scabreuse[5],
50 « Furie aride, sulphurinée, umbreuse,
« Fière boucquine, bugle, cerbère, cabre,
« Beste barbare, rapace, tenebreuse,
« Gloute celindre, cocodrille vibreuse,
« Chymère amère, megerin candalabre,
55 « Arpie[6] austère, theziphonic alabre,

---

1. *Posten* paraît signifier pouvoir (*potestatem*). La négation est purement explétive, le sens étant : « Je trouve la Fortune cruelle, car, cette année, elle a eu le pouvoir de mettre au tombeau celui pour qui j'écris ces vers. »
2. Lat. *anhelitus*. — 3. Vraiment ; à moins qu'il ne faille lire : *De noir*. — 4. *Rouche*, « jonc » (Cotgrave).—
5. B: *scobreuse*. — 6. A: *Arpic*.

« Gargarineux, steril, colubrin abre,
« Lac cochitif, comblé de pleurs et plains,
« Palut boueux, vil, acheronic mabre,
« Lubre matrone du cru tartarin flabre,
60 « J'ay juste cause se[1] de toy je me plains.

« Parverse, adverse[2], qui, trop diverse, verce
« Lyesse et ce que tu renverse vexe,
« D'appresse presse, la cicatrice tisse,
« De quelque part que ta finesse naisse,
65 « D'anesse n'esse, car tu delaisse lesse
« D'expresse presse et d'infelice lice ;
« L'indice[3] disse, s'en ton divice vice,
« Service veisse, mais ta malice lisse
« D'une office ysse, qui est mortelle, telle
70 « Qu'au genre humain ta force est immortelle,
« Lente, lasche, lourde, louche, lubrique,
« Sec sort steril, subornée[4], salubre,
« Cueur carnacier, cadavère captive,
« Doz draconic, dur, decrepit, dynubre,
75 « Cruel, craintif, caractère colubre,
« Caduque chienne, concubine chetive,
« Fière, fatalle, forcenée, futive,
« Buffle barbu[5], brune beste brutive,
« Sote sorcière, sarathète[6] sodalle,
80 « Aigre aguillon, actroxe, amère, active,
« Rogue rumeur, rude roce restive,
« Tu as ce jour fait ung trop grant scandalle.

---

1. A : *te*. — 2. B : *se*. — 3. A B : *L'indic*. — 4. B : *suborné*. — 5. B : *baru*. — 6. Cf. v. 492.

*Couplet commençant par les deux sincopes,
tant en retrogradant que autrement,
jusques à six fois*[1].

  « Source villaine,   Fine beste punaise,
  « Ource inhumaine,   Myne morne, mauvaise,
85 « Heure secrète,   Lente, lasche, breneuse,
  « Rousse haultaine,   Encline teste raize,
  « Bource incertaine,   Digne fière fournaise,
  « Ordure infecte,   Regente frauduleuse,
  « Cure refaicte,   Gente calumnieuse,
90 « Dure planète,   Tente [peu?] scrupuleuse,
  « Ort paludin,   Civil embrase-fer,
  « Laidure traicte,   Sente contencieuse,
  « Injure extraicte   D'entente furieuse,
  « Sort libidin,   Très vil tizon d'Enfer.

95 « Regretz piteux, plains, pleurs, lermes et cris,
  « Cry cru, dueil d'oeil, pour pur pris, pris escriptz
  « Escrivant l'ire et tirelirant port,

---

1. On peut lire en effet :
1° chaque colonne en descendant :
   Source villaine,
   Ource inhumaine... ;
2° chaque colonne en rétrogradant :
   Villaine source,
   Inhumaine ource... ;
3° chaque colonne en remontant :
   Sort libidin,
   Injure extraicte... ;
4° chaque colonne en remontant et en rétrogradant :
   Extraicte injure,
   Libidin sort... ;
5° et 6° Les deux colonnes réunies en descendant et en remontant.

« Porté, osté de telz sours soubz soubscris,
« Soubz crys, gris, gros, gras, grans, griefz descrips
100 « Descrire et dire puis, puis que seur sort Sort
« Sort, ort, sorty sorty m'a mal à tort
« Tort, tort, tortu, ort, heu, teu, trop retort
« Tortillon long, loing, lent, l'en lance ainsi
« Retors, hors d'os, d'ordure, dur, detort
105 . . . .[1]
« Cy, car cecy en soucy n'est sans si.

« Adverse, aguë, ardante, agonieuse,
« Accidieuse, avare, ambicieuse,
« Ambigueuse amertume, aggrotée[2]
110 « Anagliphère, acerbe, audacieuse,
« Aigre, angoisseuse[3], aquatique, animeuse,
« Affine affreuse, amoureuse affaictée,
« Antidatée, apocriffe, affectée,
« Acraventée, apostacque, afflictée,
115 « Alymentée, abhominable à voir,
« Agricultée, advortée, assotée,
« Aspre, arrestée, anticriste, adoptée,
« Art angelic affiert à t'esmouvoir[4].

« Amère mère, qui, decevante, vente
120 « Et torsfaitz faiz, car en patente tente
« Tu abas bas soubz ta morsure sure,

---

1. Nous rétablissons cette strophe sur le modèle de la suivante, qui rime *a a b a a b b b c b b c*. Il manque ici un vers à A et à B, et le v. 103 y est placé après le v. 104, en sorte qu'il y a de suite quatre rimes en *ort*. Il faut avouer que le sens n'a rien à perdre ni à gagner à ces transpositions.

2. A : *agroté*. — 3. B : *angoisse*. — 4. Adverse, aiguë, etc., il faut un art angélique pour t'émouvoir.

« Par desroy roy d'euvre exigente, gente,
« Gent preffis filz, issu d'excellente[1] ente,
« Et surpris pris de ta dardure dure,
125 « Dure, hellas ! Las ! O quelle injure jure,
« Rompure pure, et quelle obscure cure
« Pour jamais metz entre plusieurs gens gents,
« De mon palais gouverneurs et regens !

« Tric, trat, troc, trop, trousselant triquetroque,
130 « Trainc très terreux, trep de triquenoque,
« Traistre trousson, triquenique tribrarque,
« Truye troussine, triquedondayne troque,
« Triste truande, triple trouble tibroque,
« Très vil trect traict, traffigue[2] tripliarque[3],
135 « Trace trouvée, tribullante trymarque,
« Tref[4] triboillé[5], très orrible triarque[6]
« Tribut troué, tramblante, tromperesse,
« Tremebundeuse, trape, trousse, traistresse,

« Qui suffiroit[7] d'anathematizer
140 « Ton desarroy et mon theume atizer
« D'espitetons enormes et parvers ?
« Où prendroit-on, pour te mal baptiser,
« Vituperer et fantasmatiser,

---

1. A : *excellence.* — 2. B : *traffige.*

3. *Tripliarque* est sans doute un composé hybride du latin *triplex*, et du grec ἄρχω : triple tyran.

4. *Tref*, « poutre d'une maison, tente ; pavillon de grosse toile ; voile » (Cotgrave). Il semble que le poëte compare la mort à une poutre qui tomberait sur la tête des hommes.

5. Cotgrave ne cite pas *triboille*, mais *tribouil*, « trouble, vexation » ; il ajoute que le mot est vieilli.

6. *Triarque* doit être le même mot que *tripliarque*, formé cette fois de deux racines grecques.

7. B : *souffriroit.*

« Assez d'opprobres et reproches divers ?
145 « Suffiroient[1] point ad ce huyt ou dix vers ?
« Hen[2] ! quoy ? suffire[3] ? Se tous les arbres vers
« Plumes estoient, ciel papier, et mer ancre,
« Pour toy blasmer de tort et de travers,
« Pas ne seroit pour le moindre revers
150 « Plaindre à moitié, que sà-bas metz à l'ancre ?

« Dormez-vous ? Quoy ? Qui ? Quand ? Mais où
« Grant Jupiter, Phebé, Phebus, Pheton, [est-on,
« Mercure, Mars, Apolo et Triton,
« Nymphes, Seraynes, silvestres Oriades ?
155 « O Cupido, laisse ton vireton[4] ;
« Juno, Palas, Venus au cler menton,
« Venez en bas proferer ung dicton
« Triste, semé de joyes retrogrades ;
« N'y faillez pas, Muses aquariades,
160 « Nayades, doulces Chorindyades,
« Celestes corps glorieux, d'or maissis,
« Clères jovines, fresches Olympiades,
« Fades ou sades, venez par ambassades
« Pour contempler le dueil où je m'assis.

*Couplet commençant par les quatre boutz,
tant en retrogradant que autrement*[5] :

165   Sortez, saillez, mignons Bazochiens,
« Vertueux Clers, nobles, soubdains, espris ;

1. B : *souffisoient*. — 2. B : *Heu*. — 3. B : *suffise*. — 4. *Vireton*, « pointe de flèche » (Cotgrave), et, par extension, « trait ». — 5. On peut en effet commencer ainsi ce couplet :
  1° Sortez, saillez, mignons Bazochiens...
  2° Bazochiens mignons, saillez, sortez...
  3° Hellas ! enfans, piteux cris deschantez...
  4° Deschantez cris piteux, enfans, hellas !

« Portez ennuys, parfaitz Practiciens ;
« Sumptueux ditz laissez ; soyez surpris,
« Impetueux ; dur dueil d'oeil soit repris ;
170 « Las et confus, tristes chançons chantez ;
« Mutueux chant, grief, chier, chetif soit pris !
« Hellas ! enfans, piteux cris deschantez !

« Venez plourer par cens et par milliers,
« Francz champions, suppostz et familiers,
175 « Palacieux tournoyeurs de piliers [1],
« Gens vertueux, se pitié vous anime,
« Adventuriers, plaisans, rustes, galiers,
« Car Atropos estant sur voz pailliers
« Soubz aggresseures mortifères filliers
180 « Sa barbelée darde pusillanime [2]
« Tant qu'elle ront, soubrunyst, ronge et lyme
« L'arbre fleury, de vertus magnanime,
« Le paragon ayant tiltre de roy,
« Le tronc d'honneur, de triumphe la syme,
185 « L'abolisseur de dur cruel et scysme,
« Qui pour emprunt, taille, tribut, decyme,
« Ne mist jamais son peuple en desroy.

*Couplet commençant par les quatre boutz,
tant en retrogradant que autrement.*

Plourez, plourez, plaignez, lermes gectez,
« Petis et grans ; enfans, criez : « Helas ! »
190 « Courez, trotez, dolans ditz pourgectez ;
« Subtilz, surpris, suppostz, tenez vous las,
« Doubtilz soiez, laissez joye et soulas,

1. Vous qui tournez autour des piliers du Palais.
2. B : *plusillanime.*

« En desroy tous, cueur[1] et corps essorez!
« Fuytifz serez, povres, crians : « Las, las! »
195 « Roy n'avez plus; plorez doncques, plorez!

« Fondez en pleurs et en melancolie[2],
« Gentilz Suysses, et chacun son col lye
« A griefz sanglotz[3], car la doulce ancolye
« Du cloz de paix est submise à mort cève[4];
200 « La fleur des fleurs, nom d'odeur amolye,
« En florissant a esté desmolye.

« Que mauldit soit cellui par qui Mort lye
« En si jeune aage et croissance premève
« Ung des beaulx filz que, puis Adam et Ève,
205 « Fust veu ne sçeu, et qui d'entente[5] lève
« A soustenir ung chacun fut engrant[6] :
« Se petit fut, mis n'en soit en reserve
« Moins de renom, car vivant sans grant verve
« Pour contenter franscifique caterve
210 « Ung petit roy vault bien autant qu'un grant.

« Laissez couleurs; mettez jus al[le]bardes;
« Cessez aubades; ne pensez plus à bardes,
« Doulces oeillades, coulevrines, bombardes,
« Ne à pennades; gettez ces pourpointz vers,
215 « Ostez ces plumes, ces jaquètes coquardes,
« Frisques gambades, car, en lieu d'avangardes,
« Fault que, maulsades[7], servez d'arrières gardes,
« Tristes et fades, de piteux noir couvers,
« Pis que convers, sans estre descouvers
220 « Ne recouvers. Helas! povres pervers,

1. B : *cueurs*. — 2. A : *mesancolie*. — 3. Jeux de mots sur *sangles* et *sanglots*. — 4. Du lat. *saevus*. — 5. A : *de tente*. — 6. Désireux. — 7. B : *musades*.

« Les yeulx ouvers, mettez vous à genoulx,
« Sans plus ruer, à droit ne à revers,
« Estocz divers, de tort ne de travers;
« Tous à l'envers dictes en piteux vers :
225 « Haa! le feu roy trop tost est mort pour nous! »

« Pleurez, plaignez, gemissez, povres Mores;
« Laissez ce jaune et ce beau gris encores,
« Les picques noires, car vous estes frelores[1],
« Et n'apportez que voz obscurs mynois.
230 « Pour enfondrer lermes deteriores
« Et fulminer[2] plaintes interiores,
« Soubz agravées façons exteriores,
« Chose plus propre crier en mon bannoys[3],
« Et vous aprèz, desolez Albanoys,
235 « Voz virevoustes et plaisans esbanoys
« N'ont plus de cours; laissez pavoys, escu,
« Dart, javelot pour jouxtes et tournois;
« Ne voz habis ne vallent ung tournois
« Pour dueil mener, car, comme je congnoys,
240 « Le bon feu Roy pour nous a peu vescu!

« Pleurez, Palais, saint siège imperial,
« Temple royal, sacré lieu curial,
« Droit et loyal, souverain alittrosne,
« Très glorieux, divin, prethorial,
245 « Seigneurial, théatre historial,
« Memorial du sempiternel prosne,

---

1. Perdus, all. *verloren*. Cf. t. VI, p. 96. On employait aussi le substantif *freloire*, « perte ». Voy. t. II, p. 276.

2. B : *fluminez*. — 3. *Bannois* est un dérivé de *ban* et signifie, par conséquent, l' « action de crier ». Cotgrave ne cite que le mot *banoyement*.

« Court bienheureuse, angelique matrosne,
« Digne patrone, qui justice patrone
« En vostre trosne de refulgent arroy,
250 « Priez pour l'ame du bon feu petit Roy !

« Pleurez, tumulte, cohorte et grosse tourbe,
« Presse assez sourbe, sans plus faire la fourbe ;
« Chacun se courbe sur ces royaulx pretoires ;
« Pas n'est besoing qu'ayez l'oeil en la bourbe
255 « Tant qu'on assourbe[1] le point qui nous destourbe
« Et qui recourbe noz tristes auditoires ;
« Pleurez, parquetz, bancz, chaires, escriptoires,
« Frans repertoires, audiences notoires,
« Lieux peremptoires, par ung dueil nompareil,
260 « Le bon feu Roy, qui n'eult onc de pareil.

« Poultres dorées, pilliers, sièges réaulx[2],
« Fendez carreaulx, calemars[3] et fourreaulx,
« Cliquans barreaulx, guichetz et boutz de bans,
« Poches et sacz, lettres, pacquetz, trousseaulx ;
265 « Clercz, par monceaulx portans soubz voz séaulx
« Noirs panonceaulx, soiez d'orreur flambans ;
« Table de marbre[4], vous perdez voz bonbans ;
« Si font rubans, las, cordons à cabans,
« Joyaulx tombans ; s'avez cueur entamé,
270 « Pleurez le Roy, qui estoit tant amé !

« Plourez, plourez, Lingières[5] et Mercières,

---

1. Absorbe. — 2. B : *royaulx*.
3. Encriers.
4. C'est sur la table de marbre du Palais que les clercs de la Bazoche donnèrent leurs représentations, à partir du règne de Louis XII.
5. A B : *ligièrement* ; B supprime *et*.

« Doulces Cencières, Geolières financières[1],
« Gentes Grossières[2]; cloez moy ces estaulx;
« Cessez voz ris, Mirolières[3], Bourcières,
275 « Entrelacières de franches gibecières,
« Grans Plumacières; sentez maulx capitaulx,
« Gros, gras, pataulx[4], qui dessoubz ces pourtaulx
« Gravez courtaulx[5], marqués espouventaulx;
« Laissez metaulx, burin, plataine et lame,
280 « Pour regreter du noble feu Roy l'ame[6]!

« Plourez aussi, Libraires, Chapeliers,
« Farceurs, Geoliers, Orphèvres, Poupeliers[7],
« Rustres[8] galiers, Avaleurs de frimars[9]
« Pastenostriers, Revendeurs, Miroliers,
285 « Houspailliers[10], Porteurs de vers filliers[11];
« Frans Cousteliers, laissez voz bracquemars[12];

1. Les femmes des geôliers qui, sans doute, procuraient certains adoucissements aux prisonniers moyennant finance.
2. Vendeuses à la grosse ou épicières. Le mot subsiste en anglais (grocer).
3. Marchandes de miroirs. — 4. B: potaulx.
5. Peut-être faut-il lire « cousteaulx » ?
6. Il s'agit ici de toutes les marchandes qui tenaient boutique dans la galerie du Palais. Il y avait déjà, comme au temps de Corneille, des lingères et des mercières; puis des costumières pour les magistrats, des graveuses qui fabriquaient les sceaux, etc.
7. Marchands de poupées. — 8. B: Rustes.
9. Cotgrave cite l'expression avalleurs de frimats, qu'il explique ainsi : « valets trompeurs, compagnons paresseux, gueux fainéants; sobriquet donné aux juges qui, se levant et sortant de chez eux de bonne heure, avallent beaucoup de poussière dans leur journée ».
10. Houspaillier, « garçon d'écurie ». COTGRAVE.
11. Il s'agit des colporteurs tels que Fin Ruby de Turquie. Voy. p. 1.
12. Petits poignards.

« Riches camars, de finance dismars[1]
« Laissez voz mars, poix, godetz, coquemars,
« Pour mieulx de Mars, plains d'ennuy et d'esmoy,
290 « Plaindre l'enfant, roy de vous et de moy !

« Plourez aussi, povres Soliciteurs,
« Entremeteurs, Tuteurs et Curateurs,
« Danceurs, Saulteurs, Varletz, Paiges errans,
« Adventuriers, de plume operateurs,
295 « Frisques Chanteurs ; comme bons serviteurs,
« Soyés porteurs d'abis non differans,
« Comme garans de plaintifz apparans,
« Et sur mes rancz, puis qu'à tant je me rens,
« Soyés narrans la mort du Roy, qu'ont[2] plaintes
300 « Gens vertueux par piteuses complaintes !

« Pleurez, fenestres, eschaffaulx et tourelles,
« Franches querelles du sejour d'entour elles
« Pour pastourelles et gens de grans espris ;
« Pleurez, Seigneurs, Bourgeoises, Damoiselles,
305 « Doulces guezelles[3], toutes dessoubz mes esles,
« Car du moys elles n'auront leur vol repris ;
« Court et pourpris[4], lieu nompareil, compris,
« D'honneur espris, qui adviez apris
« D'avoir le pris des jeux du moys de may,
310 « Trop tost sçaurez le dueil du mal de moy.

« Pleurez, plaignez, regrettez voz praticques,
« Gens mecaniques ; ainsi que frenatiques,

---

1. Qui prélevez la dîme sur l'argent. — 2. B : *qu'on.*
3. Gazelles ?
4. Enceinte. — C'est dans la cour du Palais que les clercs de la Bazoche avaient l'usage de planter le mai.

« En ces boutiques chacun de vous s'enferme
« Et là-dedens, comme trop aquatiques,
315 « Demy-ethiques, dictes devotz cantiques,
« Tous fleumatiques, pendant aux yeulx la lerme,
« Et qu'on aterme par saison et par terme
« Ou qu'on conferme, ains qu'on se desenferme,
« Ce que j'afferme[1] qui en ce point m'engaigne,
320 « Pour le bon Roy, dont adviez maint gaigne.

« Chantres, Chanoynes, Cordeliers, Augustins,
« Devotz rustins, Bons Hommes[2], Philistins,
« Soirs et matins, dedens voz maisonnettes
« Moynes Chartreux, Hermites clandestins,
325 « Vrays celestins en ces lieux terrestins,
« Ditz Celestins, et doulces chançonnettes
« Chantez à Dieu ; semblablement, Nonnettes,
« De renom nettes, Seurs collectes, jeunettes,
« Blanches, brunettes, de verbe angelical,
330 « Priez pour l'ame du Roy bazilical ! »

L'ACTEUR.

Alors se teult la doulente esplorée,
Quant celle fleur redolente eut plorée
Et que bien eut le geste d'Atropos ;
Mais au devant, pour suivre son propos,
335 Triste, afflictée d'enorme passion
Pour esmouvoir cueurs à compassion,
Sade, fade et fantasmade macte,

---

1. B : *s'afferme.* — 2. Minimes. — Les historiens parisiens rapportent que le couvent des Bons Hommes de Chaillot fut fondé par Anne de Bretagne. Voy. Piganiol, *Description de Paris*, éd. de 1765, t. II, p. 395.

Matriculée de liqueur lacrismacte,
Ainsi que celle qui ne peult esmouvoir
340 Ses membres las, pour son alayne avoir
La plus et mieulx du monde figurée,
En ung instant fut tant deffigurée
D'avoir souffert dueil et destresse amère
Que bien sembloit seule maistresse et mère
345 D'oppressions et flagellacions,
Ou d'inventer flagelles actions,
Tant mallement du dueil se comportoit
Quant elle vit son chier filz qu'on portoit
D'autre façon que l'on n'avoit amort.
350 J'ose bien dire que l'on ne voit à mort,
Tant soit pour bruyt en sermon detenu
Ou le plus chier de ce monde tenu,
Ne pour son loz, en qui repeust avoir
Qui à moitié sur terre peust avoir,
355 Voir ne oyr, tant par mons que par plains,
D'ennuyeux cris ne regretz de plains plains,
Plaintif, subtil, non util à personne
Qu'elle faisoit, ne qui si aspre sonne,
Ainsi que dame comme par force née ;
360 La povoit voir homme à part forcenée,
Croysant les bras et ses deux piteux poings ;
Puis, quant venoit à ses despiteux poincts,
Sa cheveleure desrompoit à ses dois,
Trop rudement disant : « Las ! assez doibs
365 « Par durs acors sus et soubz lamenter
« De voir le corps cy, dessoubz lame[1] enter,
« Qui mon royaume assez seur possedoit

---

1. Tombeau. Voy. t. VIII, p. 11, 15 ; X, p. 265, etc.

« Et tous plaisirs à ses souppostz cedoit.
« L'abolisseur de mes ditz et meffaitz
370 « Et le support de mes ditz et mes faitz,
« Le lis fleury seur la noble couronne
« De la Bazoche, qui tous nobles couronne,
« La franche tige, où verte fleur yssoit
« Et où la rose ouverte fleurissoit
375 « Que l'on gaignoit et avoit, a pris fin
« Piteusement, comme on voit, après fin,
« Par ung seul coup d'ung dart mortel ce jour,
« En emportant los, immortel sejour. »

Tant fut ce dueil rigoreux nompareil
380 Que son exquis vigoreux nom, pareil
Ne cent fois pis mal penetrant porter
N'eust sçeu jamais de paine transporter,
Car trop avoit d'oppresse mortifère
Pour ung doulx cueur en presse amorty faire.
385 Considerant ce cas, dens ce Palais
Fut ensuivie sa cadance par lais
Et clers assez, qui largement gemirent,
Voyre sans ceulx qui large manger myrent
En oublience, pour dès là faire poindre
390 Leurs yeulx de pleurs et de l'affaire poindre
Cueurs fortunez jusques au sang sortir
Affin de mieux leurs loyaulx sens sortir
D'atrocité denygrée et mortelle,
Car point ne plaist ne n'agrée mort telle
395 A la predicte, tant en serre nommée,
Qui sans redicte estant sa renommée
Où que vertus par estrayne est admise
Et où justice peult estre en estat mise.

Brief tant y eut de douleurs gorgectées,
400 Tant de sanglotz et de langueurs gectées
Que pour ce jour tant de gens s'assemblèrent
Dedens Paris, où l'en passa, semblèrent
Que d'une beste immunde fussent mors,
Ou tous les princes du monde sçeussent mors,
405 Tant estoit lors leur cueur de dueil confit
Soubz ung regret de lermes d'oeil qu'on fit.
Par le Palais l'un à l'autre disoient :
« Le Roy est mort! » Puis les autres ditz oyent
Tous congelez de liqueurs lermoyantes
410 Et de clameurs jusques à larme oyantes ;
Du long, du large, du carré tant yssoient
Que tous les murs du cas retentissoient
Suffisamment pour la terre estonner,
Voyant de cris tant en serre tourner,
415 Gentilz fallotz dens ces porches et sièges
Qui jà queroient fallotz, torches et cyerges,
Demy transsis, sans parler, alumer
En noble dueil, pour aler inhumer
Le corps royal par la mort enchery,
420 Qui a esté sans remort tant chery
En son vivant de privé et d'estrange
Que son esperit merite bien d'estre ange,
Car, se Dieu plaist, ès haulx cieulx sera fin,
Cler et luysant comme ung beau Ceraphin ;
425 Puis sur la terre ung loz en demourra
Très sumptueux, que jamais ne mourra,
Et, avec ce, sans reffus, gentil lustre,
Pour son parfait sens, refulgent, illustre
Sera mis sus tent de bruyt triumphant
430 Que, puis cent ans, ne fut flatry enfant

Dessoubz la terre, ne complaint en seigneur
Qui fust autant de complaincte enseigneur,
Car j'aperçeuz de maintes pars venir
Aucunes dames, qui toutes parvenir
435 Vouldrent illec de piteux esmanoir,
Dont pour le dueil despiteux ayma noir
Chacune d'elles porter à ceste obsèque,
Ayant le vis plus terny ou sec que
Vieilles armeures sur les monstres passées
440 Ou que personnes sur les mons trespassées,
Sans avoir cueur qui s'esjoye, habillées
Comme ung qui loingz ses joyes a billées.
Au corps n'avoient alayne, plus ne mains,
Qui ne fussent transsis, ne plus ne moins
445 Que si ce dur maleur esté sentans
Eussent par grand maleureté cent ans,
Et si estoient de grans genres nommées,
Par direct cours de grans gens renommées,

Dames Bazoches de Tholouse, Bourdeaux,
450 Dijon, Grenoble, qui dessoubz noirs rideaux
Et sur le poille desploié et tendu
D'un fin drap d'or sur le Roy estandu,
Ainsi que celles que Debvoir a sommées
De lermoyer jà de voir assommées,
455 Car trop estoient par leur très aymé chief
Leurs povres cueurs, las! oultrez à meschief,
Sans de leurs cris personne supplanter.
Vindrent illec, tant soubz que sus, planter,
Affin de mieulx leurs doulans ris seicher,
460 En lettre d'or et d'asur, riche et chier,
Pource que bons, vrays et expers sens suyvent,
Les epitaphes, que cy après s'ensuyvent :

La Bazoche de Thoulouse.

« Soubz ceste amère, dure et dolente pier
« Gist nostre Roy basilical, dit Pier
465 « Qui a son peuple en douleur relin ⎫ Re
« Vif fust encores, se ne fust ung cater ⎬
« Qui trop soubdain l'a tombé jusqu'à ter ⎭ qui
« Dont triste suis, car c'est cellui par
« Mon estandart en triumphe par
470 « Soubz la couronne, de bruyt et loz doré ⎫
« A grans fleurons de francz lis odoré ⎬ e
« Parquoy j'ay eu dessus la terre no ⎫
« Qui durera plus que mortel reno ⎬ m

La Bazoche de Bourdeaulx.

« Pour les passans du long cest ambulacr
475 « Est et sera pourtraict le simulacr ⎫ e
« Du noble Roy, que Mort nous veult os ⎬
« Vif en vertus, plus hault volant qu'un sacr
« Et de bon bruit soustenoit le massacr ⎫ ter
« Parquoy son loz est digne de no ⎬
480 « Et, pour le cas plus à plain deno
« Quant Mort infyme en grant dueil l'emme ⎫ na
« Ung si dur pleur et grant dueil l'en me ⎬
« Qu'après long temps, *publice et pala* ⎫ m
« Bruyt en sera jusqu'en Hiérusale ⎬

La Bazoche de Grenoble.

485 « Que cy dessoubz soit nostre Roy cre
« Sacrophagué, dont, de cueur ancré, ⟶ do
« *Consensum* net, par Mort qui l'atour ⟶ na

DU ROY DE LA BAZOCHE.

« Pourquoy plaisir *in crementum* ce — do
« Et aluvée ancrement rece
490 « Car puis cent ans ung cas tel ne tour — na
« La mort, s'entant, ung castel ne tour
« Fors seulement le divers Saractet — e
« Ou à l'envers en vers vers sera test
« Corps, bras et mains par son decès adm — is
495 « Et l'ame ès cieulx auprès de ses am

LA BAZOCHE DE DIJON.

« D'estre de joye bannye conce
« Car en la roe fortunée ascen
« Enormement criant : Helas, he — do
« Triste, afflictée, matée, descen
500 « De tous plaisirs et soulas, dicen — mi
« Que de repos n'auray jour ne de
« Puis que la Mort a si tost endor
« Le chief royal et le seigneur haultai — n
« Qui mon espoir tenoit seur et certai
505 « Duquel le corps en ce lieu reçoit lam — e
« Je prie à Dieu qu'en vray repos soit l'am

LA BAZOCHE DE THOULOUSE.

« Soubz ce sepulcre, qui est tendu seul
« Gist nostre Roy, las! estendu, seul
« Perplex de mort, qui par cas inuti — et
510 « A pourgecté sur manche et sur col
« Captivement, si ferme et sur cop, l — l
« Qu'il est mis pis qu'itropique sur ti
« Par son faulx dart, qui trop picque subti
« Esprit parfait, dont en terre ten — u

515 « Accreusement, pour enter retenu
 « Est, comme on voit, le corps essencieux
 « Dieu doint que l'ame ait repos ès saintz cieulx

LA BAZOCHE DE BOURDEAULX.

 « Las ! Atropos, trop tost preste à trap
 « Dessoubz sa trappe a voulu attrap
520 « Le bon seigneur, de vice non culp
 « Sans sa rigueur nullement attremp
 « Icy l'a mis pour jamais à tremp
 « Fort j'ay le cueur de dueil aspre occu
 « Et mon bon sens seul a préocu
525 « D'estre en tous cas de recors assentu
 « Par l'accident que son corps a sentu
 « Où plus jamais de remède n'ya
 « Quant l'oppulent derrier mectz[1] desnya

LA BAZOCHE DE GRENOBLE.

 « Mort impetueuse d'un grief mot abso
530 « Au roy present, lieu remort[2] asso
 « Pour estre à coup des mondains dispers
 « Avant qu'il eust parfait ne revo
 « Son periode, la meschante a vou
 « Qu'il fust soubdain d'un de ses tretz perc
535 « Dont j'ay le cueur du decès tresperc
 « Puis que son corps en cadens sepulcra
 « Voir ne la puis en cadence *pulcra*
 « Car en mon chief trop dur remort se entit
 « Dès que mon cueur sa dure mort sentit

1. A : *metez*. — 2. Remot (*remotus*)?

LA BAZOCHE DE DIJON.

540 « Soubz ce sercueil, le recueil de la plume
« Par divers vers deçà et delà plume
« L'orde vilaine, qui par cas trop harde
« En son parquet, par quaterreuse enclume
« N'ont sçeu par qui, par caterreuse escumi.
545 « Elle cucume le solaire bondi
« Le franc des francz, salaire rebondi
« Le regent gent et des donneurs d'honneurs
« Des or donneurs tant aux desordonneurs
« Qu'aux adonneurs en bien le cler des clers
550 « Et du Palais le paragon des clercs

L'ACTEUR.

Tantost après j'apperçeuz à ses baulx
Ung peu à part plusieurs gens assez baulx,
Cuydans trencher de l'istoriographe,
Et mesmement deux povres loquebaulx,
555 Mal acoustrez comme asseurez ribaulx,
Vindrent illec poser leur cyrographe
Et faire entr'eulx une contre epitaphe
Au dessus dictes, fust en prose ou en mettre,
Du Roy leur maistre, qu'ilz firent illec mettre,
560 Comme envieux, et hayneux remplis d'ire,
Mais mieulx disoient qu'ilz ne pensoient dire.

En sincopant ladicte Epitaphe, sera trouvée autrement qu'il ne l'entent.

Mauldit soit-il   Qui pour lui priera
Qui en rira,   Il sera comme saige;

   Brief mal ait-il   Qui le regretera
565 Qui s'en taira   Pas ne sera dommage;
   Mal finera.   Qui pour tel personnage
   En faitz et ditz   Devotz motz chantera,
   Qui n'en dira   Veu la fin de son aaige,
   De profundis   Es haulx saintz cieulx ira.

LE TRIPIER DE CHASTELLET.

La presente Epitaphe fait pour ledit Tripier contre le Roy de la Bazoche; sa première sincope fait pour les Bazochiens, et sa seconde contre les Tripiers.

570 Louez seront   Tripiers en triperie,
   Bazochiens   Seront mis à bazac,
   Louenge auront   Trompeurs en tromperie;
   Jeux anciens   Iront passer au bac;
   Praticiens,   Soit d'aboc ou d'abac,
575 Tant clercz que laiz, En usant de reproche,
   Auront des biens   Pour eviter l'eschac
   Dens le Palais   Du Roy de la Bazoche.

  Après je vis son feal chancelier,
 Vestu de noir pour la chance lier
580 Et, avec lui, plus de cent valetons
  Pour leur Roy mettre en trop meschant celier,
  Suysses, Mores, non saichant s'alier.
  Tous desolez, tristement, à bas tons,
  Avec le corps gectèrent leurs bastons,
585 Puis officiers leurs lettres dessirèrent
  Dont la plus part estre mors desirèrent,
  Criant plus hault que cy je ne puis mettre :
  « Hellas, hellas! nous perdons nostre maistre. »

Par leurs grans cris, plains et pleurs merveil-
[leurs,
590 Tous mes cinq sens, ainsi qu'en mer veilleurs,
Firent l'esprit en sursault reveiller,
Soubz l'appareil de membres travailleurs;
Heus et soustins en ce dur travail heurs,
Trop suffisans de gens à merveiller;
595 Mais, comme on dit que pour armer veiller
Doit ung chacun adonc, qui que le veille,
Ou le veillast soubdain, qui que le vueille,
En celle veille Peur mon corps resveilla
Comme cellui qui mauvais reveil a.

600 Triste, pensif, boursouflé, enroé
Comme se j'eusse crié hault aroé[1],
Parmy les champs ne povant papier[2]
Avant que fusse nullement desroé,
Quoy qu'en ce cas j'eusse moult fort roé,
605 Ce neantmoins je n'alis pas pier[3],
Mais escripvis tout soubdain en papier
Ce qui est dit, et puis en parchemin,
Affin que mieulx, par voye et par chemin
Plaignant ce Roy et les autres passez,
610 On prie Dieu pour tous les trespassez.

Par don requiers, se pour me contenter
J'ay entreprins, d'ouvriers mescontenter,
Lisant ceste œuvre où très mal je me herpe.

---

1. Crié très-fort : « haro » ?
2. Sans doute le même mot que *pépier*, « crier comme un moineau ».
3. Je n'allai pas boire.

Homme, las! loing ne peult escharpe[1] enter,
615 Ne mannouvrier ne pourroit charpenter
Ung grant palais d'une petite serpe;
Donc, attendant qu'on expulse et decerpe
De mes raysins le maculé verjus,
Cy j'estandré *de la vigne* ung vert jus.

Explicit.

L[es] Epitaphes

LATIN.

620 Non erat extremos Basilica experta labores,
Nec patribus jam nota meis fatalia Regem
Cum primum me dira suis Fortuna flagellis
Solvit et insolito clauserunt Numina tapho.
Primum ergo me Fata vocant primoque sepultus
625 Astra peto, magni portans insignia regni.
Nec, comites, trepidate, mei; dabo tela relictis
Et divina meis sociabo fulmina telis.
Nil quoque castra meo sperent hostilia casu;
Censum, justiciam regno pacemque relinquo.

FRANÇOYS.

630 Cy gist Pierre de Baugé, filz très sage,
De grant lignage, bien formé de corsage,
Beau personnage et advenant de mesme,
De la Bazoche Roy de noble parage,

---

1. A : *eschaper*. — Le rapprochement avec les charpentiers indique qu'il s'agit ici d'une « escharpe de cordage ».

Franc de courage, begnin, doulx, courtois, large ;
635 Et de son aage environ l'an vingtiesme,
Du nom cinquiesme, de son règne deuxiesme,
Le jour seiziesme, après le moys de jung
Rendit l'esprit, l'an mil cinq cens et ung.

Affin que soit haultement herbergé
640 L'esprit des corps que par tout on enterre
Pour le bon bruyt de Pierre de Baugé,
Vive le Roy et en ciel et en terre !

Les lettres mises en arroy
Feront l'an du trespas du Roy.

*Les grans Regretz et Complainte
de madamoyselle du Pallais.*

[Par Jehan Chaperon].

Le petit poëme que nous reproduisons ci-après nous permet d'ajouter un nom nouveau à la liste des poëtes dont les œuvres figurent dans ce *Recueil*.

Une allusion très-précise nous permet d'en fixer la date.

Mlle du Pallais se plaint de ne pouvoir, cette année, servir ses chalans d'amour à la foire Saint-Laurent[1], parce qu'elle est, de par le roi, condamnée à porter la hotte du terrassier et à travailler aux fossés de Paris.

Sauval (*Antiquités de Paris*, t. I, p. 43) nous fournit l'explication de ce passage :

« En ce tems-là [1536], les ennemis étaient si puissans en Picardie qu'ils ne menaçoient pas moins que de venir forcer Paris. Le cardinal Du Bellay, lieutenant-général pour le Roy, tant dans la ville

---

1. La foire Saint-Laurent se tenait du 11 août au 7 septembre (cf. t. XII, p. 26); or on va voir par le passage de Sauval que les travaux de Paris commencèrent le 31 juillet.

que dans toute l'Isle de France, en étant averti, pour les mieux recevoir, outre plusieurs tranchées, fit faire des fossés et des boulevards depuis la porte Saint-Honoré jusqu'à celle de Saint-Antoine, et, afin que ce travail allât plus vite, les officiers de la ville s'étant assemblés le 29 juillet, deffendirent à tous les artisans l'exercice de leur métier deux mois durant, avec ordre aux seize quarteniers de lever seize mille manœuvres, et de plus à ceux des faux-bourgs d'en fournir une fois autant, sinon que leurs maisons seroient rasées. Le 31, on se mit à travailler au bout des faux-bourgs de Saint-Honoré, ce sont les termes [les Ternes?]; mais ce travail ne dura que quatre mois et demi, car le 16 décembre l'ouvrage fut abandonné. Le capitaine Nicolas en était le conducteur; Jacques Coriasse, maître des œuvres, faisoit la fonction de lieutenant, et pour ingénieurs et architectes avoient été choisis Nicole Siciliano et Dominique Bocalor, ou Bocador, dit de Cortone[1], aux gages chacun de deux cens cinquante livres par an. »

Il y a pourtant une difficulté. Mlle du Pallais semble parler comme d'un personnage vivant de ce Ragot, « fort scientifique en l'art de parfaite belistrerie », sur lequel nous avons précédemment donné deux pièces, accompagnées d'une longue note sur le personnage (voy. t. V, pp. 137-154); or, Ragot était mort avant 1536. Ainsi que nous le remarquions dans la note que nous venons de rappeler, Rabelais, en 1533, en parlait déjà au passé, mais nous avons relevé depuis un texte d'Eustorg de Beaulieu, qui prouve qu'il était déjà mort en 1530 :

   Feu Ragot estoit bon raillard
   Et fut perte de son encombre,
   Car despuis n'y eust beste à l'umbre
   Que le soleil ne feust levé [2].

1. L'architecte de l'Hôtel-de-Ville.
2. Ce passage se trouve dans l'*Epistre de l'Asne au*

Peut-être Ragot avait-il été une première fois condamné au fouet vers 1530, et cette punition, suivie d'une disparition passagère, fit-elle croire à sa mort. Peut-être aussi le nom de Ragot devint-il un nom légendaire qui s'appliqua successivement à divers personnages.

Aux renseignements que nous avons précédemment réunis sur Ragot, nous ajouterons la pièce suivante :

*Epitaphe de Ragot,
en son vivant maistre des belistres.*

> Cy gist Ragot, des belistres enseigneur,
> Aux bons pions du bon vin enseigneur,
> En son vivant, il ne faut que le celle,
> De macquereaux bon marchant et pucelle,
> Qui trepassa la bouteille en son poing
> Et le jambon au plus près de son groing,
> Sans mal sentir, le jour du mardi gras,
> En esgoutant un flacon d'hipocras,
> Dont tous maraux font si grosse complainte
> Qu'en maints climats est telle perte plainte
> Et mesmement des plus deffigurez,
> Desquels le bien a tousjours procurez,
> Lorsqu'il vivoit au miscrable monde,
> Dont il sortit si net de biens et monde
> Qu'il n'avoit fors (le) parler de sa crochette
> Une potence et sa belle clochette
> Pour evoquer les supostz de l'ostière
> A le conduire en cestuy cimetière.

L'Amoureux Passetemps declaré en joyeuse poësie Coq, envoyée de par l'aucteur à Jacques Thibault, parisien, pour lors secretaire de la maison de Castelnau, de Bretenoux en Quercy, pièce qui se termine par une date précise :

> Escript d'une plume d'oyson
> A Beaulieu dedans ta maison,
> L'an qu'on compte *mil cinq cens trente*,
> En may, que le rossignol chante.

(*Les divers Rapportz*, par Mᵉ Eustorg de Beaulieu; Lyon, Pierre de Saincte-Lucie, 1537, in-8, xiᵉ épitre).

(Lyon, Benoist Rigaud, 1582, in-16), p. 105 de la réimpression.

Les *Regretz et Complainte* ne sont connus que par une édition gothique, où les vers sont imprimés tout d'une venue, sans qu'il y ait aucune séparation entre les strophes. L'enlacement des rimes montrait bien que l'auteur avait voulu composer des couplets, mais ce n'est pas sans de nombreux tâtonnements que nous avons réussi à reconstituer la forme primitive. Dans plusieurs passages, les vers peuvent également bien se grouper par strophes de cinq, de six et de huit vers, à cause de la répétition des rimes d'un couplet dans le couplet suivant. A force d'essayer, nous sommes arrivés à la certitude que les strophes sont de dix vers sur trois rimes, sauf la première qui en a onze. Les strophes sont enchaînées entre elles par une rime. La pièce se termine par un tercet en dehors, à peu près comme les signatures de chansons :

« Celui qui a fait la chanson,
« Etoit un soldat en prison »

ou comme le vers isolé qui termine la *terza rima*.

L'auteur de notre pièce s'est révélé à nous par un acrostiche contenu dans le rondeau final. Il s'appelait Jehan Chaperon, bien qu'il ait écrit son nom *Chaperom*, parce qu'il avait besoin d'une *m* pour commencer son vers.

On connaît peu Jehan Chaperon ; les seuls ouvrages de lui qui soient cités par les bibliographes, en dehors de notre poëme, sont : *Le Courtisan du Comte Balthasar de Castiglione, auquel œuvre, ordonné en quatre livres, est conçue l'idée du parfaict courtisan et les conditions d'icelui vivement représentées*; Paris, Vincent Sertenas, 1537, in-8 (Du Verdier, éd. de 1773, t. II, p. 380), et le rajeunissement d'un ouvrage de Christine de Pisan : *Le Chemin de long estude de dame Christine de Pise, traduit de langue romane en prose françoyse par*

Jehan Chapperon, dit Lassé de repos; Paris, Estienne Groulleau, 1549, pet. in-8 (Brunet, t. I, col. 1856).

Il y a eu en Normandie plusieurs poëtes du même nom, qui étaient peut-être parents de notre auteur.

Louis Chaperon fut couronné aux palinods de Rouen en 1486 et en 1487 (voy. Ballin, *Notice sur les Palinods;* Rouen, 1834, in-8).

Au commencement du XVIe siècle, un Arnoul Chaperon prit part également aux concours rouennais (voy. *Palinodz, Chantz royaulx, Ballades, Rondeaulx et Épigrammes à l'honneur de l'immaculée conception de la toute belle mère de Dieu, Marie, patronne des Normans,* etc.; Paris, à l'enseigne de l'Elephant, s. d., in-8 goth., fol. 74 *a*; — Biblioth. nat., ms. fr. n° 2206, fol. 230).

Enfin, Frère Chaperon, « jacobin », figure en 1554 parmi les poëtes rouennais (voy. Sireulde, *Thresor immortel trouvé et tiré de l'Escriture saincte;* Rouen, Martin le Megissier, 1556, pet. in-8, fol. 33 *a*, 54 *b*, 56 *a*).

Voici la description de la plaquette originale :

¶ Les grans re // gretz et cõplainte // de ma damoysel // le du pallais. — [A la fin :] Tout par soullas. *S. l. n. d.*, pet. in-8 goth. de 4 ff. de 25 lignes à la page, sans chiffr., réclames ni sign.

L'édition n'est ornée d'aucun bois. Le texte commence au v° du f. du titre, lequel est resté à moitié blanc.

Biblioth. nat., Y. 4457. A (11).

Cette édition a été reproduite en 1842, par les soins de M. A. Veinant, dans la *Collection de Poésies, Romans et Chroniques,* publiée par Silvestre (n° 17).

La *Complainte* présente diverses formes barbares qui témoignent chez l'auteur d'une grande inexpérience; citons notamment : 1° l'emploi du participe passé pour l'infinitif: *consollé* (v. 127), *passé* (v. 100), *porté* (v. 45), *ramassé* (v. 107), *regardé* (v. 6);

2° l'emploi de l'infinitif pour le participe passé : *lyer* (v. 26) ; 3° la substitution de *c* à *s* forte devant *e, i* : *ce* = se (v. 111, 112, 113, 126, 128) ; *cellon* = selon (v. 28, 110) ; *cy* = si (v. 62, 64, 74).

Les grans Regretz et Complainte de Madamoiselle du Pallais.

L'Acteur.

Quant Aurora eut prinse sa vigueur[1]
Et que Phebus eut mise sa rigueur[2]
Dessus Rhéa[3], qui tout va nourrissant,
Joyeux en cueur, je fuz soudain issant
Du grand pourpris du hault prince Somnus[4] ;   5
Sans regardé les tortz ne les camus,
Entray ès champs pour deviser d'Amours,
Auquel je suis et veulx estre tousjours.
Quant fuz aux champs, je me pris à penser
Combien j'avoys pour amours depanser   10
Quant, à grands coups, à force cons battoye
Soubz abreseaux[5] et soubz belle sausoye,
Et, tout ainsi que je pansoys au pris
Du depanser, je fus soudain repris
De grand sommeil, dont bientost je recourt   15
Rue Saint-Victor, pour vous le faire court,
Pour reposer mon esperit rustique.
Près Cham-Galliard[6], en un lieu mecanicque,

---

1. Imp. : *ligueur*. — 2. Imp. : *vigueur*. — 3. L'un des noms de Cybèle ; imp. : *Thea*. — 4. *Somnus*, le songe, le sommeil. — 5. Arbrisseaux. On dit encore à la campagne *âbre* pour *arbre*. — 6. Voy. sur le Champ-Gaillard, t. II, p. 103, 138 ; III, p. 296 ; V, p. 145, 250.

Ouys des plaintz, qui pas n'estoient trop lais,
Que lors faisoit Madamoyselle[1] du Pallais, 20
Comme pourrés ysi après comprendre,
Si mon escript voullez lire et entendre.

  Tout par soullas.

Hellas, hellas ! vray Dieu, souvent hellas
Dire me fault, moy privée de soullas,
Sans à jamais esperer ma plaisance ; 25
Fortune a bien lier entre ces las
Mon gentil corps tant qu'il est rendu las
Cellon les droitz de sa muable instance ;
Pour le presant je pers toute plaisance,
Tout le credit qu'en court soullois avoir 30
Dont j'ay le cueur rempli de desplaisance
Et ne puis pas avoir la congnoissance
Du mien credit, que j'ay pardu, ravoir.

 J'avois espoir de bien faire devoir,
A Sainct-Laurens, à mes chalans d'amours ; 35
Mais point ne auray en cest an de pouvoir
Et ne pourray faire dependre avoir,
Dont me convient faire plaintes et clamours.
Hellas, Venus, que deviennent Amours ?
Sont-ils pardus ? Fault-il que je trespasse ? 40
Sera mon cœur remply de hellas tousjours ?
Convient-il donc que je fine mes jours
Par Atropos, qui tout en rien entasse ?

---

1. Pour la mesure, il faut prononcer, comme on le fait encore, *Mam'selle*.

Je crois que oui, car, ainsi que compasse,
Estre aux fossez et la hotte[1] porté 45
Justice m'a contraincte aucune espasse
Avec aucunz, dont bien je me passasse,
Mais tout ce a faict Royalle Auctorité.
Hellas, Ragot, prince de Povreté,
Tous vos *Regretz*[2] m'ont les miens ramentus ; 50
Vous estiez cil rampli de humillité,
Vray innocent en grand cotelleté[3] ;
Santu avez des aguillons pointus.

Hardi estiez comme le grand Arthus ;
Alliez partout pour trouver vostre vie ; 55
Sur vostre corps les foys[4] avez sentus,
Qui est pour vous ung nompareil *santus*,
Mais ce vous a pour bien rendu la vie ;
Confortez-vous et laissez là envie ;
Soyez content du bien qu'on vous veult faire ; 60
Tenez-vous quoy ; Raison sera servie ;
Cy elle n'est de brief ès cieulx ravie,
De mandier vous n'aurez plus affaire.

Je le dy, moy, et cy pourrés bien faire
Gaudeamus, mais moy je suis dollante, 65
Car pas ne puis le mien maistier refaire
Pour ce que j'ay en la cour ung contraire ;
C'est Droit Commung, qui me rend foible et lante.
Porter soullois gorre trop excellante,

---

1. Imp. : *botte*. — 2. Allusion à l'une des pièces que nous avons publiées dans notre tome V (pp. 137-146), *Le Grant Regret et Complainte du preux et vaillant capitaine Ragot*. — 3. Cautèleté, de *cautela*.
4. C'est-à-dire : *les fouets*.

A mon blonc chief de vellours riche atour, 70
Mais l'on verra desormais grosse lante[1]
Et poux courant, aussi pulce vollante;
Cela viendra d'ung infortuné tour.

Par lequel, cy voulloys porter l'atour,
Je n'oserois, mais blanche collerette; 75
De chanvre gros me convient faire atour
Dessus mon chef de vertueux retour
Pour demonstrer que suis la toullourette,
Servant Amours, vraie pour amourette;
J'avois tousjours le cueur gent et galliard; 80
Je pensois bien estre hors de souffrette;
Pour ce qu'estois messagère secrette,
Raport n'en fais qu'à ceux du Cham-Galliard.

Maistre Estiène, ce gros pensu, palliard,
Grand Maistre ès ars en l'art de puterie, 85
Pour le priser, il vault bien ung liard;
Aussi c'est tout, car c'est ung faulx soulliard,
En tous ses fais rempli de manterie;
Justice l'a à coups d'artillerie
De Cham-Galliard chassé dedans Copeaux[2], 90
Où il pourra, à grand cliquetterie,
Par le moyen de bonne[3] rusterie,
A maintz connins[4] casser voynes et peaulx.

Là se fera, ne doubtez, maint[z] chappeaulx
Rouges de sang et maintz fourreaux d'espée; 95
Soyez tous surs que ces cas seront beaulx;
Qui aura droict maistier aura drapeaulx;

1. Du latin *lens, lentis*, œuf de pou. — 2. Voy. sur Copeaux Fournier, *Variétés*, t. II, p. 226. — 3. Imp. : *des bonnes*. — 4. Imp. : *A maintz cannye*.

On trouvera léans mainte¹ pipée ;
Filles, au lieu vous trouverrés souppée
Et d'autres cas, dont bien me fault passé,   100
Mais je voudrois au doit estre couppée
Et jusque au taist de vin estre trempée
Et mon estat ne fust point dispassé.

   Entour mon cueur j'ay doulleur entassé
Tant que ne puis souffrir ma grand mesaise,   105
Et vous, Ragot, preudhomme ramassé,
Venez m'ayder à soullas ramassé
Et que puissons [tous deux] vivre à nostre ayse ;
De mes *Regretz* il faut bien que me taise
Et prendre en gré cellon mon infortune ;   110
Ce je me plaintz, à nully n'en desplaise ;
Qui est coursé, il fault qu'il ce rapaise
Se resjoüyr sans desplaisance aucune.

   De jour et nuit en attendant Fortune,
Pour le present, j'ay le corps foible et las,   115
Car mes Complaintz j'ay fait *tout par soullas*.

RONDEAU
de Madamoyselle du Palais.

Le temps passé, pourvoyois amoureux ;
Par moy prenoient plaisir aventureux
Et marchandoys pour eux toute saison ;
Maintenant suis mise en declinaison   120
Par Faux-Dangier, qui m'est trop rigoureux.

   Mon noble cueur est pour ce doulloureux,

---

1. Imp. : *maintes*.

Car nul soullas ne le tient savoureux,
Mais mieulz estoit, sans nul comparayson¹,
      Le temps passé. 125

Bien ce monstroit l'ament chevalureux²
Pour consollé, et n'estoit point poureux
Mais vertueuse ce monstroit la sayson;
Des Dames avoit tout playsir à foyson,
Par mon moyen, qui estoit vertueux, 130
      Le temps passé.

Tout par soullas.

RONDEAU

*de Madamoyselle du Pallais,
auquel est le nom de l'Acteur.*

J amais n'avint si piteuse aventure
E t sy grant mal à nul du temps qui dure;
H onneur le faict, qui de moy est le maistre;
A voir³ n'a peu en Justice prendre estre; 135
N on a Faveur, où chacun s'aventure.

C upido veult de la sienne escripture⁴
H ors me getter, car plus de moy n'a cure,
A quoy je dis, cellon que puis congnoistre :
      Jamais n'avint. 140

---

1. Imp. : *sans nulle comparayson.* — 2. Le second *e* de *chevaleureux* s'élidait devant l'*u* dans la prononciation. Au vers suivant, l'*a* de *paoureux* s'élidait de même, et *poureux* est devenu *peureux*, comme *pou* est devenu *peu*.

3. C'est-à-dire *l'argent.* — 4. De ses livres, de son registre.

P ovres amens, où Amours font fracture
E t qui sont cerfz le servir par nature,
R emors ayés de moy pour aparoistre,
O u vous yrés de quel estat puis estre;
M ieulx un chascun congnoistra ma facture   145
   Jamais n'avint.

Tout par soullas.

ADDITIONS ET CORRECTIONS.

P. 2, aj. au 2ᵉ alinéa :

On trouve dans les œuvres de François Habert (*La Suytte du Banny de Liesse;* Paris, 1541, pet. in-8, fol. 77 a) l'épigramme suivante, que nous n'avons vu citer nulle part :

De Triboullet et Caillette, folz renommez.
 En temps et lieu dissimuler folie
On dict que c'est grand signe de prudence,
Mais Triboullet, qui sans faindre folie,
Caillette aussi, donnoient plus de plaisance,
Car ilz estoient vrays folz dès leur enfance,
Sans de folie avoir suivy l'escolle,
Pour folier n'eurent onc prothecolle;
Doncques le saige ou le fol contrefaire
C'est temps perdu et chose trop frivolle;
Nature doibt à cela satisfaire.

P. 13. Aj. à la notice :

Les pronostications de Jean Thibault étaient au nombre des livrets populaires qui obtenaient le plus de faveur auprès du public pendant la première moitié du xvıᵉ siècle. L'auteur inconnu des *Cris de Paris* en a fait le type des productions débitées par les colporteurs :

> *Pronostications nouvelles,*
> [Avec] beaux *Almanachs* nouveaux;
> El(les) sont aussi bonnes et belles
> Que ceux de maistre Jean Thibault.

Voy. *Paris ridicule et burlesque*, par P.-L. Jacob, bibliophile (Paris, 1863, in-16), p. 307.

Rasse des Nœux nous a conservé une épigramme intitulée: *De Lizet et M. Jean Thibault.* Voy. Biblioth. Nat., Ms. fr. n° 22560, p. 210.

P. 18.

Le passage de Bruneau de Tartifume relatif au *Franc-Archier de Cherré* a été cité déjà par M. Aimé de Soland (*Proverbes et Dictons rimés de l'Anjou*; Angers, 1858, in-12) et par M. Le Roux de Lincy (*Livre des Proverbes français*; 2ᵉ éd., t. II, p. 606).

P. 31, v. 214 :
> Gentilz homs d'entre *Chartre* et Maine.

Il faut sans doute corriger :
> Gentilz homs d'entre *Sarthe* et Maine.

P. 46, dernière ligne, lis. :
> « les crucifix à la *busque* ».

P. 47. Aj. après la 3ᵉ ligne :

Le busc fut particulièrement en honneur sous Louis XIV. Un poëte anonyme en a fait une sorte de « blason », intitulé : *Le Busc, galanterie*, et dont voici les premiers vers :

> Qu'il est heureux de tous costez
> Ce bois leger que vous portez,
> Et que son office admirable
> Devroit paroistre desirable
> Aux galans les plus fortunez
> Qu'Amour ait jamais couronnez !

Voy. les *Delices de la Poësie galante* (Paris, Jean Ribou, 1666, in-12), Iʳᵉ Partie, p. 46.

P. 104. Aj. à la note :

L'histoire de la robe conservée à Argenteuil a été écrite au XVIIᵉ siècle sous le titre suivant :

Histoire de la robe sans couture de Notre-Seigneur Jésus-Christ, qui est révérée dans l'église du monastère des religieux bénédictins d'Argenteuil, avec un abrégé de l'histoire de ce monastère, par Dom Gabriel Gerberon R. B. *Paris, Hélie Josset, 1677*, figure gravée par Edelinck.

P. 170.

Le nom de Maistre Hambrelin se retrouve dans une chanson joyeuse imprimée avec une mélodie de Janequin :

Maistre Ambrelin, confesseur de nonnettes,
Fin crocheteur de leurs pechez couvertz,
Confessa tant l'une des plus jeunettes
Qu'à son plaisir la feit mettre à l'envers.
Leurs petis jeuz tant furent descouvertz
Qu'à leur abbesse on compta tout le faict :
« Comment, » dit ell', « meschant vilain infaict,
« As-tu osé luy faire un tel oultrage ?
« Que pleust à Dieu que tu le m'eusse faict
« Et qu'ell' n'eust point perdu son pucelage ! »

Premier Livre contenant XXV Chansons nouvelles à quatre parties en deux volumes ([Paris], Nicolas du Chemin, 1549, in-4 obl.), fol. 18 b.

Il est également question d'Hambrelin dans une petite pièce qui fait partie du recueil, intitulée : *L'Amoureux Passetemps* (p. 30 de la réimpression).

P. 183. Aj. à la note :

Maître Gonin est encore le héros de la chanson suivante :

Maistre Gonin disoit en plain marché
Qu'il monstreroit le Dyable à tout le monde ;
Sy n'y eut cil, tant fust-il empéché
Qui ne courut pour voir l'esprit immunde ;
Lors une bourse assez large et profonde
Leur desliant, il leur dit : « Gens de bien,
« Or çà, messieurs, voyez ; y a-il rien ? »
— « Non », luy dit un des plus près regardans :
« Et c'est », dit-il, « le diable ; oyés-vous bien,
« D'ouvrir sa bourse et ne voir rien dedans ».

Vingt-troisième Livre de Chansons à quatre et cinq parties d'Orlande de Lassus et autres (Paris, Adrian le Roy et Robert Ballard, 1583, pet. in-8 obl.), fol. 4.

P. 244, l. 3. Aj. en note :

Ce sont probablement les mêmes *Ditz* qui font partie de l'ouvrage suivant :

Cy commence la vie de Antechrist bien vtile et contemplatiue a veoir et a lire. Auec la prophecie et dictz des douze Sibilles. *Nouuellement imprimeez a Paris : pour Guillaume godard.* — Les dictz des xij sibilles nouuellement composez pour Guillaume godart. S. d., in-4 goth. de 24 ff. à 2 col., figg. en bois.

Catal. Yéméniz, n° 1641.

TABLE DES PIÈCES

CONTENUES DANS CE VOLUME.

Pages

280. Le Testament fin Ruby de Turcquie, Maigre marchant, contrefaisant sotie, Puis, à la fin du dernier coplet, L'Epytaphe defunct sot Tribolet . .   I
281. La Prenostication Frère Tybaut. . .   12
282. Le Franc-Archier de Cherré   18
283. Le Triumphe des Vestementz, selon le temps qui court, faictz au Buz . .   45
284. Le plaisant Blason de la Teste de Bois.   53
285. L'Honneur des Nobles; Blason et Propriété de leurs armes, en general blasonnées et comprinses soubz un seul escu d'armes cy-dessoubz pourtraict; invention très singulière. Avec un petit livre de Bonne Grace, très exquis. Le tout nouvellement composé par d'Adonville   68
286.   Le Bannissement de Malheur En donnant à Bon Temps faveur. Composé en ceste ville De Paris, par D'Adonville . .   122

287.	La Complainte du Temps passé Par le Commun du Temps present, Lequel a tout dueil amassé Pour faire à Fortune present	128
288.	Le Chappelet d'amours	136
289.	Watelet de tous mestiers	154
290.	Maistre Hambrelin, serviteur de maistre Aliborum, cousin germain de Pacolet.	170
291.	Le Credo du Commun Peuple, c[e]lon le temps qui court	186
292.	Le Debat de l'Omme mondain et du Religieux	193
293.	Dialogue du Mondain et du Celestin	219
294.	La Remembrance du mauvais Riche	225
295.	Les Erreurs du Peuple commun, Qui prenostiquent la famine De l'an mil cinq cens vingt et ung, Comme le saige determine.	230
296.	Le Giroufflier aulx Dames. Ensemble le Dit des douze Sibilles	240
297.	Le Mireur des Moines.	281
298.	[Invective contre les Anglois, les Flamans et les Espaignols. Avec le Sermon joyeulx de sainct Faulcet]	289
299.	Le piteux Remuement des Moines, Prestres et Nonains de Lion, par lequel est descouverte leur honte et la juste punition de Dieu sur la vermine papale. Avec un' Epistre au Lecteur fidèle et le Departement des Parroisses. Plus un Cantique d'action de graces au Seigneur, pour l'heureuse delivrance de son Eglise, par E. P. C. 1562	305
300.	Cantique nouveau, contenant le Discours	

de la guerre de Lyon et de l'assistance que Dieu a faite à son Eglise audit lieu, durant le temps de son affliction, en l'an 1562; sur le chant de Pienne. Plus un Cantique spirituel de la persecution des fidèles chrestiens et de leur delivrance, les exhortant à rendre graces à Dieu, se voyant delivrez par sa divine providence; sur le chant du Pseaume 99. [Par Antoine du Plain]. 1563 328

301. Le Blason du Gobellet. 1562 . . . 345
302. Le Blason du Platellet. 1562 . . . 351
303. L'Adieu de la Messe. 1562 355
304. Avertissement à Messieurs du Puy, touchant l'idolatrie qu'ils commettent envers l'idole de leur Nostre-Dame, sur le chant du Pseaume 40. Avec une Chanson spirituelle à la louange de la Paix, sur le mesme chant. Plus un Echo qui declare par ses responses la source des troubles de France et l'effect de la guerre. 1563 362
305. Les Complaintes et Epitaphes du Roy de la Bazoche. [Par André de la Vigne]. [1501] 383
306. Les grans Regretz et Complainte de madamoyselle du Pallais. [Par Jehan Chaperon]. 414
Additions et Corrections 426

FIN DU TOME TREIZIÈME.